P9-DTD-002

LEVANTONES

Historias reales de desaparecidos y víctimas del narco

JAVIER VALDEZ CÁRDENAS

LEVANTONES

Historias reales de desaparecidos y víctimas del narco

AGUILAR M.R.

Levantones. Historias reales de desaparecidos y víctimas del narco.

De esta edición:
D. R. © Santillana Ediciones Generales, S.A. de C.V., 2012.
Av. Río Mixcoac 274, Col. Acacias
C.P. 03240, México, D.F.

Fotografías de interiores y del autor: Roberto Bernal

Primera edición: septiembre de 2012

ISBN: 978-607-11-2109-7

Diseño de cubierta: Luis Sánchez Carvajal

Impreso en México

Para Eloísa Pérez Cibrián, mi heroína:
por buscar salidas donde no las hay.
Para mi amá, Chayito Cárdenas, por hacer de mí un "milagrito".
Para mi apá, José Humberto Valdez,
por cargarme aquella mañana de lluvia.

Índice

CAPÍTULO III. EN LOS ZAPATOS DEL SICARIO

CAPÍTULO IV. MORIR SIEMPRE, EL OLVIDO

CAPÍTULO V. AQUÍ ESTOY, HERMANA

Agradecimientos

A Nayeli Mejía, Milagros García y Gabriela Soto, por los golpes de tecla y las búsquedas. A Leonel Aguirre Meza y Crescencio Ramírez, por la complicidad y la confianza. A Gustavo Lizárraga, por la lluvia que atisba. A Carolina Hernández, Roberto Bernal, Lolita Bosch, Sandra Rodríguez, Alejandro Almazán y Juan Veledíaz, por la amistad y tanta pinche generosidad. A Luis Valencia, por los empujones y las arreadas. A Luis Fernando Nájera, por su presencia pertinaz. A Andrés Villarreal, Julio César Silvas y Aureliano Félix, por la terca amistad. A Alejandro Sicairos, Ismael Bojórquez y Cayetano Osuna, de *Ríodoce*, por los remos, el barquito de papel y el puerto seguro. A Dolores Espinoza, por las musas. A Juan Carlos Valdez Dragonne, por estar. A Dulce Carolina y a Javier Sánchez, por la luz. A John Gibler, ese mexicano infiltradc en el gabacho, y Marcela Turatti, por las guaridas. A Mireya Cuéllar, por el "ta chingón, gordo". A Sergio Negrete, por las enternecedoras dosis sabatinas de amargura y veneno. A Leónidas Alfaro, por acompañarme. A Rosa Neriz, por los cafés. A Paúl Mercado, por los abrazos de cada viernes. A Claudia y a los Rafas, por darle forma a mis sueños y a los de *Ríodoce*. A Libia Jiménez y Fran Cabezas, esos iberoculichis. A Saríah, por esa noble mirada. A José Luis Franco, por los atardeceres vitamínicos. A César Ramos, mi amigo y editor, y a Patricia Mazón, David García, Fernanda Gutiérrez Kobeh, Araceli Velázquez y Leticia Reyes, por el tibio nido.

A mis hermanas y hermanos, por atizar la lumbre. A Gris y a los morros —ya no tan morros—, Tania y Fran, por aguantarme y encerrarme y envolverme en ellos.

A todos, no más.

julio de 2012

PRÓLOGO

El sol no calienta, lastima, es un ladrido de fuego que relame encabronado, muerde las casas avejentadas prematuramente, los patios agrietados, los muros con las huellas de las ráfagas de armas de alto calibre y las calles calcinadas. Como si fuera a desbocarse, una camioneta de la policía municipal —quizá— con las placas torcidas y cubiertas, derrapa frente a algunos hombres que platican entre el desgano y la burla, el enfrenón del animalazo los alerta pero no todos se mueven, algunos morros corren hacia un callejón, los otros agachan la mirada, temen incluso mirarse entre sí. "¡A ver pendejos, ábranse." Ordena un encapuchado con su rifle babeante de lumbre. "¡Órale batos, ese puto es el bueno, cárguenlo!" Otros encapuchados vestidos de negro van sobre un hombre de 25 a 30 años que los ve llegar con horror, siente el piso blando y resquebrajado, quiere gritar, maldecir, aullar su desventura, pero antes de cualquier reacción llegan los golpes de los rifles, los chingazos con el puño de piedra y el hombre se dobla, los del comando lo arrojan a la camioneta mientras una sirena de ambulancia, a lo lejos, rezonga aburrida.

—¡Ya te cargó la chingada, pendejo, ahora me vas a decir dónde dejaste la droga!

—¡No sé de que me habla, mi jefe!

—¡No te hagas pendejo, tú sabes de qué hablo, no salgas conque no sabes nada! ¡Así te cagues en tu propia sangre vas a decírmelo todo!

¡Se lo juro por mis hijos, jefe, no sé de qué me habla!

—¡No chille, puto, bien que sabes, los batos que andan contigo están metidos hasta el hoyo en este desmadre!

—¿Cuáles batos? Le juro por mi madrecita que no sé nada de esa droga, soy plomero y apenas saco algo de feria para mal pasarla con mi familia, ¡se lo juro, jefecito!

—¡Ya te cargó la chingada! ¿Llévenselo, a ver si con ustedes platica el pendejo este!

A punta de madrazos tres hombres encapuchados y corpulentos lo sacan de la camioneta a una casa de los suburbios, lo arrastran a una habitación casi en penumbras, botellas rotas de *Buchanan's* y desperdicios de comida están dispersos en el suelo. Huele a sangre y vísceras, a tiempo putrefacto, la oscuridad se ríe en silencio, se burla atascada de coca. Patean a la víctima y la desmayan; la reviven con agua y la abofetean entre risotadas e insultos. Huele a demencia y a sudor de animal drogado mientras el levantado sólo piensa: "¡Por favor, Diosito, ya que me lleve la chingada!"

¿Qué hacer cuando las palabras de narcos y supuestos policías caen como piedras filosas y se entierran en los corazones? ¿A quién pedirle auxilio para que nos ayude a encontrar a nuestros hermanos, hijos, esposas o padres? ¿En qué momento se jodió la vida, bajo qué rifle o maldición? ¿Cuánto dolor acompañará a las víctimas y a sus familiares hasta el día de su muerte, de esa muerte que se vive intensamente desde el momento en que ocurrió el levantón? Porque desde el momento del plagio el miedo es el aire que respiramos, la violencia el agua que bebemos y resulta más sencillo ahora encontrar en baldíos, carreteras desérticas o en lo agreste del monte, los cuerpos despedazados en lugar de una flor silvestre, una esperanza.

Una de las acciones que la delincuencia organizada emplea actualmente en numerosas ciudades de México, en el norte del país en su mayoría, es la privación ilegal de la libertad, las desapariciones forzadas, en su modalidad más salvaje e implacable. Los elegidos son soplones, traicioneros, rivales de algún cartel, policías o militares; pero también obreros, carpinteros, periodistas, doctores, comerciantes, jóvenes que hacen de la calle el paraje de las ilusiones o muchachas en flor que estudian o buscan trabajo; estos últimos seres inocentes que salen de sus hogares para enfrentar el mundo enfermo, oloroso a sangre y rencor.

Mi propósito con este libro es darle voz a las víctimas que padecieron el temible levantón, el secuestro impune y la tortura, darle voz a esos hombres y mujeres que iban al trabajo o platicaban con sus amigos afuera de su casa y grupos armados tomaron sus vidas, golpearon sus huesos y sueños y deseos, y a punta de chingazos, puntapiés, culatazos y puñetazos sometieron su espanto para conducirlos a una habitación fría, húmeda, amueblada por la indefensión.

Doy también la palabra dolorida a sus seres queridos que han dejado trozos de su vida en ministerios públicos, semefos, cementerios y los sitios más recónditos donde opera la maldad, en busca del hermano levantado hace unas horas, unos meses, incluso años; porque para quien es señalado por los sicarios la perra muerte es lenta, eterna y mientras más larga sea la búsqueda, más hondas son las raíces de la desesperación, más se pudre el ánimo de las familias y las lágrimas se vuelven lodo por el odio, la desolación o una amarga ternura.

El narco arrasa con todo. Con la siembra de la droga también siembra la violencia, las ejecuciones de inocentes, las venganzas más atroces, el dolor más cabrón que el ser humano puede soportar: si el hecho de tener un ser querido asesinado es una astilla feroz en el alma, no saber si está vivo es una pesadilla con ojos abiertos, una amargura cotidiana que atenaza.

Con pluma, libreta y grabadora en mano hablé con víctimas y funcionarios, con narcos y familiares de los desaparecidos, investigué en el trabajo de otros periodistas, acudí a las estadísticas, analicé discursos oficiales y declaraciones en radio, televisión y otros medios de comunicación, en estas páginas está el resultado de este trabajo intenso, en los párrafos están los reclamos y las preguntas en el aire enviciado, la angustia de los desaparecidos y sus familia, el testimonio de su lucha por saber la verdad, el camino tortuoso que recorrieron para reconocer los cadáveres, los cuestionamientos a políticos y representantes de la ley que nada hicieron para ayudarlos. Están en estas páginas las esperanzas destrozadas, los minutos de feroz desolación. Estas crónicas, estos reportajes son el rostro de gente que avanza muerta en busca de sus desaparecidos, de narcos ejecutados y también de seres humanos que en medio del más cruel abandono, resquebrajada el alma, salen a buscar a sus levantados con los últimos retazos de esperanza que les quedan.

AGOSTO, 2012

CAPÍTULO I
CON EL INFIERNO ADENTRO

Veinticinco metros de manta

Veinticinco metros de tela de manta, doce hijas y una promesa de pago de trescientos pesos diarios: eso trajo a este lacandón maya a las montañas de Sinaloa. Ramiro le pondremos. Ramiro el sobreviviente, el trashumante. Dentro de un autobús recorrió el país de sur a norte. Y bajo sus talones, con los ojos abiertos por el espanto, pisó sin querer brazos y pies y cabello, en la zona serrana de Choix: los proyectiles habían sembrado cuerpos inertes sobre la tierra, la yerba. Ya había pasado la balacera. Varios días. Y en medio de una treintena de cadáveres, Ramiro olvidó la tela y la paga. Recordó a sus hijas, su tierra. Y quiso regresar.

Fue traído desde Chiapas por un hombre que les ofreció empleo a él y a otros veinticuatro indígenas en un campo agrícola. Llegó a El Fuerte y luego a Choix. Y ahí, casi a ciegas, supo que estaba entre hombres armados. Él y los otros cuestionaron cuándo empezaban el trabajo y dónde estaba el campo agrícola en el que se emplearían. En represalia, todos fueron atados a una silla. Y luego empezó el intercambio de disparos.

Abril de mi esperanza

Ramiro tiene doce hijas. Su tata Dios, como él le llama, lo bendijo con ellas y esos seis embarazos. De diecisiete las mayores, las que siguen tienen quince, el otro par trece, dos más con once, luego las de nueve años, y de cuatro las menores. No le alcanza lo que gana en su tierra, Los Montes Azules, donde hace y vende artesanías y trabaja en el campo. Recibe entre treinta y cuarenta pesos diarios.

Por eso cuando vio a aquel hombre en Ocosingo ofreciendo empleo, aceptó. Subieron a un autobús de pasajeros él y varios hombres, todos adultos y, al parecer, la mayoría de Chiapas. Todos indígenas. El hombre, a quien ubica como una buena persona, les prometió un trabajo en un campo agrícola, una paga de trescientos pesos diarios, comida y casa, y pasaje de regreso. Pero nunca les dijo dónde.

Fue entre el 12 y el 13 de abril. Ahí empezaron sus esperanzas, pero éstas siempre tienen fecha de caducidad: en poco más de una semana, cuando empezó la refriega. Esas esperanzas murieron entre tanto cadáver, gritos inenarrables y desgarradores, y disparos. Desvanecimientos. Esos, los de varios de los indígenas que lo acompañaban, los de sus vulnerables sueños.

¿Cuándo empezamos?

El traslado de Chiapas al norte de Sinaloa duró alrededor de tres días. Sólo se detuvieron a las horas de comida y el que los enganchó, a quien no se le vio ningún tipo de arma, les dijo siempre que comieran lo que quisieran, que no había problema. Bajaron en restaurantes y puestos de comida rápida.

Las llantas del autobús devoraron alrededor de 2 mil 500 kilómetros hasta llegar a la ciudad de Los Mochis, cabecera municipal de Ahome, y luego se dirigieron a El Fuerte, ubicado más al norte, a cerca de 250 kilómetros de Culiacán. Y de ahí al municipio de Choix, una de las regiones que disputan la organización criminal conformada por Zetas-Beltrán Leyva y Cartel de Juárez, y los del Cartel de Sinaloa. Quienes "contrataron" al grupo de veinticinco indígenas en el que iba Ramiro eran presuntos Zetas, de acuerdo con los reportes de la Procuraduría General de Justicia del Estado.

Los hombres desconcertados preguntaron por vez primera dónde estaba el trabajo, el campo agrícola en el que iban a laborar. Ustedes no se desesperen, contestó el enganchador. Hay trabajo seguro, paga desde el primer día, casa y comida para todos. Subieron a la sierra, hasta llegar a Choix. Y luego pasaron por varios pueblos y más arriba. Se detuvieron en un pequeño caserío. Ahí los metieron en un cuarto de una casa de buen tamaño. La habitación estaba hasta el fondo del inmueble y tenía tres puertas.

Fue entonces cuando volvieron a preguntar cuándo empezaban, dónde estaba el trabajo. Desconfiados y cansados, pero con el desespero clavándoles el pecho. Vieron hombres armados. A Ramiro se le cimbró todo. Pero se mantuvo. Como dice él mismo, con ese español mocho, parco, pausado y discreto, anduvo "a ciegas desde el principio". Pero los lacandones mayas son recios y no sucumben fácilmente. Siguió preguntando al que los había llevado qué pasaba, por qué no empezaban a trabajar. Fue entonces cuando decidieron atarlo a él y a todos. Los pusieron en una silla. También optaron por seleccionar a ocho de ellos, "para que se vayan adelantando." Una persona que no había visto y parecía el jefe los escogió apuntando con el dedo. A ése, ése y áquel. Y ya no los volvió a ver.

Fue a finales de abril, según sus cálculos. Y empezó la refriega y los gritos. Duraron varios días. Pero desde que iniciaron los balazos nadie más entró al cuarto en el que ellos estaban. Así pasaron ocho días: encierro sin tiempo, en medio de una oscuridad más allá de la noche y muy cerca de la muerte.

Partes de guerra

La noche previa al 27 de abril, un comando, vestido con atuendos tipo militar y de la Policía Estatal Preventiva, incursionó en la sierra de Choix. Versiones del interior de las corporaciones y del ejército indican que algunos de los grupos armados entraron por Chihuahua, que colinda con este municipio sinaloense. El objetivo era atacar al grupo que lidera Adelmo Núñez Molina, conocido como El Lemo o El 01, lugarteniente del Cartel de Sinaloa en esa región.

Los agresores conforman una célula de los hermanos Beltrán Leyva, Carrillo Fuentes, del Cartel de Juárez, y Zetas. Esa refriega y la intervención de personal del Ejército Mexicano en El Potrero de los Fierro, El Pichol y otras comunidades de Choix y del municipio de El Fuerte —hasta los límites con Chihuahua—, hicieron que la balacera se extendiera al menos durante cuatro días. El saldo oficial fue de veintidós muertos, entre ellos un soldado y el policía municipal Héctor Germán Ruiz Villas. Pero las autoridades municipales dieron una cifra distinta.

Luego de los primeros enfrentamientos, en una primera declaración, el alcalde Juan Carlos Estrada Vega se apuró a decir que los asesinados sumaban entre treinta y cuarenta personas, en su mayoría civiles. Eleazar Rubio Ayala, presidente municipal de El Fuerte, ubicado junto a Choix, lo secundó: "Me acaban de informar que por ahí derribaron un helicóptero, no tengo yo la certeza de lo que se dice, incluso que hay unas treinta personas que ya fallecieron precisamente por esos encuentros que tuvieron los grupos armados. Espero que esto tenga una solución pronta porque al parecer el ejército ya está en el lugar de los hechos, incluso la policía municipal de El Fuerte también está apoyándolos, nos pidieron ese apoyo", dijo en una nota publicada en el portal del noticiero radiofónico Línea Directa, el 28 de abril de este año.

La Procuraduría General de Justicia del Estado informó que al menos cuatro de los civiles muertos eran de los estados vecinos de Sonora y Chihuahua. En esas acciones fueron asegurados vehículos clonados tipo militar y de la Policía Estatal Preventiva (tres de ellos blindados), dos rifles Barret, una ametralladora calibre 50, quince fusiles AK-47, una carabina AR-15, ocho pistolas, 118 cargadores y 5 mil 823 tiros útiles. El boletín enviado por la Secretaría de la Defensa Nacional (SEDENA), cuyo mando local está en la Novena Zona Militar, con sede en Culiacán, señaló que armas y vehículos asegurados fueron puestos a disposición de la Procuraduría General de la República, con sede en Los Mochis.

La secuela más reciente de estos enfrentamientos y de los operativos del Ejército Mexicano se tuvo en Estación Bamoa, municipio de Guasave, el 2 de mayo de 2012. Los militares llegaron al hotel Macurín, donde fueron recibidos a tiros por un grupo de sicarios —del mismo grupo delictivo conformado por Zetas, Beltrán Leyva y Carrillo Fuentes, liderado por Isidro Meza Flores, conocido como El Chapo Isidro—, diez de los cuales quedaron abatidos; uno de ellos quedó calcinado dentro de una camioneta al parecer blindada, y también murieron dos soldados.

Ocho días, muchas noches

Ramiro desconoce para qué los querían. Ahora sabe que no era para algo lícito. Le dijeron que iban a trabajar en el campo, pero pudo ser sembrando mariguana o amapola, o cosechándola y cuidándola. Tal vez los querían para que ingresaran al sicariato. Lo único que sabe es que está vivo y que de seguir allá no le esperaba nada bueno. Lo supo cuando escogieron a esos siete. A ellos no los miró más.

Cuando empezaron los disparos preguntó qué pasaba allá afuera. Le contestaron que nada. Ya estaban amarrados y les habían dado la orden de quedarse callados. Así pasaron ocho días. Sin comida ni agua. Bastaron dos o tres para que sus acompañantes, a quienes apenas conocía de vista, quedaran con la cabeza gacha, colgando. Parecían desmayados. Inanición, deshidratación: la falta de alimentos siempre trae prisa cuando se aloja en el organismo. En esos días no entró nadie. Nadie salió. Días eternos sin reloj, ni luz, ni oscuridad. Densa espera, alucinante, entre silbidos de proyectiles, voces quejumbrosas, vidas inasibles, sombras cadenciosas de la guadaña en alto. Muchas noches. Y terror. Silencio con filo doloroso y hondo.

Él no. Él se mantuvo despierto, intentando quizá desentrañar si aquellos gritos eran de dolor o de súplica, o los últimos resuellos. El hálito del adiós. La antesala del misterioso silencio. Buscándole palabras a los sonidos guturales, sílabas a la muerte. Por eso escuchó cuando los militares, de madrugada, tumbaron una puerta, luego otra y al final la tercera. Ya era 2 de mayo.

"Aquí hay gente", gritó uno de los uniformados.

"Pero para eso entonces todos estábamos amarrados en sillas, entraron y alumbraron, una luz grande. No sé qué hora exacta, pero fue en la madrugada. Todos estaban desmayados, menos yo. A ellos los atendieron primero. Se veían mal, así escuché que dijeron", recordó Ramiro.

Diez de los militares se quedaron con ellos y el resto partió a continuar el operativo en la sierra. Alguien con voz de mando les dijo: "Sigan ustedes, váyanse. Alcancen a la tropa." Los desataron, intentaron darles agua y suero. Fue hasta que les llegó la luz del sol cuando se dieron cuenta de que él estaba consciente. Uno de los soldados dijo "áquel está vivo" y un oficial se acercó para preguntarle si a él sí le habían dado comida y agua, y por qué.

"No, le digo. Lo que pasa es que nosotros somos lacandones, somos indígenas, somos más fuertes." Ramiro explicó que los lacandones mayas son duros y están acostumbrados a los malos ratos.

"Me quitó el lazo de las manos, me dijo 'quieres comer, quieres agua, qué necesitas'. Me dice 'quieres suero' y me dio. Y me dice 'conoces a este señor…', no los conozco. A los demás compañeros que estaban ahí… le digo que no los conozco, pero son de Chiapas también."

El militar le preguntó que si eran como él. Contestó que no, que había tzeltales, tzotziles y otros que no alcanzaba a ubicar de qué grupo étnico, pero no eran iguales. Le piden papeles. Como nunca antes, Ramiro trae su acta de nacimiento. Es su primera salida de Chiapas, donde ni la usa. Tampoco porta la credencial de elector. En su tierra no hace falta. "Con el habla sabemos que somos mexicanos", argumenta.

Después de investigar, le regresan los documentos y el militar que lo había abordado confirma que tiene razón. Le pregunta si quiere ir a un hospital o a su casa. A esos que estaban con él, que parecían a punto de fenecer, los llevaban a recibir atención médica. Suben a todos a un camión, donde colocan unas colchonetas para acomodarlos. Ramiro al último. Pide que le permitan regresar a Chiapas.

Todos están arriba, menos Ramiro. Como está consciente, lo dejan en espera. El mismo oficial le dice, casi le aconseja, que si quiere que le pongan una venda en los ojos. Pregunta por qué. Afuera hay muchos muertos. Él se niega. El militar no dijo cuántos, pero portaba un rostro serio. El lacandón pensó que no eran tantos. Pero sus ojos, esos que se abren frente al abismo y la muerte apabullante, le dijeron que había tomado una mala decisión: pasó entre cerca de treinta cadáveres, seis de ellos de mujeres, en un tramo de apenas diez metros, cuidando de no pisarlos, aunque fue inevitable: danzó esos pasos cortos y largos, brincos, compases abiertos, a veces lento y otras veces brumoso, entre cabellos, brazos, piernas, sangre.

"Eran unos diez metros... me iba quitando yo a cada rato para no pasar encima de ellos. Había mujeres y hombres, grandes, sí. Vi mujeres, como unas seis, entre los treinta que vi. Personas grandes, de veinticinco a treinta años... una señora de las últimas que vi con la boca para arriba, de unos cincuenta años, era una persona grande. Me agaché mejor y me subí al camión."

A sus ex acompañantes los trasladaron a un hospital y a él a Los Mochis. No sabe qué fue de ellos, pero sí que iban muy mal.

El oficial le sugirió que acudiera al Sistema para el Desarrollo Integral de la Familia (DIF) o al Ayuntamiento. En uno le dieron un papel y en el Ayuntamiento nada.

Fue a la central camionera a tomar un autobús para Culiacán, a cerca de 200 kilómetros al sur. El chofer se le quedó viendo y le dijo que ese papel que le habían entregado en el DIF no le servía para nada, que al menos pagara medio boleto. Otro que lo vio se le acercó. Cómplice y generoso le dijo en voz baja: espérate tantito a que se descuide el inspector y te llevo a Culiacán.

Tamales

En Culiacán, el chofer le aconsejó que acudiera al Hospital de la Mujer, cercano a la terminal de autobuses, donde seguro le permitirían dormir. Además, junto al nosocomio se ubica el DIF.

Era sábado, 5 de mayo. Ese día y el siguiente permaneció ahí, en patios, pasillos y rincones tibios, en espera del lunes y de que se abrieran para él las puertas de las oficinas en las que buscaría apoyo. Una señora que vendía tamales en uno de los accesos del hospital lo vio varias veces y conversó con él. Le preguntó de dónde era. Antes de que le diera más detalles supo que no comía carne, así que no le convidaría tamales, además de que no eran de ella, pues tenía que venderlos.

"Ustedes son muy especiales. No comen carne, no comen chucherías. Nada de comer lo que sea", le dijo con una simpatía que desconcertó a Ramiro. Sacó algo de fruta y un poco de agua, y se la ofreció. Duro para decir que sí, Ramiro aceptó la ración de fruta y verdura ese día y el siguiente. Así aguantó.

Lo más lejos

Sofía Irene Valdez, directora del DIF estatal, le encargó a una trabajadora social que le consiguiera un boleto de autobús que acercara lo más posible a Ramiro a su tierra. Pensó en enviarlo, de un tirón, a la Ciudad de México. La empleada le dijo a su jefa que había conseguido para Mazatlán. La regresó. Le argumentaron que no había recursos y ella dijo que aunque fuera de su bolsa, pero le ayudaría.

Ramiro lo recuerda bien. Se lo sabe de memoria porque es una historia contada en su tierra, en su vida de lacandón maya: "Habló a Chiapas pero en Chiapas si dicen que eres lacandón ya no te ayudan, si dices que eres tojolobal, zoques, coloteques, chamulas, te ayudan, pero a lacandones no les ayudan. Cuando regresa la directora le dice a la trabajadora social 'qué has conseguido', y dice 'recursos no hay'. 'Búsquenle, búsquenle', contesta... 'busquen una conexión en camión con los de la línea ADO, de aquí a México y de ahí a Chiapas, aunque salga del dinero mío.'" Pero no encontraron en ADO, "es mucho problema con los enlaces."

Finalmente le consiguieron un viaje a la capital del país y una cita con el diputado Armando Ochoa Valdez para que lo atendiera en el edificio del Congreso del Estado. Ahí, un auxiliar del legislador lo envió con Leonides Gil Ramírez, jefe de la Comisión para el Desarrollo de los Pueblos Indígenas en Sinaloa. Él y Cresencio Ramírez, indígena y activista de la localidad, pudieron respaldarlo con recursos para concluir su viaje a la selva Lacandona.

Veinticinco metros

Ramiro tiene cuarenta y un años y lo recuerda todo. Incluso al señor que los enganchó, a quien nunca vio que portara un arma y no volvió a mirarlo desde que los amarraron. Antes, viendo que Ramiro estaba muy callado y no maldecía, le regaló una Biblia. Pero está en español y el lacandón no lee ese idioma. Apenas lo habla. En un pedazo de hoja de cuaderno trae escritos algunos signos. Ésos sí los entiende. Él los escribió.

"El señor traía su Biblia en la mano. La llevo yo en la mochila, y la traigo yo aquí. Me dijo 'Mire señor, usted no le he escuchado hablar ni quejarse ni nada, le voy a regalar mi Biblia ojalá y la conserve'", señaló.

Puede describirlo a él, a ese señor que se portó bien y nunca los maltrató. Tiene en su mente a los otros siete que fueron escogidos y separados del grupo, y al resto. Los trae en su cabeza. No los conoce ni de nombre. No hace falta. Espera, confía, cree que están vivos, que regresarán a casa.

Trae una mochila. Parece abultada y pesada. Durante la entrevista, coloca encima un sombrero de cuero adornado con collares elaborados con semillas y piedras. Una pluma de pavo real al frente y detrás, escondida, una piedra que parece talismán. Se le avisa que no habrá fotos de su rostro, pero que permita captar sus manos y brazos. Asiente con la cabeza. Inexpresivo, apacible. Parece un anciano sabio frente a una fogata en medio de la nada y por encima de todo. El reportero le dice que le va a tomar fotos al sombrero. "No te lo recomiendo", contestó. No explica mucho. Repite tres, cuatro veces, "No te lo recomiendo" ante la insistencia del periodista. Pero sus frases suenan terminantes: es una reliquia, tiene un valor muy especial.

"Porque mi sombrero es una reliquia de nosotros lacandones. No te lo recomiendo mucho, pero ya es cosa tuya. Te voy a decir que como hábito de nosotros tenemos mucha cosa que sí nos gusta otorgar y mucha cosa que no. Sí somos muy especial... por eso yo cuando como, cuando me paro en un lugar me quito mi sombrero por respeto a mi raza, a mi cultura", manifestó.

Fin de la discusión.

La selva es su casa y todo se lo da. Si se sienta afuera, en el patio de su vivienda, se arrima un jaguar, los changos, guacamayas, tucanes, venados y otros animales. Y empiezan los animales a hacer bulla. Están entre los suyos. No hay cacería ni maltrato. Los lacandones mayas no comen carne, sólo fruta y verdura. Los jueves, eso sí, son de pescado y camarón que capturan en el río Suchiate. Apenas quedan setenta y dos de su etnia en Los Montes Azules: longevos, duros, parsimoniosos, estrictos, orgullosos. Cuenta que ellos difícilmente aceptan que les regalen comida. Dice con voz de cueva que si ellos tienen para comer es porque trabajaron duro y uno no debe quitarle a nadie los alimentos. Su voz suena a esa paz ancestral, la de su padre y sus abuelos, la de una generación milenaria. Por eso llora. Llanto antiguo y enternecedor. Cantan sus ojos húmedos cuando habla de sus doce hijas, sus seis embarazos, su tata Dios que lo bendijo y lo quiere, por eso le tiene reservadas otras vivencias después de haber renacido, de ser un sobreviviente de la densa oscuridad del narcotráfico y la violencia en las montañas de Sinaloa.

"Pude haber sido entre los que escogieron, pude haber ido con ellos. Pero mi tata Dios tiene un propósito conmigo. Tengo doce hijas que vine a trabajar en este pueblo nada más para comprar veinticinco metros de manta... todo el sueño que llevaba se quedó en nada."

No ha hablado con ellas. No sabe de kilómetros ni de carreteras. No hay manera de llegar a la selva que es su casa, a menos que sea caminando y eso significa hacer dos días desde Ocosingo. Las extraña. No habla más que de ellas, su tierra, su piel: el vientre de todo su ser.

Todo eso lo ha curtido. Y a toda su raza. Su madre es la más joven de su generación y suma ochenta y cinco años, pero otra persona tiene ciento dieciocho. De los de la edad de Ramiro no queda nadie. Pero los más grandes mueren de ancianos. Ninguno por enfermedad: "Todo llega al tiempo y van a fallecer y fallecen. Mi papá falleció de ciento veinticinco años. Y su papá falleció a los ciento cuarenta y tres años."

Sabe muy bien que ya no habrá oportunidad de comprar esa manta. Ya es tarde, es mayo y no hay dinero. Quizá seguirá así, con ese pecho flaco que se hincha cuando habla de su terruño y el jaguar y sus hijas. Con ese pecho que se le pega a la espalda, de un cuerpo seco de tristeza y frustración y miseria.

Cuenta que los del DIF hablaron a Ocosingo para pedir ayuda y avisar de la situación de Ramiro. Pero está seguro de que no los quieren. No quieren a los lacandones. No dice por qué. Tal vez es esa dureza, esa terquedad, esa lluvia pertinaz e indómita.

Confiesa que está desesperado por irse. Se le quiebra la voz, pero no caen sus palabras, sino vuelan, diáfanas, duras, aladas. Brincan sus cachetes. Llora de nuevo. Agradece a su tata Dios otra vez. Es inmenso y quiere a su raza, asegura.

Y como un paquidermo bípedo, erguido y digno, habla como si este salto mortal del que logró salir vivo fuera el principio del fin, pero esperanzador y al mismo tiempo con un horizonte arrugado:

"La esperanza que tenía el Señor me la pagó al doble, con darme la oportunidad de seguir viviendo. Qué más le puedo pedir. Yo sé que mis hijas llego y me preguntan trajiste manta. Ellas les da igual si llevo o no llevo. Ellas son las que les interesa que yo llegue. Si este año no puede comprar su ropa ni modo... lo que pensaba hacer se acabó. Pero sé que mis hijas me van a entender, sé que si no les llevo para su ropa ni modo. Sé que si no tengo, no tengo. Lo importante es que voy a regresar. Que mi tata Dios me permitió regresar para morir en mi tierra."

10 DE MAYO DE 2012

Adivina

Las cartas estaban sobre la mesa. La joven quería saber, en ese enero de 2011, cómo le iba a ir ese año. En amores, en el negocio. La mujer le dijo a aquella joven que avisara que les iban a caer los guachos, que sacaran de ahí toda la mariguana y las armas, porque les iban a catear la propiedad.

Aquella se levantó y tomó el teléfono. Pasó el recado a sus familiares. Dudosos y hasta burlones, los que recibieron la advertencia procedieron a sacar todo antes de que llegaran los de verde olivo. A pocos minutos el lugar se había llenado de militares que buscaban droga y armas de fuego en todas las habitaciones. Nada.

El dueño de la casa y de la mercancía mandó por la adivina. Dos hombres la estaban esperando afuera de su despacho, ubicado en el primer cuadro de la ciudad, en Culiacán, a pocos metros de la avenida Obregón y a nada del mercado municipal. Le preguntaron si era ella. Vente con nosotros. Les contestó que estaba bien, pero que le permitieran avisar. Habló por el celular con alguien: me llevan y no sé a dónde.

En su local hay efigies de la santa Muerte. Una de ellas está parada, casi en la entrada. Parece ser el comité de bienvenida. Velas, colgajes, collares del Santo Rosario, ungüentos para la erección, polvos mágicos, cartas con figuras de santos, jarabes, bolsas transparentes con yerbas. Ella no las vende, sólo es adivina. Echa las cartas, da buena suerte, aconseja sobre amigos y enemigos, el manejo del dinero en los negocios, el amor. Los productos son del dueño del local. Ve a un cliente y le dice tú traes algo. Con sólo mirarlo le anuncia que hay quienes no lo quieren, que se cuide. "Traes la muerte, muchacho. La traes cerquita." Le muestra las cartas, le desea suerte.

Está sentada del otro lado de una flaca mesa. Un mantel encima para adornar. Ella con su pantalón de mezclilla y esa blusa con flores estampadas. No pasa de los treinta y cinco, es baja de estatura y actúa con inteligencia al momento de tratar a ciertos clientes. A muchos de ellos, que sabe son narcotraficantes o pistoleros o gente "pesada" ni les cobra. Ésos siempre le ofrecen pagarle con favores. Pero tampoco los acepta. Los atiende, eso sí, pero a cambio de nada. Es su trabajo, dice. Su don, su virtud, y se siente privilegiada y lo hace para ayudar. Es una mujer sencilla, de pocas palabras. Pero las pronuncia como piedras. Las avienta y las piedras no se van, se quedan en el cartílago ótico y anidan entre ceja y ceja. Les habla de envidias, de celos y muerte, de destrucción e infidelidades. Les pasa tips en los negocios. "Usté va a agarrar mucho dinero", le dice a otro. "Nomás no se desespere ni ande diciéndolo ni haga caso a los que le digan que está mal. Usté p'alante, puro p'alante. Al cien. Al doscientos. Y de mí se acuerda, le va a ir muy bien." El hombre le da las gracias. Saca la billetera. Ella le hace un gesto. Le dice, "No, oiga, no es nada. Cuídese mucho y que Dios lo bendiga." El hombre casi le besa la mano. Sale de ahí jubiloso. Ella lo despide con un ademán suave y cálido, que parece una bendición. Y se vuelve a sentar.

Así trabaja, a pesar del vendaval, en una ciudad violenta, capital de un estado cavernario: de fusiles automáticos, droga, balaceras, decapitaciones, corrupción e impunidad. El narco en las calles. El narco en todo lugar. El narco manda. Ese enero de 2011 concluyó el mandato de Jesús Aguilar Padilla como gobernador de Sinaloa. Un sexenio marcado por "la violencia normal", como él mismo lo aseguró en una desafortunada declaración.

En total, en esos seis años se cometieron 6 mil 616 asesinatos, en su mayoría relacionados con las pugnas entre los carteles del narcotráfico. Apenas habían pasado cuarenta y ocho horas de ese 2010 y ya había en la entidad dieciséis homicidios. Fue el sino. Y sigue siéndolo. El año terminó con 2 mil 238 muertes violentas. La cifra más alta en toda la historia del estado, apenas seguida de los 2 mil 200 que se tuvieron en 2008 y 2009.

Ella va tendida en el piso de un automóvil. Boca abajo. De todos modos no ve. Le pusieron una capucha desde que ingresó al interior del vehículo, al que tampoco pudo identificar, pues no sabe mucho de marcas. Vueltas, topes, frenadas intempestivas. Ruge el motor. Los hombres no hablan. Son cuatro. Escucha su respiración agitada. Escucha la de ellos. Se cruzan los silbidos que producen esas cavidades olfativas. Todos ahí tienen miedo. Nadie sabe lo que pasará.

Llegaron a una casa grande. Lo supo cuando la bajaron y le quitaron la capucha. Tenía una especie de cochera o patio frontal muy amplio. Una niña de unos catorce años se esmeraba en borrar las rayas de polvo blanco sobre una mesa de madera y apagar la sed con una cerveza. Dos hombres tomaban Buchanan's, otros dos la vigilaban. Había una cocina y un comedor que nadie limpiaba, con mapas de desperdicios, de líquidos tirados que nadie miró, moho. El olvido tiene sus nidos y uno de ellos estaba aquí. Un refri lleno de desperdicios, de alimentos con manchas verdes, grises, oscuras. Malos olores. Ese refri parece un frío ataúd.

Otros dos hombres con armas a la cintura la condujeron hasta el jefe. Con voz de trapo le preguntó quién le había avisado del operativo de los militares. "Le respondí que nadie, que yo me dedicaba a leer las cartas y que ahí había salido todo, por eso se lo dije a la muchacha que estaba atendiendo, que es mi clienta, para que les avisara a ustedes", eso contesté, recordó ella.

Era un hombre de unos cincuenta años. Moreno, alto y algo voluminoso. La miraba como queriendo esculcarla, como asomándose a esa voz pausada y a esos ojos que no lo esquivaban. Una y otra vez las mismas preguntas. Quince veces. Ella se mantuvo. Una serenidad quirúrgica amoldaba sus respuestas, esas palabras. Una seguridad de cazadora, de francotirador envolvía sus ojos, controlaba su respiración, detenía su mirada en la mirada de áquel que la interrogaba.

Les dijo a los pistoleros "llévensela y al ratito me la traen". Los hombres la sentaron en la sala, muy cerca tenía dos armas cortas y pensó "si las agarro y les disparo me llevo a uno o dos, pero aquí voy a quedar". La pensó mucho y poco. Decidió mantener sus manos quietas, sobre sus muslos, bajo la mesa.

Otros dos matones jugaban baraja, uno más la veía a ratos, vigilante. Se levantó, no estaba nerviosa sino ansiosa y tenía que hacer algo, buscar la manera de, al menos, distraerse en medio de ese encierro, entre droga y drogos, pistoleros y una muerte que le rozaba la piel, fría y terca, y ese capo que no le creía que a ella eso no le interesaba. Se puso de pie, quiso ser espontánea y caminó con soltura hacia la cocina, tomó un trapo y lo lavó, limpió todo como si fuera de ella, tiró la basura y la cerró en bolsas de plástico, y buscó y abrió latas, enjuagó verduras, picó, partió, abrió las válvulas de gas y con un encendedor que encontró cerca prendió tres hornillas, y preparó chicharrón ranchero, frijoles y machaca. Calentó tortillas.

El olor convocó a la niña, que insistía en aspirar polvo sin saber que con ello aceleraba latidos y expiraba, y también a los cuatro pistoleros y al jefe. "Qué bien guisa, oiga." Ella respondió con un frondoso gracias. Unos comieron en la sala, otros en la cocina y el jefe arriba, en la recámara.

Volvieron a llevarla ante el jefe. La sentaron en una silla, frente a él: "Quién te avisó, cómo supiste, para quién trabajas." "Nadie", repitió ella otras diez veces. Miró a los matones aquellos y les ordenó "compren gasolina y quémenla." Ella le dijo "por qué, si no he hecho nada, si hasta le ayudé."

"No sé, como que ellos no reaccionaban. El patrón no se daba cuenta de que eso a mí no me interesaba, que sólo lo había hecho por ayudarles. Yo creo que fue la droga, que estaban tan idos que no sabían con quién hablaban", manifestó ella.

En eso entró a la habitación la joven a la que ella le había leído las cartas. Era la amante del jefe. Supo lo que pasaba. Le preguntó a ella si estaba bien. Ordenó que la sacaran y la pusieran en la sala. Y se encerró a pelear a gritos con el patrón. "Desde donde yo estaba, en la parte de abajo, se escuchaban mentadas y chingados y puta madre por todos lados, a mí, la verdad, primero me dio un poco de miedo. Tal vez nos van a matar a las dos. Pero luego me encomendé, calmada, tranquila, me dije, y fue cuando ella salió."

La joven emergió entre penumbras, después de liarse a palabras con el jefe. Se dirigió a los pistoleros y les ordenó que llevaran a su casa a la que habían mantenido cautiva. Le ofreció disculpas y ella respondió que no había problema. Los guaruras voltearon a ver al patrón y éste asintió con la cabeza. "La muchacha me dijo 'no te van a hacer nada estos pendejos', al oído."

Ella traía todavía el sismo en el estómago y las piernas. Soltó el aire y aflojó los músculos, ya en la calle. Áquellos la llevaban en una camioneta y le cerraron el paso a un taxi, le aventaron quinientos pesos y le gritaron déjela donde ella quiera.

"El conductor se espantó y no sabía para dónde conducir. 'Así no puedo, oiga. No puedo manejar', me dijo. Entonces, como andaba muy nervioso el taxista, interceptó a un colega, a otro taxista, y le dio el billete… le dijo 'ai te encargo a la pasajera. Ta cabrón'. Y se fue de ahí."

Eran las cuatro de la mañana. En la puerta de su casa, a solas, con la calle alejándose y la madrugada en su apogeo, se quitó la coraza y abrió sus cavidades al llanto. La muerte lejos. Y ella, a salvo, resucitó.

25 DE ENERO DE 2011

Tienes cinco minutos

Ese 26 de febrero no fue el peor día en la vida de María. No lo fue, pero sí esas dos horas: llegó a su casa, en Infonavit Humaya, en el sector norte de Culiacán, luego de haber trabajado durante casi diez horas en una tienda de autoservicio. Eran las 21:30 horas. Dos horas que nunca olvidará.

Su vecina la interceptó. Unos muchachos, no los conocía, se llevaron al hijo de María. Y así se lo anunció. Ella pensó que quizá eran sus amigos y que andaban por ahí dando la vuelta en uno de los automóviles en que a veces lo buscaban. La vecina insistió en que lo buscara o al menos lo llamara por teléfono para cerciorarse de que todo estaba bien.

Marcó una vez y no contestó. Lo hizo de nuevo, pocos segundos después. Sonó hasta que entró la grabación del buzón. Esperó veinte minutos, en medio de una angustia que la invadía desde los pies y llegaba hasta el estómago, amenazando con subir y subir. Llamó de nuevo y esa vez sí contestó. Se saludaron accidentadamente y él se impuso con una voz de fragilidad de alambre: "Mamá, tienes que buscar a Sergio, dile que lleve las alhajas, dile que me levantaron." Y colgó.

Dónde

María se preguntó dónde buscaría a Sergio. Sabía de él, lo conocía porque era uno de los que más convivía con su hijo. Llegaba a veces y lo llevaba a desayunar. A ella no le gustaba porque no tenía trabajo y se preguntaba de dónde sacaría dinero. Pero a su hijo le caía bien y en apariencia también lo trataba bien.

Recordó que Sergio había sido novio de una joven que vivía cerca. La buscó y dio con ella. "Por favor, es muy importante, es urgente", le dijo. Le dio el teléfono celular del joven y le marcó. También se lo dijo a él: "Tienes que venir, traer las alhajas, mi hijo fue levantado."

Lo voy a matar

Llamó de nuevo y escuchó un ruido extraño. El teléfono le fue arrebatado a su hijo y lo tomó un hombre cuya voz no identificaba. Tienes cinco minutos, sentenció. Si no, lo mato.

"Yo no conozco a ese hombre, no sé quién es, pero se escuchaba como alguien mayor, no como un muchacho. Era el dueño de las alhajas y yo pensé que eran muchas, pero no. Me dijo que tenía cinco minutos, que si no le entregaban las joyas iba a matar a mi hijo. Recuerdo que antes de colgar me dijo que si no cumplía lo iba a dejar sin vida, a tirar, en el mismo lugar en que lo había levantado. Me dijo 'si no cumple, le mato a su hijo y lo dejo donde lo agarré'", recordó María.

Ella no dimensionó que el tiempo que le estaba dando para recuperar el botín no le iba a alcanzar. Lo supo cuando colgó el celular. Llamó de nuevo al joven que supuestamente tenía las joyas y éste llegó muy rápido a donde ella estaba. Marcaron de nuevo al teléfono móvil de su hijo y contestó otra vez aquel desconocido. Ella no desaprovechó y le pidió al hombre que le diera más tiempo. El "está bien" que pronunció provocó un alivio parcial en ella; entonces decidió pasarle el teléfono al amigo de su hijo. Ella escuchó que éste le explicaba que había empeñado las alhajas, que le diera tiempo para entregárselas al otro día.

"Como que el amigo de mi hijo escuchaba que lo estaban golpeando y le decía 'no oiga, espérese, no le haga daño, mañana se las entrego sin falta, lo prometo'. De repente colgó y sin decir nada me dio el teléfono. Mientras se alejaba gritó ahorita vengo. Regresó con una bolsa de plástico y dentro unas pocas piezas de oro. Entonces le marcamos de nuevo."

Aquel interlocutor les advirtió que los iba a matar a todos, si avisaban a la policía. Luego le dio instrucciones a María. Que fuera a un hotel ubicado cerca de ese sector. Estando ahí le pidió que se trasladara a dos cuadras del lugar. Y ahí recibió de nuevo una llamada telefónica: estaba detrás de ella, a pocos metros, así que le dijo que no volteara, que si lo hacía iba a asesinarla a ella y a su hijo, y le pidió que dejara las joyas en un macetero, frente a un establecimiento comercial.

Así lo hizo. Le preguntó qué iba a pasar con su hijo. Él le respondió, "Se lo voy a soltar, pero no llame a nadie, ni a la policía."

"Yo le dije que la verdad no quería problemas. Lo único que quiero es que me devuelva a mi hijo." El hombre colgó. Llamó. Volvió a llamar. Contestó. "Vaya por él." Está sentado en una banca, por el bulevar principal del fraccionamiento Bugambilias, ubicado en la zona poniente de la ciudad, a unos cuantos metros de la Secretaría de Seguridad Pública Municipal y en medio de varios planteles educativos.

Era casi media noche.

Rebelde e inexpresivo

Ella nació en Guadalajara y tiene poco más de quince años en Culiacán. Vino hasta acá porque de esta ciudad es su ex esposo. Ahora vive sola con su hijo, en una casa de renta. Para pagarla gasta casi la mitad de lo que le pagan en esa tienda de autoservicio. A sus cuarenta y siete, esa mujer morena y esbelta parece resignada a esa vida que lleva de rutinas y bostezos. Hasta que esas dos horas intensas, en las que pensó lo peor y que no olvidará, la sacaron de la muerte lenta de esa vida oxidada. Y casi la mataron. Como pudo haber pasado con su hijo.

Él tiene quince. Dejó la secundaria porque, como una vez lo dijo él, "no es lo mío". Le encantan el internet, ver la tele, andar con los amigos. Es un rebelde. Un niño en tránsito, inexpresivo, que no parece disfrutar cuando habla con su padre, y si lo hace es porque él, muy a lo largo, le habla por teléfono. Conversan. Él hace muecas, quiere colgar. Ella no sabe de qué hablan, pero sí sabe que él no está contento. No le provoca absolutamente nada charlar con esa persona. Un extraño, un vecino, un ciudadano mexicano. Alguien más. Pero no es su padre. Así parece decir con esas muecas, esos ademanes de me-vale-madre.

No dice qué quiere ser de grande. No parece querer estudiar. Para su madre, él no anda en malos pasos. Aunque de repente lo ha sorprendido vendiendo teléfonos celulares que quizá sean robados. No lo sabe con certeza, pero le advierte a su hijo que "pobre de él si anda en esos negocios, porque entonces sí se va a meter en un problemón. Y aquí, en Culiacán, hasta por mirar feo te matan."

Es serio, de carácter fuerte. Pero María dice que si anduviera en malos pasos se daría cuenta porque usaría ropa nueva, de marca, de esas que cuestan mucho. Si trajera otro teléfono celular en lugar de ese "corrientito" que ahora usa, o tenis nuevos o lentes o mucho dinero. Nada. Apenas le deja unos veinte pesos diarios, o cuando puede, para que se compre sus papitas, el té, el refresco, o pague un par de horas en el ciber que está en el barrio, cerca de su casa.

"Ya lo mató"

Ya era 27 de febrero. Ese día ya había consumido media hora, cuando encontró a una amiga que tiene automóvil. Le contó todo de manera atropellada y ella aceptó llevarla. Iban compartiendo sus miedos, erráticas y temblorosas. Iban pensando lo peor, lo fatal, el fin, la nada.

"Cuando el hombre me dijo que lo había dejado sentado en una banca, afuera de una escuela, en Bugambilias, yo pensé que lo habían dejado muerto. Ya lo mató, pensé yo. Es la verdad. Piensa uno lo peor."

No le dijo dónde. Ninguna seña. Ella ya no pudo preguntar porque el hombre colgó. Tomó por el bulevar Emiliano Zapata, que en ese sector llaman Calzada Aeropuerto, porque la terminal aérea está como a un kilómetro de allí. Iba llegando al bulevar principal del fraccionamiento cuando vio al menor caminando lento, queriendo avanzar, con el viento en contra y la vida leve, casi un hálito, casi ausente, muy cerca de una gasolinería.

Súbete. Súbete.

Ella lo abrazó. Él no. Iba con ese rostro de piedra. Inmutable, críptico. Serio, duro e inexpresivo. Iba todo golpeado. Los pómulos reventados y los ojos perdidos entre tanta hinchazón. Brazos, pecho, espalda, molidos. Moretes distribuidos generosamente. La culata del fusil la tenía simétricamente marcada a lo largo de la espalda. Contó apenas que le habían tapado la cara con su propia camiseta, que no vio sus rostros, que lo cachetearon hasta cansarse, que patearon su abdomen y que le llovieron culatazos por todos lados.

Un tímido "estoy bien, yo no hice nada". Eso salió de esa boca desconectada. No lloró ni suplicó. No habló más del asunto. No ha vuelto a hablar de eso. No lo hablará jamás. Ella ahora lo sabe.

La madre alcanzó a enterarse de que un joven que lo acompañaba aquella tarde alcanzó a correr. Al parecer, no tenía nada qué ver con ellos, pero por sí o por no, se escapó. A los pocos días también huyó de la colonia, de la ciudad y de Sinaloa el joven aquel que se había quedado con las joyas, las mismas que tuvo que devolver.

"De lo poco que me dijo es que el hombre que le puso la pistola en la cabeza le dijo 'no saben con quién se metieron: esta casa es de El Chapo Guzmán'", de Joaquín Guzmán Loera, jefe del Cartel de Sinaloa.

Cuando lo soltaron, lo aventaron como costal de papas en un solar deshabitado, entre el monte. Se quedó boca abajo, esperando los sonidos de las ráfagas de los fusiles AK-47 y los proyectiles ardientes, incendiándolo por dentro, desangrándolo. Morir. Dos minutos. Oyó cómo salieron de ahí. Dejó de escuchar voces y ruidos. Entonces se levantó, atarantado y nauseabundo. Hizo pininos. Caminó y no supo a dónde, hasta que dieron con él.

Ella no cree que haya hecho algo malo ni que haya participado en ese robo. Le cree a él, aunque en ocasiones se enferme con tanto narcocorrido. Sabe que no le gustan las armas. Es inexpresivo. Nadie puede penetrar esa mirada fría, ese carácter fuerte. Todo se lo traga. No se queja ni llora. Y a veces, muy pocas, abraza. Y cuando le preguntan por esa vez, cuando lo levantaron, contesta apurado "no es cierto, no es verdad".

Pero sí. Ella lo sabe. Y lo sabe bien. No es el peor día de su vida. Pero sí las dos peores horas. Lo sabe tanto que llora y llora, cuando le "entra en tonto." No lo olvida. No puede.

4 DE JUNIO DE 2012

No veo, no veo

Los gritos del hombre jalaron sus ojos: dos jóvenes armados con cuernos de chivo lo golpeaban y pateaban, tratando de domarlo, para luego subirlo al vehículo en que viajaban.

Ella apenas salía de la casa y escuchó todo cuando pasó por ahí, en ese céntrico sector. Primero pensó que era algún pleito doméstico, un habitual y matinal jaloneo verbal en el caserío aquel, por eso no hizo caso; pero cuando oyó a los pistoleros que querían someterlo, volteó.

"El señor decía 'no fui yo, compa. Yo no dije nada, no hablé. Por mi mamacita, por Dios', repetía a gritos, llorando", manifestó Rebeca, quien pasaba por el lugar, ubicado por la calle Escobedo, a pocos metros de la avenida Nicolás Bravo, muy cerca del restaurante de comida china, *China Loa*, en el primer cuadro de la ciudad.

El hombre berreaba como animal al cadalso. Llanto con súplicas, manoteo para asirse del aire, del barandal de la puerta de su casa, de las pocas plantas que su mujer había sembrado en el paupérrimo jardín frontal.

Uno le dio un cachazo en el pómulo izquierdo. El otro le pateó el abdomen en dos ocasiones. Y cuando pensaban que áquel por fin había desistido de luchar, intentaron levantarlo, tomando manos y pies, en vilo. Fue en vano. El desconocido pesaba mucho y el esfuerzo que realizaban era insuficiente.

"No me lleven, oigan, por favor. Yo no fui, no dije nada", les decía el hombre. Rebeca señaló que aquellos homicidas parecían no escuchar. Ellos, como bestias, pateaban a su víctima y le daban golpes con las culatas de los fusiles automáticos. Lo único que importaba era someterlo y después subirlo al automóvil que los esperaba y en el que se irían sin problema alguno.

"Cállate pendejo." El vecino amarraba sus manos a los tubos verticales, a la cerca de alambre, al aire, a la vida. "No me lleven, por favor." Las respuestas fueron nuevas órdenes de que guardara silencio y amenazas de que ahí mismo lo iban a matar. Uno de los sicarios, al parecer el más joven, sacó un arma corta y cortó cartucho. Le apuntó a la cabeza y le gritó que iba en serio, que más valía que se calmara y se subiera al automóvil.

"Era un hombre corpulento, de alrededor de ciento treinta kilos. Traía camiseta sin mangas y pantalón azul. Bigote que adornaba sus hinchados cachetes y su barba de espinas", recordó ella.

Los hombres lo golpeaban. No podían con él, con ese peso. El hombre se quedó tendido, en el suelo. Parecía rendido. Pero cuando los sicarios arremetieron de nuevo para levantarlo, fracasaron otra vez.

La mujer trató de distraerse para no escuchar ni voltear a ver. Iba con sus dos hijos y los distrajo rápido, trató de conversar para que no escucharan los gritos ni los llantos, y bloqueó con su cuerpo el escenario de la agresión. "Uno de los niños me preguntó qué pasa. 'Nada, hijo. Sólo están peleando, son señores que discuten, que quieren arreglar sus problemas. Es todo, no te preocupes.' La verdad eso fue lo que se me ocurrió, con tal de salir a salvo de ahí."

Dijo que con movimientos veloces se montó en el asiento del conductor y salió rápido de la cochera. Aceleró sin revisar el retrovisor, musitando un "no veo, no veo", que apenas se oía. A lo lejos, el aquelarre de fusiles, patadas y jaloneos seguía vivo. A los dos se unió el que los esperaba en el vehículo.

Otros pasaban por ahí. Lo hacían en los camiones de transporte colectivo, en automóviles propios o a pie. Todos huyeron. Pasaron y apuraron. Fingieron no ver. Pretendieron olvidar. "Esto ya fue, ya pasó." Y emprendían la retirada, apenas se daban cuenta de lo que aquel trío de gatilleros hacía con el hombre al que pretendían privar ilegalmente de la libertad. "No voltees, están levantando a uno." Ésa era la consigna. Bandera para la sobrevivencia. Dosis suficiente en ese tratamiento de resignación: "No veo, no oigo, no hablo."

Ella golpeaba el volante, queriendo distraerse. Pensó que así podía recordar alguna canción, huir más velozmente. O hacer un poco de música y envolver con ella a sus hijos, que todavía tenían los ojos más abiertos que de costumbre, que tenían cara de espanto. Buscó en el dial la estación del noticiero que a diario escuchaba; quería cancelar el recuerdo, los gritos, el llanto, el ruego. Se alejó tiritando en verano, bajo un sol malhumorado que a esa hora, alrededor de las nueve, ya arrojaba sus llameantes e insufribles rayos invisibles sobre las cabezas de los culichis. Y se fue de ahí, cavilando, "voy a subir de peso".

16 DE FEBRERO DE 2011

Surutato

Aquel 25 de septiembre de 2011 llegó un grupo armado a San José de los Hornos, comunidad ubicada en la zona serrana del municipio de Sinaloa, muy cerca de los límites con Chihuahua. Desde julio habían incursionado en ese poblado hombres con pasamontañas, armados con fusiles AK-47, en comandos integrados por cincuenta y hasta ochenta. Los desconocidos se llevaron a Jaime Acosta Parra. Estaba con su esposa y su hija. Empezaron los gritos.

Desde entonces, doña Juana no tiene ilusión. Ella es una de las trescientas personas de cincuenta y seis familias que viven en Surutato, y que huyeron de sus comunidades para buscar refugio ante la violencia, las amenazas y la presencia de grupos armados en la zona serrana de Sinaloa.

Ella, igual que la mayoría de los que están aquí por los mismos motivos, dejó sus gallinas y sus cochis (como llaman en Sinaloa a los cerdos o puercos), la tierra, los víveres y la ropa, en San José de los Hornos, municipio de Sinaloa, a hora y media por ese camino seco, polvoriento, serpenteante y de piedras bravas. Ahora vende helados de sabores, mangoneadas y cocos. Apenas tiene para vivir. Saca cuando más cuatrocientos pesos a la semana. Su esposo va al monte a cortar leña y venderla. Tienen que pagarse todo aquí. No es como en su tierra, donde estiraban la mano y ya tenían maíz o tomates o leche. Tienen que juntar para pagar la renta de la casa, que primero fue prestada, de quinientos pesos mensuales. Aquí nada alcanza. Hay desempleo y sequía. Mucho espacio a la intemperie, pocas casas. Si no fuera por la mano tendida y generosa de los vecinos, esto parecería el fin de la esperanza.

Salieron despavoridos de su lugar de origen. A poco más de una hora de su poblado está la frontera del estado de Sinaloa con Chihuahua, y abajo, a un ladito, Surutato, municipio de Badiraguato. Aquel día de finales de julio de 2011, no recuerdan la fecha exacta, irrumpió un grupo armado en la comunidad. Era de madrugada. Nadie salió a averiguar. A la mañana siguiente se veía el cadáver de un desconocido en una de las calles de San José de los Hornos. Al parecer, el hombre no era parte de esa comunidad, sino integrante del grupo agresor. Se desconoce quién lo mató. Y ahí empezó la siembra del miedo y la zozobra, esa comezón sangrante, que no cesa, en el pecho: el terror.

Las agresiones continuaron y tres viviendas fueron quemadas. Una persona más fue privada de la libertad y muerta a tiros, ahí cerca. Los hombres armados viajaban en cinco u ocho camionetas. Las incursiones constantes alimentaron la adversidad, el sentirse amenazado y vulnerable, y las ganas de rezar, pero sobre todo de huir, de salvarse. En ese momento, muchos lo decidieron y dejaron sus casas. La agresión se repitió el 25 de septiembre. Entonces todos, toditos, se fueron a vivir al monte.

Al que le pongas la mano

Emeterio también es de allá. Mira que el reportero anota su nombre, de apellido raro, y sus cuarenta años con número. Pide que no se publique su identidad. Está encuclillado, voltea y voltea. No quiere ser escuchado por nadie más que no sea el que tiene enfrente. Tiene miedo. Y mucho.

"Mira, aquí al que le pongas la mano siembra mota (mariguana) o amapola." Ahí está la razón de sus temores. Él cree que ese grupo de hombres armados eran de los llamados "mochomos", como nombran a las células de los Beltrán Leyva que operan en la zona y que ahora son enemigos del Cartel de Sinaloa. Aparentemente, cuentan otros, sospechan que algunos en el pueblo son gente de Joaquín Guzmán Loera, El Chapo, uno de los jefes de los contrarios.

"Es el pleito por las plazas. Todo el tiempo se entendía que ellos querían quedarse al mando, tener todo para ellos, controlarlo", cuenta Emeterio, quien se salió desde julio de su comunidad. Se sintió triste por dejar sus vacas y su vivienda, acarrear con sus hijos y abandonarlo todo. Otros hicieron lo mismo en pueblos vecinos como Ocurahui, Alamillos y El Potrero. Todos son ranchos que se quedaron sin gente.

Y a pesar de los problemas, nunca se aparecieron los soldados. "Antes, recordó, ahí se llevaban, muy cerca de estos poblados, y justo ahora que empezaron los conflictos, dejaron de patrullar la región."

"Los guachos (soldados) se cuidan entre ellos, se quedan en sus cuarteles. Pero los malandrines conocen el terreno y si quieren vienen, matan a un jodido y se van como si nada."

Él es mecánico y tiene tres hijos. Por fortuna sólo el menor de nueve años perdió el ciclo escolar porque dejaron la comunidad. Los otros, dos jóvenes de diecisiete y dieciséis, se inscribieron en el Colegio de Bachilleres (Cobaes) de Surutato, "porque allá, en San José de los Hornos, no hay".

Hay tres camionetas en el patio de la casa que le prestó una tía, con quien comparten el reducido inmueble. Esos vehículos están esperando que les meta mano, los repare. Hace días vendió un automóvil Marquís que era de su padre, quien ya murió. Y le pesó mucho, lo pone triste haberlo vendido a diez mil pesos porque necesitaba dinero, algo que representaba mucho, pues había sido de su progenitor.

"Todos nos salimos de allá por esa raza que andaba engavillada. Cayeron a hacer desmadre, mataron a dos, quemaron como cuatro casas y las destruyeron todas, puertas, ventanas. Y dijeron que si no nos íbamos nos iban a matar", manifestó.

Mucha presión

Omar Gilberto Ortiz es el síndico de Surutato, esa comunidad ubicada en lo alto de la Sierra Madre Occidental y a cerca de 150 kilómetros al norte de Culiacán, la capital de Sinaloa. Su vocación era la madera, pero terminó cuando cerró el aserradero, hace unos diez años. Ahora quieren hacer de este espacio un destino turístico, con cabañas y restaurantes, pero tiene muchas deficiencias: el camino y las calles en mal estado, el agua escasea, en la clínica local sólo hay un médico pasante y dos enfermeras... y alrededor acecha, da golpes, toca la puerta, la violencia generada por el crimen organizado, que tiene grupos de pistoleros, siembra droga y somete a los vecinos de este y otros asentamientos.

El síndico informó que ha ayudado a la población desplazada con despensas y que el Gobierno Estatal, por medio de las secretarías de Desarrollo Social y Humano, impulsa otros apoyos como la construcción de pies de casa y de treinta y seis invernaderos para la siembra de chile minibell, una hortaliza de exportación. "La idea, explica, es que este mismo año siembren e inicien los envíos al mercado de Estados Unidos y la gente empiece a ganar algo de dinero. Nosotros les hemos ayudado con despensas, hemos sido solidarios. Hay viviendas en las que están tres o cuatro familias. Está difícil, pero ahí vamos. Los invernaderos van a generar ciento cincuenta o doscientos empleos, pero primero vamos a colocar a los que son de aquí y luego a los desplazados", señaló.

"Pero eso es discriminación", le reviró el reportero.

"No, claro que no. Nada de eso. El Gobierno Federal va a colocar a otros, unos ciento veinte, con programas de empleo temporal. Además, la construcción de los invernaderos le da chamba a unos cuarenta y les pagan doscientos pesos diarios."

Ortiz señaló que en Surutato viven cerca de mil 300 familias, a las que se suman alrededor de trescientas que se refugiaron por temor a la violencia. "Eso, advierte, ha sido una enorme presión para el lugar, porque no hay agua suficiente, a pesar de la represa de la que se surten y que está ahí cerca. Algunos vecinos contaron que durante todo el año pasado hizo mucho frío, pero no llovió. Ahora hay un calor de poco más de treinta y cinco grados, sigue sin llover y el agua, incluso de los pozos y norias, se evaporó."

"Es mucha la presión, oiga. Esto ha alterado todo. Pero más los servicios."

Sólo hay un médico, y además es pasante. Rezonga el síndico, quien pide que el gobierno también se preocupe por dejar permanentemente a un médico graduado en la clínica, que se construya otra represa y se mejoren la carretera de acceso y los caminos. "De Surutato, insiste, depende no sólo la gente que aquí vive, sino otras de al menos doce comunidades. Y en verano, cuando regresen del periodo vacacional los que estudian fuera, en las ciudades cercanas, será peor."

Entumida, con dolor de huesos

María del Rosario Núñez Barraza vive con otra familia, en casa prestada. Ahí comparten espacios dos familias, que suman seis personas. Es una casa de madera, con dos recámaras, una de ellas está en medio de lo que parece ser una sala llena de colchones y colchonetas, y junto a la cocina.

No tienen energía eléctrica, más que la que les da esa batería de automóvil pegada a la pared, en el frente de la vivienda de ladrillo, madera y lámina. No saben por qué dejó de surtirles agua la pipa por ocho días y ahora sólo tienen el agua del garrafón, que es para tomar.

Ella y sus hijos anduvieron más de dos meses en el monte. Ahí dormían dos gemelas de ocho meses, una joven embarazada, ella y su esposo. A oscuras, entre yerbas, árboles, espinas, insectos y toda clase de animales. Prender una linterna, hacer una fogata, cocinar en los cerros, eran actos suicidas. Podía delatarlos. De día, a escondidas, entraban y salían a las viviendas de San José de los Hornos, a buscar algo de comida y ropa. Y si escuchaban el motor de algún vehículo, era hora de correr o esconderse.

Su hija, Brenda Guillermina García, de veinticuatro años, parió durante esta travesía, en la ciudad de Guamúchil, cabecera municipal de Salvador Alvarado. Ella, las bebés y toda la familia, son resultado del destierro. Ahora son "los sin casa", sin patio, sin todo. Apenas tienen vida, mientras haya líquido en ese garrafón que esperan volver a llenar.

"Pepenábamos lo que podíamos y nos tirábamos en lo parejo, en el monte, cortados, espinados, entre palos y mierda de vaca, aruñados. Una vez me picó un animal y estábamos bien espantados por los bebés, a oscuras. Ni supimos qué fue. No podíamos dormir. Me acuerdo que se me entumió la pierna y me dolían los huesos", contó María del Rosario.

Ahora se siente mal. Sus ojos verdes no pueden ocultar las sombras que se avecinan y asoman. Añora el maíz, los frijoles sembrados en el patio y la parcela, las gallinas. Antes de todo esto ella no era así, nerviosa. Ahora la tristeza la hace sentirse ida, enferma. Y con estertores que la tienen preocupada.

"A veces platica uno, pero otros ratos llora y uno siente como que se me mueve la carne, temblorosa, y por cualquier cosita me pongo mal, nerviosa. Y yo la verdad no andaba así", afirmó.

Allí, en esa frágil vivienda, había siete familias cuando recién llegaron. Con sólo los niños sumaban dieciséis. Y así se acomodaban, en el patio, los dos cuartos, la cocina. Era tanta gente que los últimos desayunaban a las dos de la tarde. Poco a poco se fueron instalando en otras casas, aunque todavía hay una que está en el pie de un cerro, que aloja detrás de esas flacas paredes a veintitrés personas.

No hay nada más triste

Doña Juana ya se iba. Llevaba la sombrilla y un bolso. Los dejó a un lado cuando empezó la entrevista. Está junto a su hermano, en el patio frontal de la casa que rentan. Detrás de esas antiparras bifocales asoma una humedad destellante. Nomás brotan las gotas, se secan. Son un atisbo, una mueca, un ensayo frustrado, como esa sonrisa. Acá, para ella y los suyos, nada está completo. Y no puede ocultar ese pesar.

En Sinaloa, el padrón inicial de desplazados llegó a mil 200 familias en mayo de 2012, de acuerdo con datos del gobierno estatal. Entre los municipios con más incidencia de desplazados por la violencia está Sinaloa, de donde Juana es originaria. Recientemente, Juan Ernesto Millán, secretario de Desarrollo Social y Humano, advirtió que esa cifra podría aumentar a 3 mil familias afectadas por la violencia, motivo por el cual han dejado sus pueblos. El fenómeno crece, se extiende y complica: son sinaloenses de por lo menos diez de los dieciocho municipios.

La Comisión de Defensa de los Derechos Humanos advierte que la cifra podría llegar a las treinta mil personas desplazadas, pues se trata de cerca de seis mil familias en once y no diez municipios. Óscar Loza Ochoa, uno de los dirigentes del organismo, lamentó que el gobierno no tenga un estudio sobre el fenómeno y que se preocupe más por la imagen que esto genera al exterior, que por resolverlo y pedir ayuda de organismos internacionales que tienen experiencia en enfrentar el problema de los desplazados, como la Cruz Roja y la Organización de las Naciones Unidas (ONU).

Héctor Orlando Ortiz, maestro de secundaria, informó que en dos años que lleva trabajando en Surutato sabe que son recurrentes los problemas de sequía. Y ahora con los desplazados, la dinámica de convivencia se alteró y también la presión por los servicios públicos, que son escasos, "pero la gente ha puesto por encima de todo la solidaridad y se han ayudado unos a otros".

Sabe de unos cuarenta niños y jóvenes que, también debido a la violencia, fueron aceptados como nuevos alumnos en planteles de esta comunidad, y al menos de tres maestros de primaria que trabajaban en Ocurahui, otra de las poblaciones abandonadas.

"Nada más triste que dejar la casa de uno. Vivir tantos años y salirse de un momento a otro, después de veintiséis años", dice Juana. Ella nació en La Joya de los Martínez, donde un grupo de soldados atacó a balazos a unas personas que iban en una camioneta, con saldo de cinco muertos, tres de ellos menores. Las víctimas no tenían armas ni droga. Los militares, en estado de ebriedad y drogados, afirmaron que los de la camioneta no se detuvieron en un supuesto retén, por eso les dispararon. Esta masacre ocurrió en mayo de 2007.

Por eso no les tiene confianza a los soldados. Por eso se fue de La Joya de los Martínez, después de aquella masacre en las que las adultas muertas eran maestras de la localidad.

Para llegar hasta allá, a Surutato, uno sigue a la izquierda cuando el camino se bifurca en la ciudad de Badiraguato, la cabecera municipal. Son alrededor de veinticuatro kilómetros de terracería, de un total de más de setenta, y unas tres horas si se viaja desde Culiacán. Lo verde del paisaje no se recupera ni en lo más alto, a pesar del esfuerzo de los pinares: los troncos de muchos árboles son más que grises, y padecen, con el suelo, la alfombra de los cerros, un color negro, quemado y siniestro, por la sequía. Incendio rapaz. Allá también hace calor y algunos tramos tienen una arena suelta, café, cual neblina engañosa, en la superficie: es un suelo que miente, se disfraza. Un manto nebuloso de polv o, de tierra ligera, que con cualquier movimiento de llantas y pisadas protesta y se levanta, insumisa y contestona. Entonces emergen las piedras picudas y filosas, altaneras, y una tierra agreste.

Juana recuerda aquel 21 de septiembre. Eran las nueve de la noche cuando llegaron los encapuchados y se llevaron a Jaime Acosta Parra, de treinta y ocho años. Estaba en su casa, con su esposa e hija, y ésta les decía, a gritos, implorando, con las llaves del llanto abiertas, que no le hicieran nada malo a su papi.

"La niña gritaba 'dejen a mi papi, no le hagan daño'. Su esposa también les rogaba. Ellas se abrazaron, se quedaron ahí, queriendo rescatarlo, pero no pudieron hacer nada. Sólo vieron cómo se lo llevaron, que lo iban golpeando", recordó Juana.

Esa noche escucharon gritos. Al parecer lo estaban torturando. Luego una ráfaga lenta, con sus respectivos ecos, viajó por las montañas y anidó en las sienes de la esposa e hija, y de todos en

San José de los Hornos. Muchos se preguntaban por qué a él, si Jaime no pisteaba (como llaman en esta región al gusto por el alcohol), si apenas convivía con la gente, pues era un hombre serio, si "no se sabía que tuviera problemas durante el tiempo que lo conocieron en esas comunidades, si era de los más tranquilos de por aquí. De sembrar mota pues muchos siembran por ahí, pero de eso a que haya tenido broncas y que por eso se fueron por él, pues no".

Al día siguiente, nadie se animaba a buscarlo. Los hombres se miraban unos a otros, pálidos e inseguros. Volteaban a verse, como preguntándose "y ahora qué", y se encogían de hombros, enchuecaban la boca y volvían a agacharse, resignados. "Quién", preguntó alguien. Silencio. Fueron las mujeres, encabezadas por la viuda, las que no se arredraron. Caminaron entre el monte, por veredas poco transitadas y pinos todavía pálidos por el estiaje. Lo encontraron destrozado, a muchos metros de ahí. Eso detonó el éxodo. Y todos, "toditos nos fuimos al monte".

En la fotografía que distribuyó la familia como homenaje al occiso, puede leerse "Mi alegría queda con ustedes, bien me conocieron tuve que partir. Ustedes vivan con amor y alegría, como yo la viví. Dios, todopoderoso, me necesitó y tuve que partir. A mi familia, mis amigos, les digo tengan la paz y resignación de mi partida. Dios, nuestro señor, les dé bendiciones y amor. Amén".

Pero no hay paz, tampoco resignación ni deseo de venganza. Hay despojo y polvo, algo de tierra en la piel, en las uñas. Y paño en los recuerdos: bajo esa lluvia que fue su manto en ese más de un mes que anduvo Juana vagando con su familia en el monte, bajo los árboles, sin hacer ruido.

"Desde ese día hasta ahora no hemos tenido tranquilidad. No la tengo ya. No le tengo ilusión a nada. Estoy triste. Es triste, la verdad. ¿Sabe por qué? Porque nada es de uno."

Juana se sienta bajo el anuncio de venta de helados y cocos, en ese horizonte seco, en el que apenas tuvo para llorar.

31 DE MAYO DE 2012

Soriasis

"¿Qué hiciste?", me preguntó mi hijo.

"'¿Qué hiciste para que me pasara esto, apá', me volvió a preguntar. Yo le dije que nada, no le debo nada a nadie, he sido bueno a lo largo de mis setenta años, cuarenta y tantos de ellos como taxista. Y es cierto. No debo nada", confesó el corpulento y lerdo hombre aquel, cercano a los setenta. Una nube gris arropaba su rostro y parecía envolver su existencia.

Mediados de 2011. El conductor busca una franela beige atrapada entre recipientes, alrededor de la palanca del freno de mano. La alcanza. Hace movimientos desesperados hasta que logra llevar el trapo a sus ojos y nariz: borra de tajo los pedazos de cristal que ya viajaban cuesta abajo.

Es taxista del Aeropuerto Internacional de Culiacán. Hace fila, igual que los demás, hasta que le toca turno de llevar a un cliente. Pero los movimientos ese día, esa noche de mayo, son escasos. El pasajero le pregunta cómo ha estado la chamba y él contesta que floja, que es su tercer movimiento en todo el día. Y eso que está ahí desde las seis de la mañana. Y presume: se levanta a las cuatro de la mañana, toma un café junto a su mujer, que también es una anciana, y quizá algo de pan, porque a esa hora quién tiene hambre para comer algo más.

Su hijo era taxista como él. Su único hijo. Tiene esa mujer que lo espera en su casa, después de jornadas de trabajo de entre dieciocho y veinte horas frente al volante. Se refiere a ella y su mirada se torna envolvente, de arrullo. Esa mujer todavía lo inspira y sostiene, y ocupa sus pensamientos. Confiesa sus más de cincuenta años con ella. Todo un logro: permanecer, estar, vivir juntos. Y no la quiere despertar cuando llega a las dos o tres de la mañana, ni que se levante a hacerle de cenar porque ese vuelo, el último, es un albur: igual llega a las once, igual a medianoche o incluso en la madrugada. Es una sentencia bíblica: siempre se retrasa.

Se la pasa entre las coyotas que compra para calmar las tripas, que es lo único que trae en su panza, y las arrugas que se ahondan, interminables y oscuras, cuando se las ve duras para completar los quinientos pesos diarios que debe entregar al patrón por concepto de renta del taxi. Compra esos panes, que en este lado del país llaman coyotas, siempre duros y crujientes, con piloncillo dentro en forma de dulce pasta, pero sin llegar a empalagar. En esas fechas, las venden por el libramiento Pedro Infante, una de las dos vías para llegar del aeropuerto al centro de la ciudad, en Culiacán. El vendedor pasa con una bolsa de tres piezas de coyotas. A cualquiera le mojan la garganta tan sólo de verlas pasar colgando de los nudillos del desconocido.

El taxista hace pucheros. Es un bebé sin madre: ese hombre alto y fornido, que apenas cabe en el Nissan Tsuru blanco, de telarañas en lugar de pelo, bajo esos bifocales; es un niño de la calle, desesperado, en el desamparo, solo y triste.

Su hijo, cuenta, está enfermo. "Qué hago, oiga. Qué hago. No puedo ayudarlo a él ni a mí. Y cuando voy a su casa para estar con él, saludar, se agüita. Y llora. Hace meses, fíjese, empezó su desgracia. Ahora no sabe qué hacer. Esos hombres, esos cabrones. No sabe el daño que le hicieron a un hombre bueno."

Su hijo llevó a una persona, era un servicio más. El pasajero le dijo "deténgase aquí." Así, de repente. Eso sucede seguido en los taxis, que el cliente te diga que te regreses, que no te vayas por tal bulevar, que des vuelta aquí o allá, o que inesperadamente te diga párese aquí. Y así fue en ese servicio. El hombre aquel le dijo a su hijo, que conducía otro taxi, que se detuviera en una esquina, y él se paró.

El hombre le pagó y hasta le dejó propina. Dos minutos después se subieron tres. Todo parece indicar que seguían de cerca al taxi y por eso lo abordaron rápidamente. Uno de ellos sacó una pistola y le dio varios cachazos en la cabeza, arriba de la oreja derecha. "Le preguntaban dónde había dejado al cliente aquel. Lo hicieron con gritos, con groserías, echándole de la madre, oiga. Y mi muchacho ni grosero es, ni los conoce, ni tampoco al pasajero que apenas se había bajado", recordó el anciano conductor.

Y él les respondió que en esa esquina. Y les dio las señas y les explicó cómo se habían dado las cosas. Y aquéllos no le creían. "Dinos, dinos, le repetían y lo golpeaban. Y mi hijo contestó que de verdad, que por diosito les estaba diciendo la pura verdad. Hasta que el del arma lo encañonó y le metió la pistola en la boca. Y le decía a gritos, histérico, encabronado el hombre, que se despidiera porque lo iba a matar."

Ya al final se dieron cuenta de que les decía la verdad. Así lo tuvieron, paseando por diferentes sectores de la ciudad, privado de todo y en riesgo de perder la vida.

"Pero al día siguiente, que mi hijo no quería comer, que no podía dormir, que le habían salido no sé qué granos en la piel, se fue al médico. Le hicieron estudios, lo revisaron. Hasta que diagnosticaron soriasis."

"Son como escamas, como jiotes. Le salieron en todo el cuerpo, la cara, la cabeza. Todo. No puede salir porque le hace daño el sol. No tiene trabajo y su mujer carga con todos los gastos, pero no alcanza para la medicina: tanta pinche pomada, unas pastillas, las consultas."

Y el padre también quiere apoyarlo, darle un poco de dinero. "Pero ni a mí me alcanza, oiga." Va a verlo para estar con él y animarlo. Pero se le esconde. Le da vergüenza: "Sus hijos me dicen 'mi apá está allá, llorando, arrinconado, en el patio', y allá lo veo, bajo las sombras gordas de su miserable vida. Todo por los nervios, el miedo. Por esos cabrones."

Le pregunta su hijo qué hizo. Nada. No ha hecho nada malo. Y llora como niño abandonado. Y llora más si se talla con esa franela con la que también se seca el sudor. "Ha sido un día jodido, sin mucho trabajo." Repite para disimular. Y sentencia: "He sido un hombre bueno." Es hora de bajar. El taxi llegó a la colonia Villa Universidad, al oriente de la ciudad. Sigue triste. Cobra y dice, a rezos: "Sólo me queda media coyota."

2 DE JUNIO DE 2011

¡Corre!

Madre e hija caminaban esa mañana: la zona estaba semivacía y era usada para correr o caminar, y aunque el sol se alzaba amenazante y su malhumor se hacía sentir, todavía había una temperatura agradable y el viento abrazaba juguetón.

Ellas caminaban a paso regular. Se topaban de frente, sobre ese angosto bulevar, con otras personas. Y de tanto acudir a esa cita con el cuerpo, el flaco camellón, las mañanas pisando el viejo concreto hidráulico y admirando las fachadas de las grandes mansiones, uno que otro saludaba.

Colonia Guadalupe, una de las primeras residenciales de Culiacán. Desde algunos de sus puntos, justo cerca del templo de Nuestra Señora de Guadalupe, mejor conocido como La Lomita, la ciudad se presenta abajo, rendida, a los pies de quien la admira. Esa parte alta, la del Paseo de las Palmas, es usada por muchos para hacer ejercicio. Lo ha sido durante muchos años. Y ahora que el pavimento hidráulico de este sector se manchó de sangre y no hay rincón ni horario que se salve, caminan y trotan con el Jesús en el aire, en cada inhalación-exhalación.

Había viejos con otros viejos. Parejas de esposos. Diciembre culichi con un frío que pasa, que no se queda. Un frío que es más bien ausencia de calor. Una frescura para que descanse el sol. Pasan jóvenes que a pesar de las vacaciones insisten en levantarse temprano para regalarse un trote por el paseo ese: alto, ventoso, sin grandes edificios que tapen la visibilidad.

Hablaban y hablaban. Que mi hijo ya no quiere estudiar, que los nietos ya no la visitan, que las vacaciones y las ganas de salir a pasear, que la lana del chivo no alcanza pa'nada. Rezaban y cantaban mientras estrenaban sus tenis sobre el pavimento.

Un señor venía solo, detrás. Las alcanzó y ellas apenas escucharon un buenos días sin ganas. De todos modos respondieron a coro, en tono de fa. "Había otras señoras jóvenes que venían de frente, por la misma acera y ellas levantaron la mano", contó Dora, una de las que se ejercitaban esa mañana. Ese saludo, recordó, les floreció en los labios.

"Uno va caminando y distrayéndose. A ratos eran los chistes. O los chismes. Conocíamos a muchos, pero no con todos convivíamos. Y pocas veces platicábamos, porque pues todos se mueven, pasan, cruzan, te rebasan", recordó.

Dora manifestó que uno de ellos, de alrededor de cuarenta años, venía de frente; se acercaba a paso lento, como distraído y pacificador, del otro lado de la calle. Detrás de él venía otro hombre de más edad, que siempre andaba solo. Y un poco más atrás, a pocos metros, al menos dos jóvenes en un automóvil negro, compacto. Ésos, los del carro, iban despacio y a ratos se detenían. Transitando sospechosamente. Alcanzaron al solitario y luego a ellas, que mantenían el ritmo.

Dora y su madre ya los habían visto. Les provocó una reacción escalofriante la actitud de vigilantes, de búsqueda, de recorrer lentamente las calles, de detenerse, de espiar del otro lado de los cristales polarizados del automóvil en que viajaban. Se detuvieron. Uno puso un pie sobre la calle. El movimiento hizo que todos los que pasaban por ahí se espantaran.

"Uno de los caminantes se tiró al suelo, entre los matorrales, en un solar baldío. Nosotras vimos que el señor de unos cuarenta años seguía avanzando a solas y cuando vio a los del automóvil queriéndose bajar y al otro que se tiró a los matorrales bajó la velocidad. Reaccionó cuando nosotras empezamos a gritar 'corre, corre'. Me acuerdo que mi amá se puso a rezar. Lo hizo en voz baja pero se escuchaba, era evidente que ella estaba rezando… y yo no más gritando '¡corre, corre, por el amor de Dios!'", manifestó.

El hombre estaba sorprendido por las mujeres aquellas. Se detuvo, miró para los lados. Vio a los del carro, que parecían estar dispuestos a cazarlo. Nadie más habitaba esa calle: vehículos estacionados, mansiones de cantera y con cocheras amplias y grandes ventanales por los que nadie se asoma. No hallaba si huir o agacharse o perderse entre los carros en la acera. Indecisión. Segundos eternos en las manecillas de un reloj.

El joven que acomodó un pie sobre la calle se puso de pie y miró a quien quería victimar. De pie, pero con sus manos ocultas dentro del vehículo negro. Ella empezó a llorar, a moco suelto. Gritó de nuevo, para hacerlo reaccionar, "corre, corre, sálvate por Dios."

"Entonces él se sobrepuso y corrió y corrió. Lo hizo en sentido contrario a los que iban en el automóvil, que también aceleraron y se perdieron tras él, pero no lo alcanzaron. Adelante, como iban en sentido contrario, les empezaron a estorbar otros carros que iban pasando por ahí. Mientras áquel corría, despavorido. Queriendo ponerse a salvo", manifestó Dora.

Ella terminó con las manos anegadas, cubriendo su rostro. Balbuceando "corre, sálvate". La madre la abrazaba. Permanecieron fundidas. La calle, el barrio, la ciudad, inmutables. A lo lejos el sonido de los motores de los automóviles, una sirena de patrulla amodorrada y los cláxones infaltables. Rezaba. Rezaban. Nunca más volvieron ahí. A nada, ni a rezar ni a caminar.

23 DE JUNIO DE 2011

El reencuentro

Para Casimira,
por los tamales y los cacahuates

Los de la patrulla lo vieron de lejos y se abalanzaron como aves de rapiña. "Qué traes, andas mariguano, te robaste algo, a ver, a ver." Lo empujaron hacia la patrulla y quedó de espaldas a ellos. Uno metía mano a las bolsas del pantalón y el otro revisaba los documentos.

Credencial de elector, un papel con teléfonos y nombres anotados a mano y una servilleta empolvada. "Andas mariguano", le insistió el uniformado a Manuel. "No patrón, nada de eso." "Sí cómo no, apestas a mota. Te vamos a detener, te vamos a llevar hasta la grande. A ti nadie te va a creer. Nosotros vamos a decir que traías yerba."

"No jefe, no. Si acabo de salir de ahí." Manuel hablaba del Penal de Culiacán. "Le dije al policía 'hágame un paro. La neta, por favor, no me lleven', pero la verdad como que no me escuchaban, no me creían." El que le esculcó las bolsas encontró dos billetes de doscientos y uno de cien. Le pidieron dos mil. Él les dijo "es todo lo que tengo, jefe. Lo juro por mi mamacita. Quédese con el dinero y ai muere".

"Vete, pues." Tuvo que recoger los papeles y la credencial que los agentes habían aventado al suelo de la caja de la camioneta. Temblando, de prisa, tomó sus cosas y hasta les dijo gracias a los polis que ya estaban encaramados en la patrulla y que sólo voltearon a verlo pero sin mirarlo.

Siguió agachado, tratando de recuperarse de lo que le había pasado. La calle, que era un tapiz de piedra suelta y un trazo empinado, esperaba la suela de esos tenis corrientes que le habían regalado. Su pantalón guango aleteó con sus movimientos, igual que esa camisa en la que cabían dos de su tamaño.

Levantó la cara y arriba, a pocos metros, vio a varios hombres. Estaban en la dirección en la que él tenía que caminar. "Ni modo de hacerse para atrás", dijo Manuel. Se le hicieron las piernas de papel china cuando se percató de que tenían armas largas. Se le enfrió el pecho, los hombres estaban encapuchados, repartidos en ambos extremos de la calle, en varias camionetas nuevas.

Sin mover los labios se repitió. "Mentalmente, decía yo, no va a pasar nada. No va a pasar nada. No hay pedo. No voltees. Tú como si nada. No te pongas nervioso. Deja de temblar. Tranquilo. No hay tos. No pasa nada." Caminaba en medio de ellos cuando uno le habló "ei tú, ven pa'ca." De reojo, preguntó si le hablaban a él.

"El bato traía una capucha, como los otros. Me dijo 'sí, tú, cabrón. A quién más. No te hagas pendejo'." Manuel se puso de nuevo tembloroso, inseguro, como un animalito silvestre que de nuevo es atrapado: "No hice nada, jefe."

—Ven pa'ca. A ver, ¿qué les dijiste a los pinches polis?

—Yo. Nada, nada.

—Cómo que nada. Si te vi platicando con ellos. ¿Qué te preguntaban?, ¿qué te decían esos cabrones?

—Pues me querían llevar detenido, que por drogo.

—¿Y qué mas? No te hagas cabrón, porque duraste un chingo con ellos. Y hasta me pareció sospechoso. Te estuvimos viendo desde acá. A poco crees que somos pendejos o qué chingados.

—No, jefe. Claro que no. Le estoy diciendo la verdad. Nomás querían bajarme una lana. Eso fue.

El diálogo le dejó la boca seca a Manuel. Pero se le hizo de piedra la lengua y dejó de sentir los labios cuando aquel hombre sacó un arma corta y le apuntó al pecho. "El bato dijo que me dejara de pendejadas, que si quería ahí mismo me mataba por mentiroso."

Manuel saca fuerzas, no sabe de donde, para contestar y hacerlo sin tropezarse más, pero el encapuchado insistió y le preguntó a gritos si quería morirse ahí, de un balazo.

—¿Eso quieres?

—No jefe, por favor.

El hombre soltó una risa loca. Con la otra mano se quitó la capucha: era el Luisío, de la secundaria en la que él estuvo, en la colonia Nakayama. Le dijo: "Te cagaste, cabrón, ¿verdad?" Y le dio un billete de doscientos, "pa'que te alivianes".

9 DE MARZO DE 2012

CAPÍTULO II
SICARIOS CON UNIFORMES

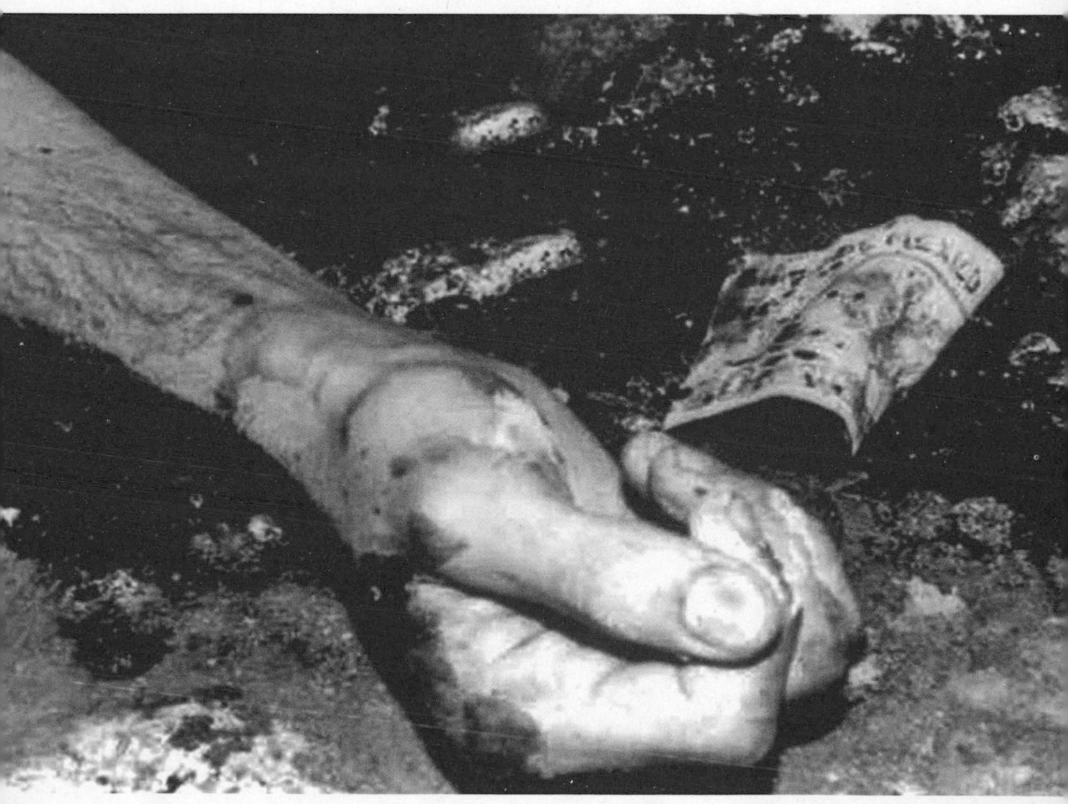

Al estilo Sinaloa

Es, era

Rocío a veces dice "es." En otras usa el "era." Vivo o muerto. Es la encrucijada al hablar de Daniel Zavala, su esposo. También se le pregunta usando ambos tiempos del verbo ser y el reportero se disculpa. Ella contesta que no hay problema, porque tiene esperanzas de que él esté con vida.

A dos años de la desaparición de él, Rocío, como llamaremos a esta joven culichi con residencia en Estados Unidos, se tropieza: sus recuerdos hacen que diga "mi esposo era... es", y viceversa. Son las ganas, los deseos, las estrellas que apedrea pero que nunca caen, ese corazón terco y galopante que insistentemente se desconecta del cerebro. Distancia entre el deseo, la ilusión y la razón. Ambos, corazón y cerebro, en su cuerpo, su vida, la de sus hijos, parecen no dirigirse la palabra: silencios oscuros, hoyos negros, pleito cavernario, cortos circuitos entre el deseo de encontrarlo vivo y la idea, dolorosa pero real, posible, de que ya esté muerto.

Así se mueve su vida, ella. Sus idas, llamadas telefónicas, a la fiscalía. El cobijo amoroso que les da a sus hijos. Su trabajo, sus gestiones y cabildeos y entrevistas. Su lucha: está, estuvo, es, era.

El pecho avisa

Daniel es ciudadano norteamericano. Dan Zavala, como también se le conoce, le dijo ese día que iba a regresar a Monclova, ciudad del estado de Coahuila, al norte del país, para ver unos asuntos del restaurante de mariscos que habían abierto él y sus dos hermanos Rafael Zavala Martínez y Rafael Zavala Contreras. Pero que era el último viaje a esa región, que había decidido ya no separarse más de ella y sus hijos e instalarse definitivamente en Estados Unidos.

Se abrazaron. A ella le dio gusto la noticia, celebraba. Pero cuando se despedían ella sintió un fuerte golpe en el pecho. No dijo nada. Entonces experimentó una tristeza que no parecía caber en ese momento de buenas noticias. Y supo, al partir él, que había sido el final. Algo grande y poderoso sucedería entre ellos y los separaría.

"La última foto que nos tomamos juntos, el ultimo día que te vi, amor, el 26 de marzo del 2010, ese día cuando vi que te alejabas mi corazón lloró y exclamé en mi interior, 'Dios, mío, éste es el final', y dije 'dame fuerzas, por favor', jamás me imaginé que esas palabras que exclamé se convertirían en una cruel y fría realidad. TE AMO DANIEL, SIEMPRE TE AMARÉ."

Es la voz de Rocío en su página de Facebook. Es la voz escrita que se oye, unas grafías que gritan, una frase que llega y se instala, como pasó aquel día de marzo, en la zona torácica. Y tatúa. Y es inevitable el llanto: cada lágrima habla, cada camino de agua salada por las mejillas es un "te extraño", cada recuerdo un golpe duro, macizo, certero, de nostalgia.

Al estilo Sinaloa

Daniel Zavala mantuvo tibio el sueño de regresar a su país. Se lo dijo a su esposa y ella lo apoyó. La tierra llama, los recuerdos, la infancia, la familia, el pueblo. El arraigo jala, aprieta, convoca. Ahora les duele y lo lamentan: él fue desaparecido desde abril de

2010 con sus dos hermanos, y ahora ella y sus hijos le lloran y claman por información que permita tenerlos de vuelta.

Daniel trabajaba en una empresa acerera que lo enviaba regularmente a algunos estados del norte del país a realizar negocios. Visitó varias veces Monclova, municipio del estado de Coahuila, donde la empresa tenía una sucursal, y otras regiones de entidades vecinas. Y fue cuando decidió regresar. Con sus hermanos Rafael Zavala Martínez y Rafael Zavala Contreras, oriundos de Sinaloa, en el 2009 puso un restaurante de pescados y mariscos "al estilo Sinaloa".

La esposa de Daniel tiene miedo al gobierno. Parece voltear para todos lados y cerciorarse de que "no hay moros en la costa", porque teme represalias y sabe que éstas pueden venir de cualquier lado. Rocío no es su nombre, pero ella pide que se use un seudónimo y no se den a conocer las identidades de ella ni de su familia, que ha dado la cara ante los medios de comunicación. Lo dicho: teme que aquel infierno que ya vive por la desaparición de su marido se extienda y lacere y alcance a otro integrante de sus parientes cercanos, esos que "se la parten" con ella, que están cerca, dan ánimos, protestan y hasta la acompañan a alguna audiencia o a preguntar si hay novedades sobre las investigaciones que se realizan sobre esa privación ilegal de la libertad de la que fue víctima Dan. En el 2011, informó al diario mexicano *La Jornada* que dará una recompensa, cuyo monto no reveló, a quien dé información que permita encontrar a los tres, y dio el correo electrónico s0lstici0@hotmail.com para que se pongan en contacto con ella.

La idea era que Daniel diera el primer paso instalando el restaurante y que su familia y él volverían después a quedarse a vivir. Así lo comentó Daniel con sus hermanos y se lo dijo a su esposa. Fue en noviembre de 2009 cuando abrieron las puertas del establecimiento gastronómico, y luego de esto Dan regresó a su casa, con su familia, en Estados Unidos, para volver a Monclova en marzo de 2010.

Pero aquel 23 de abril Zavala Martínez, de oficio quiropráctico, fue visitado en el restaurante por unos desconocidos que llegaron en una camioneta blanca, tipo Lobo, de lujo, de acuerdo con versiones expresadas por vecinos a los agentes de la Policía Ministerial de Coahuila o al agente del Ministerio Público que lleva las pesquisas. Los hombres salieron de ahí con Daniel. Los empleados y familiares que estaban en el lugar pensaron que eran conocidos o pacientes suyos, porque a lo lejos y mientras se montaba en la camioneta, hizo señas de que volvería pronto.

"Todo parece indicar que tanto Dan como Rafael Zavala Contreras, quienes estaban en el restaurante, recibieron a las diecinueve horas de ese día (mucho tiempo después de que fue visto por última vez Dan) una llamada telefónica que tenía que ver con la desaparición de su hermano, porque se retiraron de ahí sin siquiera cerrar el restaurante ni explicar nada, y cuando otros parientes llegaron al negocio encontraron que no había huellas de violencia", dijo una persona cercana a la familia.

Esposa, hermanas y otros parientes interpusieron denuncias ante la Fiscalía Antisecuestros, de la Procuraduría General de Justicia de Coahuila, y la Procuraduría General de la República (PGR), pero no ha habido ningún avance.

"A las autoridades les pedimos que investiguen, que no se dejen rebasar por el crimen, que encuentren a estas tres personas, y a los captores, a quienes los tengan o sepan de ellos, que nos los entreguen como estén o digan dónde los tiraron", señaló un familiar.

Días después de la desaparición, llegó un desconocido por una de las camionetas que había quedado estacionada en el restaurante, propiedad de la familia, y cuando le preguntaron a dónde se llevaba el vehículo, respondió que "tenía órdenes y que 'no nos metiéramos porque nos iba a pesar', así que dejamos que se la llevara".

Otros familiares acudieron a ver los cadáveres encontrados en unas narcofosas, en Torreón, pero ninguna de las catorce víctimas eran sus parientes. Señaló que una persona identificada como Ricardo Farías les llamó en tres ocasiones para informarles que los iban a liberar, después que siempre no, y al final llamó de nuevo para comentar que estaban vivos y que iban en camino, pero no ha pasado nada.

Dijeron que hay una mujer de nombre Ana Patricia Flores, que aparentemente fue pareja de Rafael Zavala Martínez, quien dijo que podía dar una declaración, pero que las autoridades tenían que darle protección a ella y a sus hijos. A pesar de esto no fue requerida por el personal de la agencia del Ministerio Público que investiga el caso, ni por los agentes de la policía asignados. La pista a la que se refería Ana Patricia Flores no fue atendida, con todo y que la familia informó de esto a las autoridades. Además, señalaron, que hay un agente de la Policía Federal Preventiva (PFP), de nombre Jorge Alberto Muñoz, que podría estar involucrado.

"Les suplicamos que nos ayuden, por favor, mis hijos están sufriendo mucho por la ausencia de su padre y también la mamá de mi esposo, y por supuesto yo, ya quisiéramos despertar de esta pesadilla", dijo la esposa de Daniel.

Ahora ella lamenta el costo que tuvieron que pagar por el solo hecho de querer regresar a México. Tierra bendita, grandes recuerdos. Tierra maldita, manchada, empantanada, páramo y desierto. Impune y desoladora.

En la boca del lobo

"No hay ninguna novedad. Todo sigue igual que al principio y hace dos años que desaparecieron." Rocío se escucha cerca, a pesar de los más de 2 mil kilómetros de distancia. El teléfono repite su voz y no hay cansancio. No está rendida.

Versiones extraoficiales señalan que un integrante de la familia de su esposo se movió por su cuenta. Sabía, como casi todos ellos y los habitantes de este país, que el gobierno no iba a hacer nada. Que ni nuevas fiscalías o programas o apoyos especiales, de la autoridad estatal o de la administración federal, los iban a llevar a algún lado que permitiera dar con los tres hermanos, vivos o muertos, recuperarlos en todos los sentidos, y detener a los responsables. "Justicia", le dijo este pariente a Rocío. Eso es lo que quieren. Y por esa razón este familiar recurrió a integrantes del crimen organizado para realizar pesquisas por cuenta propia. Y hasta donde tope.

Acudió a varios estados, entre ellos Sinaloa. Habló con varias personas, hasta que encontró a alguien que prometió ayudarla a cambio de un pago. Otros miembros de la familia señalaron que esta persona, en el desespero, quiso vestirse de indigente y recorrer la zona cercana a Monclova y en los alrededores. Preguntar aquí y allá, a quien fuera necesario, incluso a los narcotraficantes y pistoleros, por esos tres hermanos desaparecidos. Pero la convencieron de que no lo hiciera. Por eso optó por contratar a alguien que se llevara fotografías de las víctimas e hiciera este recorrido por Monclova, Saltillo y a donde condujeran las pistas, los indicios.

"Voy a dar con ellos. Vivos o muertos. Los voy a encontrar", le prometió un supuesto sicario a ese familiar. El hombre, cuya identidad se desconoce, acudió a esta zona coahuilense y se infiltró como integrante del Cartel de los Zetas, que mantiene una importante presencia en esa región del norte del país: "Iba a los campamentos de esta organización criminal y preguntaba una y otra vez, y mostró las fotografías. Lo hizo muchas veces, durante varios días."

En uno de esos campamentos se topó con varios jóvenes sicarios. Con una frialdad que escarcha las oquedades óticas le confesaron que sí, que ahí los habían tenido unos días "pero ya los matamos". Áquel preguntó por qué los habían asesinado, qué habían hecho los sinaloenses aquellos para que les dieran muerte. "Por eso, porque eran de Sinaloa. Porque pensábamos que era gente de El Chapo", de Joaquín Guzmán Loera. "Ese fue el error, amigo. Estos compas eran de Sinaloa."

Y sí. Eran de Sinaloa. Eran. Son. Del ejido Sánchez Celis, en la sindicatura de Eldorado, municipio de Culiacán. Y ahí mismo, en esa boca del lobo coahuilense. En esa región peligrosísima. Rocío tuvo que volver a dar su declaración. El empleado de la agencia del Ministerio Público que lleva el caso, identificado como "licenciado Olivas", le informó que iban a tener que comparecer de nuevo ella y otros familiares de los hermanos Zavala, porque la entrevista que les habían hecho no había sido "legal". Tampoco la habían archivado. Y ya habían pasado alrededor de dos años.

"No hay ninguna novedad, todo sigue igual que al principio, dos años hace que desaparecieron. No hay nada. Nada."

Ella dice que no busca venganza. Sólo quiere encontrar a su esposo y a sus cuñados. "¿Venganza?", se pregunta. "No, claro que no. Porque no sabemos con quién nos metemos, en contra de quién. Yo sigo en la lucha, en la búsqueda."

—¿Han servido de algo los programas, las fiscalías que para estos casos creó el gobierno?

—No funcionan… se reabre el caso en la fiscalía y luego nos informan que cambiaron de personal y los nuevos que entran no saben nada del expediente, y abren de nuevo los archivos y es un cuento de nunca acabar. Es como volver a empezar. "Para muchos esto de la desaparición es la peor de las muertes. No hay cadáver, no hay persona viva."

—¿Es como una muerte que no termina, que se prolonga?

—Exactamente, eso mismo pienso: una agonía que es prácticamente para siempre, porque al no tener noticias no sabemos si están vivos o muertos… nosotros a veces creemos que estamos bien y sonreímos por fuera y llevamos la esperanza, pero el dolor lo llevamos adentro y la esperanza está latente y mientras no nos digan nada, una pista nueva de que ellos ya no están con vida, pues de todos modos queda la ilusión.

Rocío no la piensa para hablar de una presunta implicación de las corporaciones y sus integrantes, como el caso del agente de la Policía Federal Preventiva que fue mencionado en las escasas pesquisas que se han realizado sobre esta triple privación ilegal de la libertad. Teme que este supuesto involucramiento obstaculice las indagaciones. No lo afirma, pero tampoco lo duda.

"Mire, no es posible que la gente que es parte del problema investigue. No lo sabría decir. Pero en la fiscalía de Saltillo volví a ver al licenciado Olivas que es el que hizo la entrevista y todo, y dijo que la entrevista que nos habían hecho como que no había sido legal, sólo había sido una introducción y que no se había archivado nada. Imagínese cómo me hizo sentir eso. Tanto tiempo arriesgando nuestras vidas, buscando a estos policías… es como estar en la boca del lobo y saber que no hicieron nada, que no había procedido."

Rocío recuerda que Dan le decía insistentemente que no quería volver a Sinaloa, aunque sí lo convocaba, provocadoramente, el país. Sinaloa no, por la violencia. Y eso, su tierra, sus orígenes, lo sentenciaron. Sin haber hecho nada para merecerlo. Él, que era tranquilo, que convivía mucho con sus hijos y se dedicaba a trabajar. No consumía drogas ni sabía de armas. Por eso nunca temió.

"Es o era una persona tranquila, pacífica, amistosa. Era trabajador, responsable, tranquilo como sus hijos. Tenía un buen trabajo en Estados Unidos, no tenía problemas, nunca le gustaron las armas y nunca estuvo involucrado en cosas ilícitas, venta de drogas, por ejemplo. Nada. Nosotros trabajamos para darles todo a nuestros hijos y teníamos un buen matrimonio."

—¿Le platicó alguna vez que podía pasarle esto o que tenía miedo?

—No, nunca me dijo nada de que tuviera miedo, lo único que me dijo la última vez que hablé con él fue que nada más se iba a quedar una semana más en Monclova. Y yo dije que estaba bien, que estaba muy contenta porque iba a regresar.

Pero ya no regresó. Y pum. Esa conjugación del verbo ser, es, era, le golpea el pecho. Le exprime la existencia.

MARZO DE 2012

Se vende cadáver

I

Como si se tratara de una oferta, de una ganga, el empleado le dijo "es suyo, lléveselo". Pero Eloísa Pérez Cibrián tocó el cadáver y no sintió nada. No encontró en la parte baja de su espalda ese lunar ni el otro que tenía junto a la boca. Eso sí, el desconocido, el joven aquel, traía la ropa de su hijo. Su amor de madre, su instinto, le indicó que no era él, que Juan Carlos estaba vivo.

En Culiacán y en otras ciudades manchadas por la violencia generada por el narcotráfico, desaparecer es no existir: morir es una delicia frente a esta cada vez más generalizada práctica, igualmente macabra y criminal, de privar de la libertad a una persona, de desaparecerla. Pero desaparecer es un verbo que Eloísa se niega a conjugar. No en ese sentido. No para ella. No para su hijo. Con su mirada y esas manos de alambre que sostienen la foto de la graduación de su hijo, cuando salió de la secundaria, quiere engordar su esperanza.

A su hijo, Juan Carlos Sánchez Pérez, de veintiún años y de oficio albañil, no lo encuentran. El gobierno, la policía, los empleados del Servicio Médico Forense (Semefo), lo dan por muerto y lo siguen matando: no investigan, apuran el paso y la entrega de los cadáveres, aceleran torpemente, con tal de deshacerse del caso, otro más, en la larga lista de jóvenes muertos y desaparecidos en Sinaloa.

II

El 8 de septiembre de 2010, alrededor de las veintitrés horas, unos vecinos, jóvenes también, llamaron a Juan Carlos para que saliera. Pensaban que la calle, la de ellos, afuera de sus casas, era suya. Estaban equivocados. Entre ellos había uno a quien llaman El Güero. Los tres estaban ahí, enfrente de la vivienda de Juan

Carlos, entonces llegaron sujetos en dos vehículos, uno de ellos blanco, al parecer Tsuru, de la marca Nissan.

Unos hombres con fusiles de alto poder, vestidos de negro con la cabeza cubierta, descendieron de los automóviles y golpearon a uno de los jóvenes, quien aparentemente quiso correr. Los homicidas le dieron varios balazos, después lo hincaron y le dispararon de nuevo hasta matarlo. El Güero y Juan Carlos fueron subidos al vehículo. Uno de los sicarios gritaba "ése es, súbanlo". Otro les gritaba que si no hacían lo que les ordenaban les iban "a dar piso aquí mismo". Pero Perla, la otra hija de Eloísa, se asomó al escuchar los disparos, no supo si se referían a su hermano.

Ella quiso salir. La puerta se atoró, igual que su garganta. Él, que la escuchó queriendo abrir o brincar el cerco, la sintió en la penumbra, y le gritó por su apodo: "Vidrio, vidrio, no salgas." Y no salió.

En el lugar, de acuerdo con el reporte de la Secretaría de Seguridad Pública Municipal de Culiacán, quedó sin vida Juan Carlos Manjarrez Esparza, de veintiún años. El otro joven levantado fue identificado como José Abel Leones Martínez, de treinta y tres años, vecino de este sector. Los agentes de la Policía Ministerial del Estado encontraron tres casquillos calibre 9 milímetros.

III

A Eloísa le avisó Perla, de veinticuatro años. Ella, que estaba en la colonia Díaz Ordaz, con sus padres, se trasladó como pudo a su casa. Cuando llegó, la calle estaba copada de patrullas con sus luces azules y rojas, y policías. Se apuró. Les dijo a los investigadores y a los de la Municipal que su hijo vestía *short* rojo, camisa blanca, playera anaranjada y sandalias de baqueta.

Por los uniformados se enteró de que habían encontrado un cadáver en un sector conocido como Las Torres, cerca de ahí, al sur de la ciudad. Escuchó que comentaron que estaba dentro de un carro blanco y pidió a los agentes que la llevaran, pero éstos se negaban insistiendo que si sus jefes los veían con ella los iban a regañar y arrestar. Al final accedieron. No era él.

Fue una noche de guadaña manchada y fusil en alto, escupiendo e hirviente: seis jóvenes fueron muertos a tiros en la ciudad y a todas las escenas criminales acudió Eloísa, buscando a su hijo. En la colonia Felipe Ángeles, en los alrededores de La Primavera, aquí y allá. Terminó alrededor de las seis de la mañana del día siguiente. Con muchos muertos entre sus ojos, hastiada de sangre y pólvora en los vientres expuestos, con la esperanza hecha bola en todos sus centros, en espera de ver de nuevo a su hijo. Verlo vivo.

IV

Ese mismo día, 9 de septiembre, acudió alrededor de las 14:30 horas a la agencia séptima del Ministerio Público, en Culiacán, a presentar una denuncia. En la copia del expediente marcado con el distintivo CLN/ARD/13662/2010/D, en el que la madre pide que se inicien pesquisas para encontrar a Juan Carlos, quien fue capturado y llevado con rumbo desconocido por varios hombres armados, la noche anterior.

Al referirse a sus características, Eloísa dice que el joven es "soltero, de ocupación albañil, moreno y alto, cabello oscuro, delgado, no trae bigote ni barba, cuenta con un lunar debajo de la nariz, orejas chicas, no tiene tatuajes ni cicatrices".

V

Diez días después, el 18 de septiembre, recibió una llamada del personal del Servicio Médico Forense. Ya había ido varias veces, pero en esta ocasión le avisaron de un nuevo cadáver, que querían que fuera a ver si se trataba de su hijo. El cadáver fue encontrado cerca de la comunidad de Costa Rica y del rancho Las Flores, a más o menos 20 kilómetros de la ciudad, en la capital sinaloense. La víctima traía un *short* rojo tipo bermudas. La luz apareció en sus ojos acuosos, pero desapareció cuando los de la Coordinación de Criminalística y Servicios Periciales le informaron que tenía alrededor de diez días muerto y no los ocho que tendría su hijo, en el caso de que lo hubieran ultimado la noche en que fue privado de la libertad.

Era un joven. "Totalmente destrozado de la cara", dice ella, con un rostro compungido y una voz arrugada, que se quiebra con facilidad. No tenía las huellas digitales, porque sus dedos también habían sido machacados. Irreconocible. Era tal la devastación en ese cuerpo que no la querían dejar entrar. Era abonar a ese infierno ambulante que ella ya portaba desde aquel ataque. Finalmente, permitieron que ingresara y lo tocara. No sintió nada. El corazón avisa, la sangre llama, convoca, responde. "No, no es él", concluye. "Mi corazón de madre me dice que está vivo", respondió con una firmeza que a veces la abandonaba. Y les dijo que no era.

VI

Eloísa tiene a sus dos hijas y a sus esposos en casa, también a sus nietos. Acostumbra ponerle el nombre de su hijo a la ropa, como un distintivo, para que no se equivocaran a la hora de recogerla del tendedero, sacarla de la pila y guardarla: Juan Carlos. Lo hace con hilo y aguja, letra por letra, trazos que van cobrando forma, grafías, palabras. Curiosamente, y a pesar de los embates en el lavadero, del jabón y los tallones, las letras se mantienen, aunque algo deshilachadas. Esas dos palabras evocan a lo más querido. El desaparecido, el ausente, ese que quiere la indolencia, la impunidad, matar. El joven asesinado, que tiene el rostro, manos, destrozados, trae ese *short* rojo, con el nombre de su hijo.

Por eso lo tocó. No hubo ninguna respuesta en su pecho, ni en su cabeza, ni en sus instintos. Luego pidió al personal del

Servicio Médico Forense que lo voltearan. Quería buscar el lunar arriba de las nalgas. No estaba. Tampoco estaba el de la boca, debajo de la nariz. Pero esa parte había sido machacada y confiaba más en el de la espalda. "No es, no es", repitió.

Apurado y con una calavera pintada en su rostro, el empleado del Semefo le soltó una frase fácil, de oferta, como si se tratara de una ganga: "Diga que ése es el cuerpo de su hijo y mañana, a las once, lo tiene en su casa." Servicio a domicilio. Muerte e impunidad, con eficiencia y rapidez. Trabajos garantizados.

"Yo le contesté 'asegúreme al cien por ciento y me lo llevo', y él respondió que no podía asegurar, que tenía seguro un siete por ciento, y le digo que no, yo quiero el cien por ciento", recordó Eloísa. El hombre hizo una mueca de desgano, de vendedor fracasado, y recibió otra metralla de valentía y amor de esa madre.

Le señaló que si tenía hijos y áquel le contestó que sí, que dos. "Le dije que se pusiera en mi lugar, claro, ojalá que esto no le pase, pero le dije que se pusiera en mi lugar. Y le pregunté 'a ver, usted qué haría'. Pero él ya no me contestó. Miró para otro lado." Viró el cuerpo y partió. Momentos después otro empleado llegó para atender a la joven madre.

VII

La colonia Progreso debe cambiar de nombre. Alrededor hay fraccionamientos de mediano nivel y al fondo, más al sur, está el búnker habitacional La Primavera, un emporio de desarrollo habitacional, más bien otra ciudad amurallada dentro del muladar en que se ha convertido ese sector de la ciudad. Junto a este desarrollo hay un baldío que parece interminable, poblado de un monte que los agrónomos llaman selva baja caducifolia. Es el nuevo cementerio clandestino de la ciudad, después de que en los setenta lo fue el cerro de El Tule, también ubicado al sur. Todos lo saben: es tiradero de cadáveres, centro de ejecuciones, inconmensurable paredón. Nadie en el gobierno hace nada, sólo esperan el aviso de nuevos cadáveres para acudir a delimitar las nuevas escenas de ese nuevo crimen. Gran trabajo.

Hay tierra en plantas, ventanas, árboles y en esa mirada de brumosa desolación de los niños que apenas, con una algarabía que no alcanzan a parir, toman la calle donde vive Eloísa, en la colonia Progreso. A ella y su familia todavía no les llega el drenaje, está a unas casas de la suya, unas calles. Pero sí se lo cobran. En ese rincón viven también sus dos hijas, los esposos de éstas y dos nietos, al menos son los que salen al pequeño patio frontal de esa casa levantada con láminas de cartón, trozos de madera y ladrillo, plástico y escombros. Trozos de sueños que rápido se convirtieron en desolación. No se concibe que en esa cueva de montoncitos vivan ella, su familia, y desviva su hijo.

Calle 13, casa número 4209. Ella no quiere que el nombre de su calle sea el de su destino y el de su hijo. Se dedica a limpiar casas, así ha sido durante cerca de diecinueve años. Y los de la funeraria, que la vieron en ese trajinar en busca de su hijo, le dieron trabajo en una de sus sucursales, donde realiza también labores de limpieza.

VIII

Ella trae una foto. La saca, triste y ufana, y la enseña como quien abre su pecho para mostrar ese corazón galopante, cansado, pero galopante al fin. Empieza la entrevista con el reportero y coloca la foto tamaño cartel, arriba de un armatoste que parece un mueble, cubierto de un plástico que hace las veces de mantel. Es la foto de él, de su graduación de secundaria. De blanco, camisa manga larga y gel para que brille y se acomode caprichosamente el pelo. Es Juan Carlos.

"¿Y por qué parece triste?", se le pregunta. Ella responde que estaba llorando ese día porque le anunciaron que no podría estudiar más. No alcanzaba el dinero. No podían sostener a tantos, aunque él trabajaba como peón de albañil y donde pudiera. Sus ojos escampan y quien lo ve llora también, parece seguir esnifeando y correr sus lágrimas y sollozar sin consuelo. "Porque él, y así lo decía, tenía ilusiones, quería terminar la preparatoria e ingresar a la Facultad de Derecho, de la Universidad Autónoma de Sinaloa, y ser un gran abogado." La noticia acabó con su festejo de haber concluido la secundaria y lo convirtió en ríos de agua salada en sus ojos: mirada de despedida, de atardecer, de sol en fuga.

IX

La señora responde segura, sin dudas. Su hijo no tenía problemas, no andaba escondiéndose, ni nervioso, ni había gente rondando, buscándolo, y tampoco compraba ropa cara ni usaba Nextel o aparatos de lujo. Su ropa era de segunda y la compraba en el tianguis de la Huizaches, y su dinero lo ganaba haciendo trabajos de albañil. Antes laboró en el banco HSBC, en el fraccionamiento Perisur, y plaza Forum. Llegó a mantener sus estudios y su trabajo, simultáneamente. Igual, con todo y sus ingresos unidos a los de su madre y cuñados, apenas alcanzaban para lo básico.

X

José Abel Leones Martínez, el otro que fue levantado con Juan Carlos, fue liberado en las cercanías de Costa Rica, en una zona deshabitada. Después de dejarlo ahí semidesnudo, los sicarios le ordenaron que permaneciera boca abajo durante horas. Cuando levantó la cara, miró a lo lejos las luces y avanzó confundido y trastabillando hasta ellas. Unos policías lo encontraron en la carretera, pero no quisieron ayudarlo. En la caseta de peaje unos jornaleros agrícolas se apiadaron, le prestaron ropa y cincuenta pesos, y lo llevaron a la tienda Ley del Valle que está en la entrada a la ciudad de Culiacán, en el entronque con la carretera a Navolato. Desde ahí llamó a un familiar y fueron por él. Se le vio en el barrio al poco tiempo, y cuando le preguntaron por Juan Carlos respondió en seco que lo habían llevado en otro vehículo, y que no sabía más.

XI

En noviembre de 2010, personal de la Procuraduría General de Justicia del Estado le recomendó a Eloísa que se hiciera una prueba de ADN para saber si ese cadáver era o no el de su hijo. Inició los trámites en la agencia del Ministerio Público ubicada en Costa Rica y le informaron que el costo era de setenta mil pesos, pero que el gobierno podía ayudarle con la mitad, aunque tardaría tres meses.

"Pero si quiere que sea más rápido, le va a costar más." Eloísa les dijo que la hicieran, que no tenía dinero, pero que a ver cómo le hacía. Prometieron llamarle para continuar el trámite. En marzo de 2011 todavía no lo habían hecho.

XII

En la plazuela Obregón, en el centro, por la Rosales o la Ángel Flores, alrededor de catedral, hay carteles tamaño oficio con la foto de Juan Carlos. Es la de su graduación. Abajo se lee "Mi graduación 2006", y la leyenda: "Se busca, si lo an [*sic*] visto favor de avisar al cel 6672 08 61 37, 6671 60 38 91." El cartel ha sido reproducido con los diez, veinte pesos, que aportan amigos, vecinos, compañeros de la Preparatoria Salvador Allende, en el plantel ubicado en la Huizaches, de la Universidad Autónoma de Sinaloa (UAS), donde estudió el primer año.

Es Juan Carlos con una sonrisa triste y unos ojos que parecen apagarse. Dicen sus familiares que lo sueñan. Que lo oyen. Que está llorando. En su trajinar por las oficinas de la PGJE,

Eloísa Pérez Cibrián se encontró accidentalmente con una señora que andaba en las mismas. La señora, que no se identificó, le confesó que estaba muy molesta por los abusos cometidos por el personal del Servicio Médico Forense. Había esperado a su hijo, con la esperanza de encontrarlo vivo, pero dos años después de haber desaparecido localizaron un cadáver que traía la misma ropa que el joven aquel. Los servidores públicos de la Semefo le insistieron que aceptara que ese muerto era su hijo y fue tal la presión que dijo que sí. Veló, enterró y le rezó El Rosario. Y justo en el último día del novenario, el hijo llegó a su casa, caminando. Después de sorpresas, abrazos y llantos, el joven le explicó a su madre que lo habían mantenido secuestrado, en la sierra, trabajando en la siembra de mariguana y amapola, y que en un descuido de sus captores, huyó. La señora le explicó a Eloísa que iba a reclamarle al personal del Semefo y a interponer una denuncia. Pero no lo hizo ni la vio más. Quizá huyó buscando su seguridad y la de su familia.

En otro caso, en noviembre de 2010, un joven fue encontrado muerto a balazos en Culiacán, luego de haber permanecido desaparecido durante dos días. La familia acudió al Semefo a identificar el cadáver, pero no estaban seguros de que fuera él. Los hermanos no estaban convencidos, pero la madre sí: era él. El personal del forense aprovechó las dudas, señalaron versiones extraoficiales del interior de la Procuraduría General de Justicia del Estado (PGJE), para presionar a familiares y obtener ingresos adicionales.

Las fuentes manifestaron que acelerar la entrega de un cadáver cuesta unos diez mil pesos. Las insinuaciones no faltaron, hasta que los familiares advirtieron que tenían la seguridad de que se trataba de su familiar, pero que no iban a dar dinero para que les entregaran el cadáver. El Ministerio Público que llevaba el caso autorizó que les dieran el cadáver. Finalmente la entrega se dio, aunque tardó más de lo debido.

El 14 de octubre de 2010, los hermanos de nombres Armando y Uriel Alejandro Ríos Aréchiga, de veintidós y treinta años, y Omar Octavio Ríos Espinoza, medio hermano, fueron levantados por desconocidos. Días después encontraron tres cadáveres, uno de ellos irreconocible y quemado. Los familiares insistieron en que ése, el parcialmente incinerado, era Uriel. De los otros no había dudas.

Sin realizar las pruebas científicas básicas, el Ministerio Público les entregó los cadáveres y al siguiente día fueron enterrados en el panteón de La Lima, en Culiacán. Pero el 18 de ese mes, durante la noche, aparecieron otros dos cadáveres en las inmediaciones del fraccionamiento Los Ángeles, ubicado en la salida a Imala. La familia supo que uno de ellos era Uriel. Las facciones estaban intactas.

Ante el reclamo de familiares, el personal de la agencia primera del Ministerio Público cambió la averiguación previa y borró el nombre de Uriel del documento, para sustituirlo por el de Víctor Manuel Espinoza López, a quien correspondía el cadáver que ya habían colocado en la tumba. La exhumación e inhumación para canjear cadáveres se realizó un fin de semana, de manera silente.

Negocios sucios

Personal del Servicio Médico Forense recibe hasta dieciséis mil pesos mensuales a cambio de favores a las empresas funerarias de Culiacán y diez mil pesos por entrega rápida de cadáveres, de acuerdo con investigaciones que al interior ha realizado personal adscrito al despacho del procurador General de Justicia del Estado. Versiones extraoficiales señalan que el mismo titular de la PGJE, Marco Antonio Higuera Gómez, acudió sorpresivamente a las instalaciones de la Coordinación de Servicios Periciales y Criminalística, ubicadas junto a las instalaciones de la delegación de la Procuraduría General de la República (PGR), unos días después de asumir el cargo. Una de las primeras instrucciones del Procurador fue sacar a las firmas funerarias del manejo de los cadáveres.

"El Procurador encontró dentro del Semefo a personas que no trabajan en la Procuraduría, que cobran por algunos 'servicios', que se hacían pasar como empleados, pero que en realidad operaban para las funerarias, y que para acabarla decidían qué hacer con los cadáveres", informó un servidor público que tuvo acceso a las investigaciones.

Algunos de los funcionarios y empleados, agregó, recibían al mes dieciséis mil pesos a cambio de trabajar al servicio de las casas funerarias, no de la procuraduría local. Entre las irregularidades encontradas está el retraso en la entrega de personas fallecidas, en su mayoría por hechos violentos, para desesperar a los deudos y obligarlos a pagar la agilización de la entrega, a cambio de un pago de diez mil pesos.

Las autoridades también investigan casos de suplantación de identidades, aprovechando cadáveres de personas desconocidas y no reclamadas por familiares, con veinte o más días en las gavetas del forense. Los beneficiarios de estas operaciones ilegales fueron personas con cuentas pendientes en el crimen organizado, que se hicieron pasar por muertos y así huir del estado. Personal del forense y civiles realizaron estas sustituciones con cadáveres de calcinados y en avanzado estado de descomposición.

Las fuentes señalaron que en diciembre de 2010 ciudadanos ubicaron la foto de una persona muerta, que apareció en la página de Internet de la PGJE, en el rubro de desconocidos que no han sido reclamados. Los parientes acudieron a la Procuraduría a reconocer el cadáver, pero éste ya había sido "vendido" y entregado a otras personas, por lo que tuvieron que darles otro, aunque ellos no se dieron cuenta.

"Estos casos están siendo investigados a fondo, es lo que encontró desde el primer día que llegó y esas son sus instrucciones", dijo el funcionario de la PGJE. Han pasado meses y las investigaciones son un callejón sin salida: sin pesquisas ni castigo.

Treinta meses de esperas y silencio

Desde el 8 de septiembre de 2010, Eloísa Pérez Cibrián busca a su hijo, también los rastros, todo lo que conduzca a él. Y desde entonces espera, hasta ahora en vano, a que la Procuraduría General de Justicia del Estado le entregue los resultados de la prueba de ADN practicado a un cadáver que podría ser el de su hijo.

Son alrededor de treinta meses de ausencia. Y dolor, incertidumbre e indolencia. Lo que Eloísa y su familia quieren es confirmar si ese cadáver despedazado, encontrado días después de la desaparición de su hijo, en las cercanías de Costa Rica, es suyo. Y velarlo.

Son muchas las muertes sufridas en este lapso.

Le vamos a llamar

Eloísa señaló que le hicieron al menos una prueba pero no confió en el resultado. Las versiones de la Procuraduría General de Justicia del Estado indican que no hubo un manejo adecuado. Del 9 de abril a noviembre de 2011, y después de muchas promesas sin cumplir, recogieron de nuevo las muestras de ADN.

Cuando habla a las oficinas de la PGJE para preguntar por novedades de las investigaciones del expediente CLN/ARD/13662/2010/D le dicen que no hay nada, que ellos le van a llamar cuando haya noticias. "Como enojados, como si les molestara que uno estuviera llamando para saber si hay novedades sobre el paradero de mi hijo y sobre las pruebas de ADN, le contestan a uno que no, que no hay nada, que ellos van a llamar cuando haya algo", manifestó, de acuerdo con una nota publicada en el semanario *Ríodoce*, que circula en Culiacán y otras ciudades de Sinaloa.

Está en su casa, en la colonia Progreso. El polvo la abofetea y trae el terco nombre del olvido. Ahí brota el llanto y se seca pronto por la polvareda: no hay desarrollo ni justicia ni ley en esa colonia ni en ninguna.

Recuerda, remando contra la desmemoria y en su lucha por saber de su hijo, que había sido albañil, que trabajó en un banco, que terminó la secundaria y salió llorando el día que le dieron el diploma, porque ese mismo día su madre le anunció que no podría seguir estudiando: no había dinero. Es mayo de 2012 y no lo hay hasta ahora. Pero si él viviera haría un esfuerzo para que Juan Carlos dejara ese rostro lloroso de la fotografía del cartel que su madre y hermanas pegaron por todo el centro de la ciudad. ¿Y cómo secar esas lágrimas? Apoyándolo para que entre a la Facultad de Derecho.

"Yo no he perdido las esperanzas. Todavía pienso que puedo encontrarlo vivo", dice. Cree que pueden tenerlo cautivo, en algún lado, trabajando en contra de su voluntad, en la siembra de enervantes, en alguna montaña, en un laboratorio para el procesamiento de drogas sintéticas. Cuenta que eso ha pasado con otros jóvenes que logran escapar de sus captores y regresan con sus familias.

Pero le ganan las lágrimas y esta vez ni el terregal puede con ellas: le da tristeza comer y pensar que quizá su hijo no tiene ni para eso, o cobijarse durante el invierno mientras él posiblemente esté pasando frío.

Escándalo

En la agencia del Ministerio Público de Costa Rica, los empleados le reclamaron que por qué había hecho escándalo en los medios de comunicación en el caso de la desaparición de su hijo. Eloísa les contestó que lo único que quería era saber de su hijo, que investigaran hasta encontrarlo y que hicieran la prueba de ADN.

"A veces me da hasta miedo decir algo y si él está vivo, que me lo maten. No me da miedo que me hagan algo a mí, a nosotros, sino que le hagan algo a él", señala.

Sus hijas le reclaman. Sabe que lo otro es el silencio. Estar así, sin hacer nada, "pero tampoco está bien andar así. Quiero algo, porque no quiero que me digan por qué no hiciste nada por encontrar a tu hijo".

No se le olvida cuando fue a la agencia Cuarta del Ministerio Público a interponer sobre su desaparición. Los servidores públicos que la atendieron le respondieron que ella investigara, que les dijera con quién se llevaba sus hijos, qué tipo de personas eran, en qué andaban. Ella no está para eso. Sabe que ésa es responsabilidad del gobierno. La suya es insistir, exigir, alimentar su flaca y luminosa esperanza. Aunque en eso se le vaya la vida, la salud. Aunque eso hasta ahora ha significado morir. No dejar de morir.

MAYO DE 2012

Escuadrones de la muerte

"Perros desgraciados." Se oye la voz de una madre, anegada en llanto. "Perros, pinches perros." Así llama a los del gobierno, a los "empatrullados": los polis que ese día llegaron hasta donde estaba su hijo. "Así hubiera sido el peor de los delincuentes, afirmó, merecía ser enjuiciado." Pero no esto.

La noche del domingo 3 de junio de 2012, Jesús Felipe Alvarado Juárez, conocido como El Pelochitas, viajaba en su flaca y traqueteada motocicleta. Tenía veinte años y vivía en la colonia José María Morelos. Los agentes lo vieron de lejos y lo interceptaron para aprehenderlo. Sospechosamente colocaron la moto en una patrulla que ellos mismos llamaron para auxiliarlos en el operativo, y al joven lo metieron a rastras en la caja de la camioneta de la corporación.

Él es conocido en el sector. Los Mochis, cabecera municipal de Ahome, sigue siendo una ciudad grande con vida de pueblo, alterada por las balaceras que protagonizan los gatilleros de una y otra organización criminal, en la que todos se conocen. Por eso cuando los vecinos vieron lo que los uniformados le hacían a Alvarado, llamaron a la madre de éste. "Oiga, se llevaron a su hijo. Se lo llevaron los polis."

Ella es Yadira Juárez. En cuanto salió de su trabajo, en un sector cercano a su casa, fue a buscar a su hijo. A unos trescientos metros está la central de la Secretaría de Seguridad Pública Municipal, por el bulevar Macario Gaxiola, que conduce a la carretera a Topolobampo. Otros conocidos le comentaron que vieron llegar a una patrulla con la motocicleta, pero cuando preguntó por su hijo nadie le dio razón.

Pasaron cinco horas para que un agente, quien pidió que su identidad no fuera revelada, le informó que la motocicleta sí estaba ahí, pero nada sabía del joven. Llegó el lunes y el mismo resultado. Su hijo no regresó a casa. De nuevo, Yadira fue a las instalaciones de la corporación. Ahí, parada, preguntando a unos y otros, sin ser vista ni escuchada, era como un fantasma, un alma en pena, un animal apestoso y callejero al que hay que ignorar hasta que se vaya. Nadie la atendió. La del mostrador y la ventanilla ni siquiera la vieron a los ojos cuando le respondieron "no sabemos nada".

Con el cansancio en su espalda y hombros, sintiendo que la piel le colgaba y que el esqueleto no le respondía, acudió a la Visitaduría de la Comisión Estatal de Derechos Humanos (CEDH), ubicada en la zona norte de la entidad. El personal del organismo se comunicó con Juan López Carmona, juez calificador para casos de faltas al Bando de Policía y Buen Gobierno, y éste respondió que no tenía bajo su resguardo a ningún joven con esas características y ese nombre. Permitió que la madre pasara a las celdas del área preventiva para que se cerciorara de que no estaba ahí, tras las rejas.

Dos días de desayunar, comer y cenar penas y congoja. De preguntar aquí y allá. De salas de espera que parecen cementerios de tumbas abiertas y muertos expuestos. Frigoríficos, caducidad de la ternura, cancelación de la generosidad, la compasión. Justicia obsoleta.

Dos días y lo encontraron. Muerto, con heridas que reflejaban que había sido arrastrado en terracería, golpeado salvajemente, torturado, ahorcado. Estaba en el tren que corre paralelo a la carretera a Topolobampo. Durante el velorio, se vieron patrullas de la Policía Municipal y dos camionetas, que ahora se sabe es el convoy que protege a Jesús Carrasco Ruiz, titular de la Secretaría de Seguridad Pública de Ahome. Estos recorridos de "vigilancia", que más bien pretendían amedrentar a familiares y asistentes al velorio, se repitieron durante la misa de cuerpo presente y en el cortejo fúnebre camino al cementerio.

Uno tras otro

En Sinaloa, en un solo día fueron reportados veinte levantones. Uno por uno fueron llegando los casos de desapariciones, tipificados como privación ilegal de la libertad, ese día, a las oficinas de la Comisión Estatal de Derechos Humanos. Todos ellos jóvenes, en su mayoría de colonias periféricas, cuyas familias viven en condiciones de pobreza.

Cuatro jóvenes fueron detenidos por agentes de la Policía Ministerial del Estado (PME). Fue el 29 de marzo de 2012, en la colonia Adolfo López Mateos, ubicada en el sector sur de la ciudad de Culiacán. La averiguación previa CLN/ARD/5373 /2012, interpuesta ante la Subprocuraduría de Justicia de la Zona Centro, lo dice claramente.

La denuncia señala que Jesús Fernando Urrea Vega, de veinte años de edad, y Jorge Armando Manjarrez, menor de edad, se hallaban reparando un vehículo afuera del domicilio del primero, cuando llegaron cinco patrullas de la Policía Ministerial.

"Los policías llegaron diciendo que era una revisión de rutina, pero después de revisarlos, supongo que para saber si traían o no armas, les pusieron las camisetas y las camisas encima de la cara, cubriéndoselas, y se los llevaron en las patrullas, así, violentamente", confesó un familiar del menor, quien presenció la detención.

Además, la madre de Jesús Fernando Urrea Vega, salió de la casa al ver el movimiento de las patrullas y escuchar los gritos. Les reclamó a los agentes, quienes iban con capuchas. No le contestaron y no supo más de ellos. De acuerdo con la denuncia, ese mismo convoy de patrullas de la Ministerial luego se trasladó a detener a los hermanos Luis Eduardo y Jesús Ángel Ontiveros Campos, de dicisiete y veintiún años. Al primero lo sorprendieron cuando jugaba futbol en un campo cercano a su casa y al segundo, en su domicilio, en la misma colonia.

Familiares, vecinos y compañeros de trabajo de algunos de los desaparecidos, realizaron un plantón afuera de las instalaciones de la Procuraduría General de Justicia del Estado (PGJE), tres semanas después. De tanto ir y regresar y pedir llamadas y favores para que les dijeran dónde estaban las víctimas de estas operaciones de la PME, fue lo único que les quedó: protestar.

Los inconformes acusaron a las dependencias de seguridad, incluida la Procuraduría local y la Secretaría de Seguridad Pública, y a los jefes de las corporaciones policiacas, de guardar silencio, negar información y de violar la ley. Además, pidieron justicia en este y otros casos.

Datos de las comisiones de derechos humanos indican que el número de personas desaparecidas en años recientes suma cerca de trescientos casos. La lista negra de esta incidencia criminal es mucho mayor, quizá el doble o triple, aunque muchas familias se niegan a denunciar. Pero el dato alarmante lo dio la Comisión de Derechos Humanos de Sinaloa, cuyos dirigentes informaron que sólo el 12 de febrero de 2012 se recibieron reportes de veinte levantados en el Estado. Todos ellos continúan en calidad de desaparecidos.

Hasta a los de casa muerde

Entre los reportes que recibió la CEDH y la misma policía municipal está el de la desaparición de Édgar Guadalupe García Hernández, de veinticuatro años, quien laboraba como mensajero de la oficina de Marco Antonio Higuera Gómez, titular de la Procuraduría General de Justicia de Sinaloa.

Las versiones indican que un comando llegó a su casa, en la colonia Progreso, en esa ciudad capital, y se lo llevó. Inicialmente, los familiares pensaron que se trataba de un secuestro, que los criminales pedirían rescate. Pero no. Por eso, sus parientes y amigos realizaron un plantón frente a Catedral, en la plazuela Obregón, ubicada en el primer cuadro de la ciudad, el 31 de mayo. A gritos le reclamaron al gobierno, con pancartas, mantas y volantes, que empiece las investigaciones, que lo haga a fondo, que encuentre al joven y castigue a los responsables. Pedradas a las estrellas.

Patrullas clonadas

Francisco Córdova Celaya, secretario estatal de Seguridad Pública, advirtió que este tipo de actos son realizados por grupos criminales que clonan patrullas, de las cuales ya han encontrado varias en operativos realizados por ellos y personal del Ejército Mexicano, tanto en las ciudades como en la zona serrana de la entidad. Y descartó, por supuesto, que sus agentes o de otras corporaciones, hayan participado en estos levantones, algunos de los cuales se han traducido en desapariciones. Y lo peor, en homicidios.

Las versiones indican que los policías de la Estatal Preventiva (PEP) y Ministerial del Estado, sobre todo, pero también agentes de las policías municipales de Ahome, Navolato, Culiacán, Guasave y de otros municipios, realizan una "limpia" de supuestos delincuentes, sicarios, operadores, halcones o "punteros", como llaman en algunas regiones del norte a quienes desde un punto determinado vigilan e informan a los jefes sobre movimientos o presencia de "sospechosos", de organizaciones criminales enemigas del Cartel de Sinaloa.

En estos y otros municipios de Sinaloa, se estima que células compuestas por los carteles de los Beltrán Leyva-Carrillo Fuentes (Cartel de Juárez), y Zetas, tienen presencia y hasta controlan importantes regiones en once de los dieciocho municipios de Sinaloa, para dañar las operaciones de Joaquín Guzmán Loera, El Chapo, e Ismael Zambada García, El Mayo, jefes del poderoso Cartel de Sinaloa.

Esto explica al menos dos de los reos encontrados muertos, uno de ellos acuchillado, dentro del penal de Culiacán, que pasó de llamarse Centro para la Ejecución de las Consecuencias Jurídicas del Delito (Cecjude), a un simple centro de ejecuciones.

En este centro penitenciario, abogados y familiares lo advirtieron: "lo van a asesinar". Por eso pidieron a las autoridades estatales y de la cárcel de Aguaruto que aplicaran medidas cautelares para protegerlo o lo cambiaran de penal. Pero no lo hicieron. El joven Enrique Alonso Espinoza Hernández, de veintiséis años, ingresó a la cárcel el viernes 15 de junio de 2012, alrededor de las dieciocho horas. Las autoridades lo vincularon con la organización de los Carrillo Fuentes.

Su padre les llamó muy temprano a los abogados. "Tengo miedo de que maten a mi hijo, oiga. Es más, a lo mejor a estas horas ya está muerto", dijo. Los abogados se movieron, pero poco podía hacerse a esa hora. Eran las seis de la mañana del sábado 16. Media hora después, el joven fue encontrado sin vida, ahorcado.

Antes, el 27 de mayo de 2012, otro reo identificado como Francisco Javier Avilés Araujo, aprehendido en Guasave con un arma de fuego y droga, fue asesinado a cuchilladas dentro de este penal. Este homicidio provocó que en Culiacán y desde una avioneta se distribuyeran volantes acusando al gobernador Mario López Valdez, Malova, de haber facilitado este homicidio por órdenes de Joaquín Guzmán Loera, El Chapo, líder del Cartel de Sinaloa.

Casualmente, Avilés Araujo pertenecía también a una organización criminal contraria al Cartel de Sinaloa, pues formaba parte de una célula integrada por los carteles Zetas-Carrillo Fuentes y Beltrán Leyva.

Cuestionado por periodistas, Córdova Celaya dijo que las autoridades judiciales de los fueros común y federal investigan la confección de uniformes que usan los delincuentes y cotejan las armas de fuego que han sido aseguradas a fin de que balística determine si han sido empleadas en otras acciones delictivas. "Todas las patrullas de las diversas corporaciones policiacas, así como los agentes, están perfectamente identificados para que la población pueda distinguirlos de falsos policías o supuestos militares", aseguró. Pero es mentira. En las principales ciudades del estado hay patrullas de las policías municipal sin número o con la placa automovilística borrada, vidrios polarizados y sus agentes encapuchados.

Los convoyes de patrullas se pasean sólo con el logotipo de la corporación y no hay manera dc identificar a los agentes si éstos incurren en alguna irregularidad o delito y hay que denunciarlos.

Escuadrones de la muerte

El secretario de Seguridad Pública de Ahome voltea a ver al reportero y luego voltea a ninguna parte, a la nada. Y pregunta, como si estuviera solo o hablara con alguien que no está ahí: "¿Escuadrones de la muerte?" Y no contesta. Calla. Desde su llegada a la corporación aparecieron denuncias de que sus agentes estaban haciendo doble turno y con el mismo uniforme: levantones, desapariciones y ejecuciones.

Aquí, el caso de la detención de una pareja de jóvenes que se dedicaba a la recolección de fierro viejo en el sector norte de la ciudad de Los Mochis, puso al descubierto la doble operación de los agentes de esa corporación de carácter preventivo. Los dos fueron encontrados sin vida, cerca de la comunidad de Villa Ahome, a unos veinte kilómetros de la ciudad.

Los homicidios fueron perpetrados en junio. En todos hay un patrón de los victimarios y otro de los asesinados. Por los primeros: policías, policías municipales, policías preventivos de Los Mochis, para ser más precisos, y por los segundos, amigos de barrio, miembros de un mismo clan, contrario al llamado "cartel oficial", el Cartel de Sinaloa.

Entre los últimos días de mayo y los primeros de junio, los recolectores de fierro viejo, Marcelo Félix Armenta, de veintisiete años, y Yolanda del Carmen Araujo Félix, de veintiséis, residentes de la comunidad Las Grullas Margen Izquierda, desaparecieron. La única pista que dejaron de lo que les sucedía en ese momento fue una llamada telefónica desde el aparato celular. "Ellos estaban siendo detenidos por policías preventivos en la sindicatura de Ahome, eso fue lo que nos dijeron cuando llamaron. Pero, por favor, no podemos hablar más. Tenemos mucho miedo", dijo una persona con la que se comunicaron los hoy occisos.

"Después de aquella llamada, agregó, los teléfonos celulares se apagaron." Los familiares interpusieron una queja ante la Comisión Estatal de Derechos Humanos. Ocho días después, los cuerpos de ambos fueron encontrados en el panteón de ese poblado: huellas de tortura y un balazo en la cabeza a cada uno.

"No podemos caer en la situación de seguir el juego de hacerle caso a denuncias o mantas o condiciones que ponen los delincuentes, pues si vamos a poner en duda el actuar y la integridad de nuestros funcionarios y servidores públicos por el señalamiento de un delincuente, pues de veras que estamos muy mal si les damos credibilidad en un momento determinado", sostuvo Carrasco, cuestionado por los periodistas.

Y el Secretario de Seguridad se sigue preguntando. Y lo niega. Y no responde. Pero sus policías sí.

No te va a pasar nada

Víctor Alonso Gil Aguilar, de veinte años, era un viejo conocido de las policías, pues en el 2011 fue aprehendido cuando conducía un auto robado. Ahora estaba siendo despertado con su esposa por al menos seis agentes de la Policía Municipal. Los uniformados, cuyos rostros estaban cubiertos con pasamontañas, tumbaron la puerta y cuando él abrió los ojos, espantado, ya los tenía rodeándolo a él y a su mujer.

"Cálmate", le ordenaron a ella, quien tomó a su hija en brazos. "A ti no te va a pasar nada", le dijeron. Y la ataron a la cama. A él lo encapucharon y ataron de manos. Los agentes se llevaron a una niña al cuarto de atrás y luego desataron a la joven mujer y se llevaron al esposo.

Él preguntó: "¿Y a mí, jefe?" Recibió una pregunta: "¿En qué trabajas?" Contestó que en nada. Iban en dos patrullas y una camioneta blanca. Las matrículas estaban tapadas. Los vecinos de la calle Alejandro Peña, en la colonia Rosendo G. Castro, se dieron cuenta y se acercaron a auxiliar a la mujer cuando los agentes se habían retirado. En cuanto pudo avisó a la madre de su esposo y ésta empezó a moverse para encontrar a su hijo.

Mientras huía, entre llantos y angustias, en un esfuerzo por salvarse y salvar a sus hijos, y hacer algo por su esposo, contó lo que les había pasado. Desesperada, Dora Alicia Aguilar buscó a su hijo. En ninguna parte lo encontró. Denunció el caso a medios informativos locales y sólo un noticiero y un periódico pequeño le dieron voz a su desesperación.

Al día siguiente el joven fue encontrado decapitado en el ejido Primero de Mayo. Su cabeza era ancla para una cartulina que tenía dos palabras: "Sigues Trolo."

El Trolo

De acuerdo con reportes internos de la Policía Municipal y de la Policía Ministerial del Estado, y con acontecimientos públicos, la persona a la que apodan El Trolo es el jefe de halcones de Los Mazatlecos, como llaman a una célula de narcomenudistas que opera en la región para los hermanos Beltrán Leyva. Además, El Trolo es el responsable de pagar las mantas con mensajes amenazantes y denuncias sobre la supuesta complicidad entre autoridades estatales y del ejército con los narcotraficantes del Cartel de Sinaloa. En varias de estas mantas se denunció al jefe de la Policía, Jesús Carrasco Ruiz, y los comandantes de la Policía Ministerial del Estado, a quienes acusó de servir a Joaquín Guzmán, El Chapo.

Al triple

María Araceli Sepúlveda Saucedo, visitadora de la Comisión Estatal de Derechos Humanos (CEDH), en la zona norte, afirmó que de enero a junio de 2012 los abusos policiales contra la población civil se han triplicado. Así lo reflejan las denuncias.

Sostuvo que la situación es "preocupante", sobre todo porque dos de los casos que comenzaron como detenciones arbitrarias terminaron en asesinatos. "Se pasó de violaciones al derecho de libertad a violaciones graves contra la integridad de las personas, y hay un tercer caso con dos muertes en donde confluyen similitudes, ataques de policías", manifestó.

"Las indagatorias, agregó, se han iniciado con la seriedad y celeridad que lo ameritan, pero no se tienen los resultados que los quejosos demandan." Y todo porque hay fuertes obstáculos: los quejosos no pueden señalar las patrullas participantes porque éstas carecen de matrícula, ya que fueron borradas o tapadas por los mismos agentes, y los policías ocultan sus rostros con capuchas negras. Informó que, cuando por oficio se requieren datos sobre estas denuncias, el director Jesús Carrasco Ruiz simplemente niega la participación de sus agentes. "Siempre responde que no hubo operativo, que no detuvieron a nadie y que desconoce los casos." Las denuncias de enero a junio de 2011 sumaron diecinueve, mientras que en el mismo lapso de 2012 se incrementaron a cincuenta y siete.

Los perros

Yadira Juárez le llora a su hijo. Está tendido en una sala funeraria. El ataúd fue sellado porque el cadáver quedó destrozado. Dicen que lo perforaron con un objeto puntiagudo y que lo ahorcaron. Ella no acepta su muerte. Era joven y si debía algo, debieron aprehenderlo y llevarlo ante el juez. Los asesinos no sólo terminaron con él, también se llevaron una parte de ella, de su vida, su alma.

No conformes, ahora la rondan como fieras, amenazantes y ufanos, ahí, durante el velorio y la misa de cuerpo presente.

"Perro desgraciado, se cree poderoso para quitar vidas. Pinche gobierno inepto que tenemos. Para qué tantas leyes, para qué las cárceles, para qué los ministerios, si los policías se convirtieron en asesinos, desgraciados. Así mi hijo fuese el peor delincuente, tenía derecho a un juicio, y si lo condenaban a que se pudriera en la cárcel, habría sido justo, porque tendría defensa, pero con asesinos con uniformes y empatrullados en las calles, nadie está a salvo."

Afuera, los jóvenes de la edad de su hijo, con quienes convivió desde que eran niños, le repiten, como grabadora a la atribulada mujer: los polis los detienen a cada rato, dicen que son halcones, punteros, y les preguntan por El Trolo, y los sueltan y los vuelven a detener.

Y El Trolo por ahí anda. Bien, gracias.

JUNIO DE 2012

Seguro de muerte

José dijo "no podemos denunciar". A pesar de las insistencias del comisionista, que había acudido a los estados de Sonora y Sinaloa a comprar camarón para enviarlo a Veracruz, él se mantuvo en la idea de no acudir ante las autoridades locales o federales. Y cuando el comisionista preguntó por qué, contestó que estaban amenazados.

Ese día de enero habían sido interceptados en las afueras de Culiacán, la capital de Sinaloa. Se dirigían al puerto de Topolobampo, ubicado a 215 kilómetros al norte de esa ciudad, en el municipio de Ahome, para embarcar alrededor de doce toneladas de camarón y enviarlas a Veracruz.

Entre el 8 y el 9 de enero de 2012, los cooperativistas pesqueros de alta mar y armadores (dueños de embarcaciones grandes) sabían de la carga en toda la región y de la presencia del comisionista, que al parecer era de Veracruz y conocía de la buena calidad del crustáceo sinaloense. Y en eso no se equivocó.

El comercializador recibió el camarón y se disponía a llevarlo al puerto. Esa mañana la carretera estaba huérfana, la mañana pardeaba coqueta y luminosa en los cuatro carriles, en los cerros que escoltaban el firmamento. Era un empresario exitoso en el ramo, conocedor y conocido en lo que ha sido su negocio durante más de una década en la región de Culiacán y sus alrededores.

"Vámonos, hay que entregar la mercancía para que alcancen a embarcar." El puerto estaba a hora y media, al norte. "Písele, compa", le habría dicho al conductor, "pa'no andar luego con prisas". Y las llantas fueron engullendo la cinta asfáltica, rayas amarillas y blancas de los señalamientos. Diez minutos bastaron para que se acercara velozmente un automóvil que amenazaba con rebasar. Les llamó la atención que de forma insistente les hiciera cambio de luces. Parecía una señal desesperada que empezaba a encandilar y nebular su mirada.

Al parecer, en principio intentaron ignorar a quienes los seguían de cerca y no dejaban de cambiarles las luces del automóvil que manejaban. Quizá sospechaban de que fueran delincuentes. En esa región, sobre todo hacia el norte, en los municipios de Salvador Alvarado y Guasave, los robos de este tipo, asaltos y homicidios, han detonado la paranoia de todos, incluidos los paseantes. Muchos de estos ilícitos han sido atribuidos al crimen organizado, en particular a las células de los Beltrán Leyva y Zetas que operan en esa región y que cuentan con la complicidad de las autoridades.

Días antes de que terminara enero, un comando fue perseguido por personal del Ejército Mexicano adscrito a la Novena Zona Militar. La persecución derivó en enfrentamiento, cerca del Hospital Regional del Instituto Mexicano del Seguro Social (IMSS) en Guasave, y luego en cacería, aquel 30 de enero.

Un testimonio recogido por Paúl Mercado, periodista del semanario *Ríodoce*, retrata el momento y el pavor de los ciudadanos que nada tienen qué ver con el crimen:

> Alma no sólo estaba enterada, sino prácticamente paralizada por el miedo. A eso de las 6:30 de la tarde venía de la casa de mi mamá, tomando la ruta menos transitada. Pasé por la [calle] Colón y luego por la Revolución. A la altura de la panificadora Hernández, al querer entrar al bulevar Central por la Corregidora, justo al momento de hacer el alto para ver si venían carros, comencé a escuchar las detonaciones. Al mismo tiempo miré que una niña corría y gritaba. Se metió a una casa… Al volver la vista al bulevar pasó una camioneta a toda velocidad con el copiloto con medio cuerpo de fuera disparando a los soldados que venían detrás de ellos, respondiendo igual: a balazos. Lo único que pude hacer después de un instante de quedar "congelada", fue agacharme en el mismo carro y después de escuchar los disparos un poco más lejos, me

> salí del camino igual que otros carros que estaban detrás de mí esperando el turno para entrar al bulevar. Fue horrible ver que el semáforo del bulevar estaba lleno de carros y camionetas abriéndose paso desesperadamente entre ellos... Ya no pude seguir manejando. Iba agarrando el celular cuando mi mamá me estaba llamando porque la balacera se escuchó hasta su casa y pues, se preocupó porque yo acababa de salir de ahí. Me dijo que no me moviera de donde estaba y llegó con unos vecinos que estuvieron conmigo hasta que se me pasó un poco el susto. La gente no sabía ni qué onda y de repente pasaron patrullas municipales, pero como quince minutos después. Me tuvieron que traer a mi casa porque no dejaba de temblar. Tratamos de agarrar la ruta más lejana y por toda la ciudad se escucharon sirenas de patrullas y detonaciones... parecía zona de guerra, y eso que no me tocó lo del Seguro, que dicen que ahí estuvo peor.

Ella pasaba por ahí justo cuando se desató la balacera que terminó con la vida de dos soldados sobre el bulevar 16 de Septiembre y dejó uno más herido, pero que después falleció en el área de urgencias del IMSS, cuando recibía atención médica.

En ese tramo de carretera de Culiacán a Los Mochis, de poco más de doscientos kilómetros, alrededor de doscientas toneladas de maíz y frijol, fertilizantes y camarón, fueron hurtadas por comandos. Los delincuentes no llegan con armas cortas: hacen su trabajo con armas de grueso calibre, se trasladan en vehículos de modelo reciente y tienen capacidad para movilizar decenas de toneladas de cualquier producto en cuestión de minutos. Y esconderlas. Y todo sin ser detectados por las policías locales o federal, o por el ejército, a pesar de que todos ellos anunciaron un operativo conjunto en el 2011 para combatir esta incidencia criminal, que hasta ese momento no había cobrado vidas.

Somos policías

El empresario comercializador llamó a un amigo por celular. Le contó lo del carro que los seguía y medio adormilado le respondió que no se detuviera: "Han de ser malandrines." Y así lo hizo. Pero el conductor del automóvil que venía pegado a ellos los rebasó en la primer oportunidad, uno de sus acompañantes sacó una burbuja roja y la colocó en el capacete, como lo hacen los agentes de las corporaciones policiacas. Y entonces, ya menos desconfiados, optaron por detenerse.

"Somos de la ministerial", les habría dicho uno de ellos, de acuerdo con las versiones recogidas por el personal de la agencia del Ministerio Público especializado en delitos contra el comercio. Se orillaron en el acotamiento, preguntándose "qué pasa". Los de la camioneta descendieron. Traían pistolas fajadas y a la vista. Dos de cuatro avanzaban con un fusil automático que les colgaba del hombro.

"Bájense. Vamos a revisar."

Descendieron de la cabina del camión. Preguntaron: "¿De qué se trata?, traemos camarón y tenemos que llegar en menos de dos horas al puerto de Topolobampo y todavía nos falta un buen tramo." "Nada, nada, no se preocupe, sólo es una revisión. Buscamos armas, drogas, lo que sea ilegal."

Abrieron las puertas de la caja. Los recibió una enorme almohada de vapor de la caja refrigerada. Les anunciaron que se iban a llevar la carga y el camión. Se los dijo el que parecía dirigir la operación. El comercializador lo cuestionó y pidió que le mostrara una orden o una identificación. Le contestaron con un culatazo en la panza: quedó derrumbado, boca arriba, sin poder hablar.

Antes de irse uno de los hombres armados les gritó "y pobres de ustedes sin van a la policía a denunciar". En cuanto pudo le llamó al dueño de la carga. Le platicó todo y le advirtió que no podían ni siquiera cobrar el seguro, porque no iban a denunciar. El dueño se molestó y lo contrarió. Los habían amenazado de muerte.

Seguro caro

El comisionista pensó que había hecho un largo viaje para nada, y que esa carga de casi doce toneladas era muy valiosa. Pensó en las pérdidas y en lo poco que podía recuperar. Al menos. Por eso insistió con el empresario en que presentaran una denuncia.

Tratándose de un delito en carretera federal, tuvieron que acudir a la oficina de la Procuraduría General de la República (PGR), en Guamúchil, cabecera municipal de Salvador Alvarado. El agente del Ministerio Público les preguntó qué se les ofrecía. Ellos le informaron que iban a poner una denuncia. Mmm. Pujó una vez más y algo escribió en la computadora.

Salieron de ahí y el chofer preguntó: "¿Y ahora a dónde vamos?" El comercializador miró y volteó a ver al dueño de la mercancía. "A echarnos un taco", respondió. En eso los cercaron cuatro hombres. Todos de negro y encapuchados. Fusiles, armas a la vista. "Súbanse", les ordenaron.

"De qué se trata. No hemos hecho nada malo", gritó uno. El jefe de los encapuchados le contestó "¿cómo que de qué? Les dijimos que no denunciaran". Los encontraron a menos de veinte kilómetros de ahí, con orificios de bala, amarrados de manos: seguro cobrado.

18 DE ENERO DE 2012

Con el enemigo dentro

Primero llegó una señora. Iba con dos hombres. No hay armas visibles. Al parecer, era la esposa del occiso: el hombre que estaba en una de las planchas del Servicio Médico Forense (Semefo). No había mucho personal, sólo dos o tres. Uno de ellos atendió a la mujer, quien extrañamente había pasado todos los filtros y estaba ahí, reclamando el cadáver.

15 de mayo de 2007, día del maestro. Entre los cadáveres estaba el de un homicida que había fungido como pistolero del Cartel de Sinaloa y operaba en la comunidad de Costa Rica, municipio de Culiacán. Casualmente, nadie recuerda su identidad. Había sido un pistolero de fama regional y de la misma forma que él había despachado sus "encargos" lo habían ultimado a él: a balazos.

"Ya pagamos. Entréguenos el cadáver", dijo la mujer, malhumorada, con voz de mando. El empleado se dijo extrañado. Sabía de los problemas de corrupción dentro de esta institución: algunos servidores públicos cobraban por la entrega rápida de cadáveres y otros servicios. El odontólogo forense, cuya identidad se mantiene en el anonimato, le respondió que no tenía por qué pagar, que era obligación de ellos y que para eso recibían un salario. Dijo que no estaba enterado, pero que en todo caso necesitaba contar con la orden del Ministerio Público que llevaba su caso para que pudiera llevarse el cadáver.

La mujer dijo algo entre dientes. Volteó y, sin decir gracias, musitó un "vámonos" a sus acompañantes. Fue cuestión de minutos para que llegara un grupo de casi quince pistoleros. Versiones de otros empleados del Semefo, ubicado dentro de la Coordinación de Investigación Criminalística y Servicios Periciales, y junto a la delegación estatal de la Procuraduría General de la República (PGR), indican que el comando ingresó al estacionamiento en unas tres camionetas de modelo reciente y entró al área de medicina forense por la puerta principal. Nadie les dijo "a dónde van, alto." Entraron y dieron con áquel que había atendido a la viuda. Se lo llevaron.

Otro trabajador había observado ambos episodios. En cuanto tuvo lejos a los agresores salió por una puerta trasera en su automóvil y los siguió. Los desconocidos, encapuchados y vestidos de negro, portaban armas de grueso calibre, al parecer fusiles de asalto AK-47, conocidos como cuernos de chivo. El convoy tomó la angosta calle que entronca con la carretera a Navolato y viró a la izquierda, rumbo al sector poniente de la ciudad.

Iban pegadas, asidas por un imán invisible. Avanzando a una velocidad inmoderada, en medio del tránsito que por esa zona es denso, sobre todo durante las horas pico. El médico que los seguía portaba un radio de intercomunicación y lo usó para avisar que un comando se había llevado al joven odontólogo. Inesperadamente, los hombres, que para ese momento ya sabían que los seguían, se detuvieron cerca del Aeropuerto Internacional de Culiacán, y varios de ellos descendieron: en el lugar había una patrulla de agentes de la Policía Ministerial del Estado, con quienes dialogaron y luego les entregaron al empleado.

El convoy de camionetas se alejó y el que los seguía optó por mantenerse cerca de la patrulla de la PME, que emprendió su marcha por el bulevar Emiliano Zapata, hacia las instalaciones centrales de la corporación. Ahí lo bajaron y encerraron en los separos, ubicados al fondo del inmueble. El argumento es que el detenido fue sorprendido en un acto de corrupción, señalaron versiones extraoficiales. "Hubo acusaciones directas", afirmaron. Pero esas denuncias formales nunca llegaron a convertirse en expediente.

La protesta

En el Servicio Médico Forense hay muchos problemas: desconfianza hacia los servidores públicos que están al frente, desunión y envidias, bajos salarios y largas, extenuantes jornadas de trabajo, y temor ante la irrupción de comandos que se llevan cadáveres y que nadie detiene.

Pero el levantón del que fue víctima el odontólogo forense hizo que dejaran a un lado todo lo que los desune: se juntaron y coincidieron afuera de las instalaciones de la ministerial, uno a uno, paulatinamente, hasta conformar un grupo compacto que exigía que dejaran en libertad al aprehendido.

Los manifestantes se preguntaban si aquellos que habían ingresado violentamente al Semefo eran agentes de la Policía Ministerial, o bien, un comando del crimen organizado. O ambas cosas. Pero sí relacionaban este hecho con la visita de la viuda y el cadáver que reclamó. "Fue una represalia, manifestó uno de los peritos que laboran en la Coordinación de Criminalística, por no prestarnos a la corrupción de otros, pero lo malo aquí es que las represalias las pagamos nosotros, no ellos, que no tenemos nada que ver con esos malos manejos."

Entre los malos ratos por los que han pasado los servidores públicos de estas áreas de la Procuraduría General de Justicia del Estado (PGJE) está el robo de cadáveres al interior de las instalaciones, o bien en el trayecto, cuando son llevados de la escena del crimen al Semefo.

"Ha pasado que nos quitan los cadáveres en el trayecto, se nos atraviesan, nos cierran el paso, pero también que no nos dejan recoger indicios, hacer valoraciones, en los lugares donde ocurren los homicidios... 'órale, ¿qué están haciendo aquí? A chingar a su madre para otro lado', y nos corren, no nos dejan trabajar. Y nadie, ni la policía que está ahí cerca, nos protege", afirmó un integrante de la Coordinación de Criminalística y Servicios Periciales.

Igual que reporteros, socorristas de la Cruz Roja y hasta integrantes de las corporaciones policiacas, los del Semefo se acercan a la escena del crimen una vez que ésta es asegurada por los militares. Por seguridad.

El 29 de octubre de 2009, un comando de alrededor de veinte sujetos rescató del Servicio Médico Forense el cadáver de un desconocido que fue ultimado a balazos y calcinado, durante la madrugada de ese miércoles en Culiacán.

Versiones de testigos indican que los gatilleros ingresaron al Semefo, ubicado junto a la delegación de la Procuraduría General de la República (PGR), alrededor de las 01 horas, armados con fusiles de alto poder, y amenazaron y sometieron al personal de la Procuraduría de Justicia de Sinaloa, a quienes obligaron a tirarse al suelo, boca abajo.

"Estamos a expensas de los pinches delincuentes", dijo uno de los empleados, quien se quejó de la falta de garantías y seguridad para los peritos por parte de las corporaciones policiacas.

El cadáver del desconocido fue encontrado durante la noche de este lunes en las inmediaciones de la comunidad Campo el Diez, en Culiacán, muerto a balazos y calcinado. Versiones cercanas a las indagatorias señalan que la víctima podría ser un integrante de la familia Carrillo Fuentes, herederos del extinto Amado Carrillo, El Señor de los Cielos, fundador del Cartel de Juárez.

La Procuraduría informó que la agencia primera del Ministerio Público abrió la averiguación previa 157/2008 por este hecho, y dio vista a la Procuraduría General de la República, por el tipo de armas que usaron los delincuentes, la mayoría de ellas consideradas de alto poder, de uso exclusivo del Ejército.

Las presiones

Enterados de la protesta de los trabajadores forenses, altos mandos de la procuraduría local empiezan a presionarlos para que se retiren del lugar, suspendan la manifestación pública y regresen a sus labores. Pero los inconformes desoyen las órdenes y se mantienen ahí, frente a los separos de la PME.

Otras fuentes del interior señalaron que no había orden de aprehensión ni flagrancia, pero sí un señalamiento de actos de corrupción dentro del Semefo. También se fabricó la versión de que él había sido quien le había pedido dinero a la señora aquella, para entregarle el cadáver de su esposo.

Las autoridades prometen liberarlo, pero no dicen cuándo. Los manifestantes se mantienen ahí, unidos, compactos. Saben que ese odontólogo que forma parte de sus filas, "se chinga el lomo para salir adelante, es padre de familia, da clases, tiene su consultorio y además es empleado del gobierno estatal. Y sobre todo un hombre honesto". Nadie duda de su honorabilidad. Por eso se mantienen incólumes en su exigencia.

Al otro día, temprano, el dentista es liberado "por falta de pruebas". Pero ellos, sus compañeros, saben que si no los hubiera seguido el otro empleado cuando se lo llevó el grupo armado, ese servidor público estaría muerto. Y si no hubieran acudido a reclamar a la Ministerial, estaría preso en el penal de Culiacán.

El cambio

Ante el temor de represalias y nuevos actos en su contra, el afectado acudió a buscar el respaldo de la dirigencia del Sindicato de Trabajadores al Servicio del Estado (*Stase*). Y lo encontró: el entonces secretario general lo apoyó y le propuso cambiarlo de dependencia gubernamental. El odontólogo accedió. Pero los funcionarios de la PGJE se resistieron. Quieren mantenerlo ahí. Nadie sabe las razones.

"Sabemos que lo amenazaron, que corre peligro y nosotros como sindicato lo que debemos hacer es protegerlo, apoyarlo, estar con él, por eso empezamos a tramitar su cambio de adscripción. Los jefes de él querían regresarlo para atrás, pero no lo permitimos", manifestó uno de los dirigentes.

"El sindicalizado, agregó la fuente, tenía miedo de que lo mataran, de que esos hombres armados volvieran a terminar lo que empezaron."

Ahora está entre niños y ese griterío. Ya no en medio de cadáveres y amenazas. Pero, eso sí, en una ciudad que se desbarata, que cae, rendida, rebasada: en calles, camellones, banquetas y esquinas crecen y se multiplican los cenotafios, huellas de la violencia, como si se tratara de una ciudad muerta, un gran cementerio.

Julio de 2012

Patrulla 1342

Muy caro le salió a Luis Alfonso emplcitarse con el vecino. Por viejas rencillas, algún asunto de la basura o ese perro ladrón o la implacable humedad que se colaba por suelo y paredes desde el baño del otro lado. Pagó un precio alto. Lo pagó caro. Lo perdió todo.

Su fama de mequetrefe le sirvió esa vez para lo mismo: hacer ruido. Ya eran muchos los que le sacaban la vuelta porque cuando accedían a ir con él a un restaurante o bar, hablaba en voz alta de sus fechorías y casi blandía la pistola escuadra que siempre lo acompañaba, semitatuada entre su cinto, la frontera del pantalón y su camisa siempre desfajada.

Durante mucho tiempo, en esos poco más de cuarenta años, había ido y venido a la frontera y más allá. De ida llevaba droga, cocaína y mariguana. De venida, regularmente, dinero. Traía en jaque a ese agente que siempre lo atendía, pero que cambiaba de número de teléfono celular y no le avisaba, para descansar de su voz de metralla. Esa voz, cuenta, siempre le pedía dos cosas: sacarlo de algún embrollo con la policía o con otros pistoleros, o pedirle que le vendiera una nueva pistola.

"Era buena onda ese amigo, la verdá. Pero era muy enfadoso, escandaloso. Y cuando yo cambiaba de teléfono me llamaba porque lograba dar con mi nuevo número y me reclamaba 'oye, cambiaste de número y no me lo has pasado', yo le salía con algún pretexto, que no tenía todos los contactos, que en eso andaba, que apenas ayer. Y siempre andaba metido en alguna bronca el bato, y siempre quería que le vendiera una pistola", afirmó un agente de la Policía Estatal Preventiva, con quien Luis Alfonso hizo migas.

Cuando tenía, le vendía una 9 milímetros, una 38 o una 45. Era para calmarlo. Sabía que a la siguiente semana o antes le llamaría de nuevo para que le diera otra arma. Mil pesos, mil 500, quizá un poco más, era el precio. No era alto, porque se conocían, eran camaradas.

Vamos por ellos

Aquella noche, Luis Alfonso interrumpió la conversación marital del agente con el que se entendía. Le contó que había tenido que acudir a Infonavit Las Flores, ubicado en el sector poniente de la ciudad, en Culiacán, para arreglar un asunto. Sabía lo que significaba "arreglar" en la voz y la vida de ese hombre. Le contó que cuando llegó ya lo esperaban. Que eran varios hombres, de los que sólo conocía a uno.

"Me dijo que ahí estaba el compa ese, con el que tenía problemas y que quería 'arreglar', pero que como eran varios, pues que siempre no. Pero los cabrones esos lo rodearon y lo empezaron a golpear. Él quiso sacar su pistola y defenderse, pero se la arrebataron. De seguro ya sabían que traía armas y quizá ni dejaron que la sacara", manifestó el policía estatal.

Apenas terminó de contar lo que le había pasado, cuando le pidió que lo ayudara. Que fueran por ellos a darles una madriza y a recuperar la pistola. Su contacto le respondió que en ese momento no podía, que estaba fuera de la ciudad, trabajando. Que se esperara al día siguiente y veían qué podían hacer. Pero sólo fue una evasiva.

Al día siguiente cambió de nuevo su número.

En tres años han desaparecido de manera forzada 299 personas en Chihuahua, 14 durante 2012, 95 en 2011 y 190 durante 2010, según la Fiscalía General del Estado (FGE). Además, existen alrededor de 300 desapariciones documentadas por organizaciones no gubernamentales (ONG) de 1993 a 2000.

De los desaparecidos antes de 2010, la FGE solamente reconoce cincuenta casos de familiares que presentaron denuncias.

Entre las víctimas se encuentran mujeres, policías, militares, periodistas y presuntos narcotraficantes.

Un expediente emblemático es el de José Ángel Alvarado, Nitza Paola Alvarado y Rocío Alvarado, primos presuntamente levantados por soldados. Los tres fueron vistos por última vez el 29 de diciembre de 2009 fuera de una vivienda del ejido Benito Juárez, en el municipio chihuahuense de Buenaventura. La Procuraduría de Justicia Militar turnó ese año el expediente a la Procuraduría General de la República (PGR).

Las desapariciones forzadas no han cesado en Chihuahua desde la década de 1970, cuando integrantes de la extinta Brigada Blanca se llevaron a doce habitantes de Ciudad Juárez. Familiares de desaparecidos de esa localidad integran expedientes para presentar denuncias individuales ante la Comisión Interamericana de los Derechos Humanos.

En Cuernavaca, Morelos, los padres de Alan Cerón Moreno, privado de su libertad el 24 de diciembre de 2011, partieron un pastel y cantaron Las Mañanitas a la entrada del Palacio de Gobierno porque su hijo cumplió ayer veintiún años.

Los padres y un hermano de Alan, así como el abogado de la familia, Miguel Ángel Rosete, llegaron alrededor de las 11 de la mañana a la ofrenda floral instalada a la entrada del Palacio de Gobierno en memoria de las siete personas asesinadas el 27 de marzo de 2011, entre ellas Juan Francisco, hijo del poeta Javier Sicilia.

El 1 de mayo, los padres de Alan fueron recibidos por el gobernador Marco Antonio Adame Castillo, después de haberse encadenado dieciocho horas a la entrada del Palacio de Gobierno. Sin embargo, la familia lamentó la intervención del mandatario ante la PGR, el Gobierno de Guerrero y la Procuraduría de Morelos no ha dado resultados.

Alan fue retenido de manera ilegal por un grupo de hombres en la cancha de futbol de la colonia Alta Vista, de Cuernavaca, con otros tres jóvenes, en medio de un enfrentamiento entre delincuentes y policías estatales y municipales. Fue llevado a

Chilpancingo, Guerrero, desde donde habló por teléfono el 26 de diciembre de 2011 y dijo que estaba en una agencia del Ministerio Público. No se ha sabido más de él.

(Nota de Rubicela Morelos y Rubén Villalpando, corresponsales de *La Jornada* en Cuernavaca, Morelos, y en Ciudad Juárez, Chihuahua, publicada el 8 de mayo de 2012.)

Ruidoso, conflictivo

Constantemente, Luis Alfonso se metía en problemas. Eran pleitos, detenciones por consumir bebidas embriagantes en la vía pública, altercados con vecinos y con los agentes de la Policía Municipal, conflictos con otros automovilistas. En casi todos los actos de este tipo, terminó desenfundando, aunque nunca disparó.

"El bato era conflictivo, problemático a más no poder. Cuando íbamos a los restaurantes o a los bares, a tomar unos tragos con otros amigos, se ponía insoportable. Hablaba y hablaba en voz alta, echando para allá y para acá, que había hecho esto o lo otro, que era amigo de fulano, que estaba pesado. Presumía de cosas que no tenía y creo que en parte eso siempre lo metió en broncas por todos lados."

Además de su afición a hurgar en el fondo de las botellas hasta secarlas, estaba su adicción a la mariguana. Era casi un hecho que si no andaba drogado, iba borracho. O bien, ambas cosas. Era como un disparador, un percutor. Un arma de fuego que no se disparaba, pero que siempre traía el tiro arriba. Y detonaba, eso sí. Detonaba conflictos.

Pleito vecinal

Algo pasó entre ese vecino y Luis Alfonso. Era una secuela de desencuentros que luego se agravaron, hasta sumarse y multiplicarse, sin división ni resta: ya había pólvora y músculos rígidos en ese andar, en ese caminito de su casa a la de ese hombre que luego lo delató.

De acuerdo con las escasas y primarias investigaciones realizadas por la Policía Ministerial, que no se tradujeron en nada, el problema fue que Luis Alfonso sacó un arma de fuego y le apuntó al hombre aquel, cuya identidad, por supuesto, no fue revelada. El vecino, alterado y temeroso, llamó al 066 y a los dos minutos, quizá un poco más, llegó la patrulla 1342 de la Policía Municipal de Culiacán. Y se fueron directo tras él. Luis Alfonso, confiado, en medio de esos pensamientos lerdos y nebulosos que le provocaban tanto alcohol en sus neuronas y los carrujos de mota, les hizo frente. Y lo hizo con la pistola fajada, al aire, expuesto y seguro de sí. "Estos cabrones me la pelan", solía decir, cuando contaba de sus altercados, de cómo en ocasiones charoleaba con claves que usaban los narcos para enfrentar apuros y salir airoso, cuando tenía frente a sí a un manojo de uniformados de azul o gris.

Pero esa vez no fue así. No pudo ser. No pudo él con todo, con ese pasado y su fama, con esa escuadra que siempre lo acompañaba y esas nubes tóxicas que fieles lo conducían al infierno. El costo fue su vida. Con eso pagó. Los de la patrulla lo sometieron fácilmente y lo esposaron, después de tumbarlo boca abajo, lo subieron a empujones y patadas y se lo llevaron.

Algunos familiares llamaron a la Policía Ministerial y fueron a la barandilla, donde ubican a los detenidos en cárceles preventivas de la Secretaría de Seguridad Pública Municipal, ubicada en Bachigualato. En ambas les dijeron que no tenían a nadie con ese nombre ni esas señas. Les pareció extraño si lo habían aprehendido ahí, en el barrio, frente a varios que eran incluso conocidos de toda la vida y algunos parientes. Nadie se metió, pues sabían cómo era y que no había de otra, más que ser de nuevo detenido por una corporación policial.

El hallazgo

Al día siguiente, antes de que se cumplieran doce horas de haber sido aprehendido, fue encontrado. Estaba en un solar baldío, como su vida. Como esos cuarenta y tantos años de loco y mariguano, de llevar y traer el delito en la frente, de neuronas borrachas y enyerbadas. Estaba ahí, solo, con la sangre seca y el color tenue, mortecino, en la piel.

El reporte dado a conocer por los medios informativos indicaba que estaba envuelto en un cartel de plástico, en cuyas letras impresas se leía Eduardo Ortiz Hernández, candidato del PAN a presidente municipal de Culiacán. Otros informaron que los homicidas lo habían envuelto en cobijas, que lo habían "encobijado", en el argot policiaco y reporteril.

El rotativo *Noroeste* dio cuenta de este homicidio el 23 de junio de 2010:

> Una persona desconocida fue encontrada muerta a tiros, torturada y "encintada", en el patio trasero de una iglesia de la colonia Buenos Aires. Junto a la víctima las autoridades además localizaron propaganda tirada de Eduardo Ortiz, candidato del Partido Acción Nacional a la Presidencia Municipal de Culiacán. La Policía Ministerial del Estado informó que la víctima tiene entre 40 y 50 años, 1.70 de estatura, complexión regular, tez blanca y cabello corto casi a rape y entrecano.
>
> Al momento del hallazgo, el desconocido vestía un pantalón deportivo de color gris de la marca Wilson, una playera sin mangas, y calzaba tenis grises de la marca Nike. Junto al cadáver fue localizada también una chamarra deportiva gris de la marca Wilson.
>
> El hallazgo fue reportado por vecinos a la policía alrededor de las 9:00 horas, por la calle Cerro del Salto, casi esquina con la calle Rodolfo Fierro, en la colonia Buenos Aires.

El cadáver, que correspondía a Luis Alfonso y que en ese momento no había sido identificado, tenía lesiones de tortura salvaje. Unas versiones señalaron que fue asfixiado, otras que le dieron muerte a balazos. Todas coincidían en que tanto sus manos como sus pies estaban atados con tiras de plástico resistente.

Así terminó, pagando caro un pleito que desde que empezó pudo haber sido solucionado. Y la solución fue, finalmente, su desaparición a manos de esos agentes. Y su muerte. A dos años, ni los familiares más cercanos pidieron justicia, ni denunciaron a los uniformados, ni quieren mover nada. Y todos en paz.

JUNIO DE 2012

La carta

Los dos hermanos escuchan ruidos. Parecen balazos. Bajan y se dan cuenta de que desconocidos golpean violentamente la puerta. Toman un cuchillo y se arman de valor para enfrentarlos, pero rápido deciden subir mejor y permanecer junto a su madre, en la recámara de ésta, quien ya se ha levantado. Le dicen que llame a la policía. Y ella sale al balcón y pide auxilio. Nadie se asoma. Un policía que estaba afuera la ve, le apunta desde abajo, afuera de su casa, con un fusil automático. Le dice que se calle.

Los hombres iban encapuchados y vestidos de negro, con uniformes de la Policía Municipal de Apodaca. Ingresaron después de reventar chapas y tumbar puertas. Es un fraccionamiento de mediano nivel, un 11 de enero de 2011. Los uniformados al fin entran y los encuentran a los tres, abrazados, asidos, queriendo no morir. Uno o dos permanecen con ellos y les apuntan con sus armas. Recorren la casa y como aspiradoras industriales arrasan con aparatos electrónicos, teléfonos celulares, ropa, televisores, perfumes, zapatos y joyas. Todo, incluidas dos camionetas.

"Era enero. Nosotros teníamos los regalos de navidad, lo que habíamos comprado en el otro lado, en Laredo, como lo hacíamos cada año, y eso incluía ropa, perfumes, aparatos, muchas cosas. Y todo se lo llevaron. Y también a mi hijo Roy", afirmó Lety Hidalgo.

Una vez que concluyen con ese ritual de rapiña se dirigen a ellos. Preguntan quién era el hijo mayor, y él, así como estaban, boca abajo, sin voltear a ver a los delincuentes, sometido junto a su hermano y su madre, levantó la mano. "Lo agarraron y se lo llevaron."

Nadie se había dado cuenta. Se habían llevado a Roy. Salieron en estampida del inmueble y se refugiaron en la casa de un vecino, cuya familia se negaba a prender la luz, por temor a que esto los delatara. A tientas buscaron el teléfono. No lo encontraron, por eso no fue posible llamar al ejército, como lo había decidido Lety. "¿Por qué a la policía no?", le preguntó alguien de los presentes. "Porque son los mismos."

En eso pasó una patrulla de la Policía Municipal. Los agentes actuaron como si nada. Apenas se detuvo, no se bajaron de la camioneta, a pesar de que la puerta de la casa que recién había sido saqueada estaba abierta. Y se fueron. Entonces, en medio de la oscuridad, la confusión y el terror, se acordó de Roy. Y preguntó una y otra y otra vez.

Ella y su hijo, que habían dormido solos junto a Roy esa noche, concluyeron que se lo habían llevado. Empezó otra etapa, otro nivel, inició el pavor y la desolación.

Palabra de Alejandro Fernández

Al otro día, recuerda la madre, los delincuentes hablan para pedir rescate. Con la ayuda de otros familiares, ella juntó el dinero, cuyo monto se ha negado a revelar. Los maleantes también le exigieron las facturas de los automóviles, una Patriot 2008 y una Zafira que les había prestado el padre de ella para que Roy continuara sus estudios. La citaron en la iglesia San Benito.

Le dijeron que no avisara a la policía. Que iba a estar un camión en el que trasladan a menores estudiantes y que no tenía nada qué decir, sólo entregar el dinero y los documentos. Así lo hizo. En dos horas lo vamos a liberar, le anunciaron por teléfono. Le explicaron dónde sería: toda la noche en vela, porque esas dos horas se convirtieron en un tiempo sin tiempo, una noche amarga y agrietada, una vida sin alma, una llamada que siempre se espera y que nunca llega.

Los padres y el otro hijo, un menor de edad, empezaron a tomar nota de todo. Comenzaron por los números de teléfonos de los que les llamaban. Ya tenían tres en la libreta y a uno de ellos le llamaron. Eran las seis de la mañana del día siguiente. Contestó la misma persona que le había dado las instrucciones para la entrega del dinero y las facturas:

—Ah, sí. Todavía estamos trabajando, guardando las camionetas del señor.

—Yo ya cumplí mi parte. Falta que ustedes cumplan…

—Un rato más le llamo.

—Pero, de verdad. No me vaya a engañar.

—No, no. Palabra de Alejandro Fernández.

Como era de esperarse, no llamaron. Así pasaron dos días. Hubo varios telefonazos, pero ninguno que alimentara sus esperanzas, sino al contrario. En una de esas, el desconocido les dijo con voz de caverna "te vamos a regresar a tu hijo en pedacitos". La familia tomó otras medidas. Ella acudió a las oficinas de Telmex y Telcel para que le dieran datos sobre los propietarios de esos números telefónicos. Los empleados les negaron la información y ella emprendió la contraofensiva: les ofreció dinero y accedieron.

Quién de ustedes es Roy

En una de las ocasiones, los captores le contestaron de nuevo el teléfono. El interlocutor puso a un joven en el teléfono y áquel, con voz de jovencito, le dijo: "Ya mamá, ya págales lo que te piden", pero Lety se dio cuenta de que no era su hijo y le pidió que le comunicara de nuevo al secuestrador. El hombre le colgó y ella volvió a llamar, le pidió que le pasaran a su hijo, que quería garantías de que él estaba vivo.

—¿Quién es Roy, ojetes? ¿Quién de ustedes es Roy?

Se escucha a lo lejos una voz tenue. "Yo soy." Y le dan el teléfono. A lo lejos, como un macabro sonido ambiente, se escuchan conversaciones y risas que crecen y se convierten en carcajadas burlescas.

—¿Eres tú?

—Sí mamá, soy yo.

—¿Cuál es la fecha de nacimiento de tu hermanito?

Le contesta acertadamente. Llantos. Un te quiero mucho que se repite, que se queda, que está, suspendido, entre auricular y auricular. Un me duele mucho. Un te espero. Un todo se va a resolver. Aquellos empezaron de nuevo con las burlas y le arrebataron el aparato telefónico. Las risas crecen, se alimentan. Estruendo como de armas filosas. Voces que cortan. Guadaña que sonríe.

—¿Ya tiene el dinero?

El hombre pretendía enviar a otros delincuentes a recoger el monto del rescate a la casa y ella no accedió. No quería verlos más y menos en su vivienda. Entonces quedaron que sería en la iglesia: sólo ella, sin policías ni armas ni trampas.

Sería ahí, afuera de la iglesia de San Benito, donde estaría un autobús de transporte escolar color amarillo. A lo lejos, el esposo y el hijo observaban los movimientos. Decían que estarían ahí por si querían llevársela a ella también o mocharle una oreja como escarmiento. Nada de eso pasó. Ya era 13 de enero. Y la noche que empezó ese día no terminaba.

GPS

"Nos empezamos a mover. Obviamente no íbamos a ir a la policía, nunca. Acudimos a la Séptima Zona Militar" y se llevó lo que tenía con ella: números de teléfonos celulares y los datos que había conseguido por su cuenta en las empresas telefónicas. Uno de los oficiales que la atendió le sugirió que presentara una denuncia ante la policía local o estatal, pero ella no accedió. Sabía que eran los agentes de esas corporaciones los que estaban realizando secuestros, robos y homicidios, y que muchas de las veces eran por órdenes de carteles de las drogas.

"Yo le pregunté al mayor que nos estaba atendiendo, que según su experiencia a qué se debían estos casos. Él contestó que eran bandas de policías activos, no ex policías o agentes retirados o falsos agentes, sino que formaban parte de las corporaciones, y que usaban sus armas, uniformes, camuflaje tipo militar o negro con blanco. El oficial ofreció boletinarlo dentro de la zona militar y que incluirían la foto de Roy", recordó la mamá.

Además, el militar les dijo que si no iban a denunciar, al menos contrataran los servicios de GPS que ofrece la empresa Nextel, que era la marca de uno de los teléfonos que seguían usando los delincuentes y que eran de su propiedad. Así lo hicieron y empezaron a rastrear, toman fotos de los lugares que el aparato les indicaba y de los que supuestamente realizaban las llamadas. Les llevaron a los militares un total de ochenta fotografías de calles y casas, de acuerdo con las coordenadas marcadas por el uso del Nextel: eran regiones ubicadas en el sector norte de Monterrey, entre Escobedo, San Bernabé, Santa Catarina, Garza García, y cerca del municipio de Saltillo, en los límites con el estado de Coahuila. Además, le dieron a los mandos castrenses la clave para que siguieran usando el GPS y mantuvieran las labores de rastreo de ese grupo delictivo.

A los pocos días le informaron que iban a realizar un operativo en Garza García y después que fuera a la delegación de la Procuraduría General de la República (PGR), porque habían detenido a tres presuntos secuestradores y liberado a tres víctimas, "pero no está su hijo". Le avisaron por si quería entrevistarse con los detenidos y obtener información sobre Roy.

Fue un 7 de marzo. Acudió y después de muchas horas de angustiosa espera logró entregarle la foto de su hijo a la fiscal que investigaba el caso y que le permitieran abordar a los rescatados. Uno de ellos le dijo que no conocía a su hijo, ni lo recordaba entre los cerca de quince secuestrados, que a unos se los habían llevado a otro lugar y a otros los habían matado. Informó que los llamaban por número, no por nombre.

De acuerdo con información extraída del expediente penal, los detenidos, dos hombres y una mujer, declararon ante el Ministerio Público que trabajaban para la organización criminal de Los Zetas, con una fuerte presencia, a la que se le atribuye la responsabilidad de una alta incidencia delictiva en el estado de Nuevo León y en otros del norte del país.

El fin de la señal satelital arrojada por el teléfono Nextel se dio durante un operativo realizado en la comunidad de Sierra Ventana, considerada por las autoridades como una zona "muy conflictiva". En los noticieros de televisión informaban que el operativo era realizado por agentes de la Policía Estatal y que tenía por nombre "Operación Rastrillo". La familia de Roy pensó que iba a tener al fin noticias. Esperaron pegados al televisor, tal vez alguna llamada, un nombre o rostro. Esperaron en vano.

Ese día, justo durante las acciones de la policía contra la delincuencia en esa zona, se perdió para siempre la señal del GPS.

Seguro automotriz

Las empresas aseguradoras de ambas camionetas se negaban a pagarle a Lety. Le dijeron, con un cinismo atroz y como si no fuera suficiente, que no podían entregarle dinero, si ella les había "donado" los vehículos a los delincuentes. Durante la "transacción" de las camionetas, insistieron, no hubo violencia ni armas de por medio, entonces se había tratado de un "regalo" que ella había decidido dar a los maleantes.

Dos meses pasó en antesalas, peleando, reclamando, entre la búsqueda de su hijo y las gestiones para recuperar parte del dinero y los bienes que habían perdido durante aquella incursión de la rapiña policial. Hasta que el 7 de abril de 2011 volvió a llamar para averiguar si por fin le iban a pagar, a lo que el empleado contestó que no, porque habían encontrado uno de los automóviles.

La camioneta Zafira fue "recuperada" por el Ejército Mexicano en un operativo realizado en El Carmen. La camioneta estaba a disposición de la Procuraduría General de la República (PGR), con un auto Mazda modelo 2011, también robado. En ella habían encontrado armas: los soldados informaron que durante una persecución en contra de tres delincuentes, dos de ellos lograron escapar, pero recuperaron dos vehículos. Al detenido, cuya identidad se desconoce, le encontraron llaves de cuatro automóviles más, entre ellos la camioneta de Lety, además de armas, cartuchos y fornituras.

El detenido negó haber tenido participación en la privación ilegal de la libertad de Roy, a quien asegura no haber conocido durante su vida delictiva.

Ellos tienen el equipo. Yo la voluntad

Lety Hidalgo da clases. El director de la escuela preparatoria en la que trabaja le dio permiso de ausentarse ante la gravedad del caso. Ella, que está a punto de jubilarse, ahora tiene una nueva misión y nadie le pagará por ello: buscar y buscar y buscar, hasta encontrar. Dará la vida, asegura, si es necesario.

"Qué curioso: el gobierno tiene el equipo, las armas, el dinero. Yo no tengo más que la voluntad y yo y nosotros, la familia, les hemos dado información para que den resultados, pero es porque nosotros nos hemos movido. Ellos dicen que hay detenidos, que son cinco, y creen que uno se va a conformar con eso... yo les digo 'a mí qué. Yo necesito encontrar a Roy'."

Todos, los del grupo antisecuestros, el procurador Adrián de la Garza y el alcalde. Todos y nadie en la búsqueda. Sólo el general Cuauhtémoc Antúnez Pérez, comandante de la Séptima Región Militar, ha estado con ella y ha trabajado por la misma causa. Hace un recuento y voltea y sigue sola: cartas al presidente, a Marisela Morales, titular de la PGR, "no es posible que con cinco capturados y no encuentren a mi hijo... que con todo lo que les he dado, no den con nada, nada".

Ruedan lágrimas. No se cansa. Caen y caen. No se seca. Tiene esperanzas. Su hijo lo vale, ese chavo tranquilo, sereno, responsable, educado y encantador, tiene todavía mucho qué hacer y dar, media vida y más por delante. Y ella no se rendirá. De esa tarea no se jubilará nunca.

"Yo confió en que está vivo."

Entrevista... con un Zeta

En los caminos recorridos y accidentados, en las treguas y los insomnios y esa noche interminable en que se ha convertido su vida, ha coincidido con otras madres y padres y hermanos de desaparecidos. Juntos han realizado actividades y así, unidas, buscaron a un integrante del Cartel de los Zetas quien accedió a hablar con ellas.

"Nos contó que él estuvo trabajando por su propia voluntad con ellos y que en toda la franja fronteriza de Reynosa, Matamoros, Nuevo León, Miguel Alemán, y muchos pero muchos pueblos y ranchos, hay muchachos y muchachas, señoras, trabajando de manera forzada. A las mujeres las meten de prostitutas, y a los hombres los traen empaquetando, sembrando, cosechando droga."

—¿Cómo se mueven? ¿Por qué no los detectan?—, preguntó ella.

El hombre les explicó algo que suena fantástico, pero que nadie descartó: "Hay túneles, por ahí se mueven, llevan y traen, se esconden y escapan, y hasta en motocicletas se mueven."

Les dijo que todo está controlado. Que ellos saben quién entra y sale, quién hace preguntas de más, a quién hay que revisar, sacar de ahí o asesinar.

Bordando su recuerdo

Lety Hidalgo es activista. La desaparición de su hijo la llevó a varias esquinas y plazuelas, oficinas y banquetas, en las que se ha encontrado a otras muchas que comparten su pesar. Ya no está sola. Varias de ellas formaron la organización Lucha por Amor (Lupa) y luego agregaron Verdad y Justicia, y trabajan con la Fundación Unidas por Desaparecidos de México (Fundem).

Lety dice que un día va a llegar y ella quiere verlo entrar, estar despierta y pagar el saldo de tantos abrazos sin él, sin ella. "Me dedicaré a eso hasta que me muera. Si escucho un ruido, volteo, me despierto. Pienso, 'es él'. Puede llegar cualquier día. Y si no, lo seguiré buscando."

No importa el tiempo o el dinero o la edad. Nada de eso. Frivolidad frente a la esperanza. Las manecillas no son muerte sino campanadas de esperanza. Así lo ve ella. Así lo vive y siente. Así le late ese corazón que no quiere jubilarse, que espera y busca y lucha y golpea. Y cuyas manos, menos cansadas y más entusiastas que sus ojos, alimentan: toma las agujas y borda la prenda, son bordados por la paz, cartas escritas a mano pero sin pluma ni tinta, sino escritas pacientemente, con gotas de sangre, con esos movimientos de abuela y madre, que no se rinden, que tejen y tejen, que no quieren ser Penélopes, sino madres con hijos. Hijos presentes, no ausentes.

"Bordar es una forma de denunciar. De escribir la historia de nuestros hijos. De mantenerlos vivos… en un pañuelo."

En el blog *Nuestra Aparente Rendición*, la familia informó:

Roy Rivera Hidalgo. Señas particulares: "Tiene un lunar bajo el ojo derecho, pestañas grandes, complexión delgada. Estatura: 1.68 y pelo quebrado."

Y aquí el diálogo tierno y desgarrador, descomunal y triste, que es al final un monólogo, un grito desesperado, extraviado y solo, en el desierto. Y al mismo tiempo, un acto vitamínico de resignación, una resignación que no tiene tregua, no la conoce, y esperanza. Esperanzas de una madre.

En las líneas de esta misiva, escrita por la mamá de Roy, Lety Hidalgo, pueden verse las grietas del dolor inconmensurable, los poros sangrantes del despojo, la piel herida, el alma cercenada, por este plagio que disfrazado de secuestro, que devino en pérdida, números rojos y desaparición.

Carta a Roy Rivera Hidalgo, estudiante en la Facultad de Filosofía y Letras de la Carrera de Ciencias del Lenguaje, de la Universidad Autónoma de Nuevo León (UANL). A la edad de 18 años, secuestrado y aún desaparecido:

> Te amo tanto, mi niño
>
> Mi niño: hoy te digo mi vida, que desde que tú no estás con nosotros, todo ha sido un desastre.
>
> Que ¿por qué no me he muerto?, no lo sé, nadie lo sabe y mucha gente se lo pregunta, con el consabido "eres muy fuerte, yo ya me hubiera muerto".
>
> Pues, al haberte arrancado de mi vida, me han dejado sólo la mitad de mi corazón, ¿cómo alguien puede lograr vivir así, con la mitad de un corazón?
>
> Mi niño, ¿dónde estás? ¿Cuándo volverás? ¿Por qué no te puedo encontrar?
>
> Déjame decirte que te estoy buscando y yo sé que tú sabes que te estoy buscando, pero estamos en México y esto es un desastre.
>
> Desde que tú no estás, siempre cargo una fotografía tuya, pues desde hace un año y cinco meses es donde te puedo ver y creo que tú me ves.
>
> Y todas las mañanas, tardes y noches, siento como si esto fuera un sueño, un mal sueño y que voy a despertar y que esto no es real, por favor, ¡que alguien me despierte!
>
> ¿Por qué no fuimos ricos o por qué no fuimos hijos de las clases sociales o políticos más altos para que hubiéramos estado blindados fuertemente y esto nunca hubiera pasado?
>
> ¡Mi niño, mi niño! A todo el mundo le explico quiénes somos, quién eres, les cuento que tu abuelita te

adora y que siempre te cuidaba y que, si podía, impedía que hasta el aire te tocara. Que eres su orgullo, que te extraña tanto y que la tristeza la consume. Les digo que Richi está muy solo, que llora a escondidas en la noche para que nadie lo vea, sufriendo en silencio por tu ausencia y que tu papá tuvo que acudir al psiquiatra para que lo ayudara a continuar con la vida.

Veo tus fotos, tus libros, tu ropa, tu recámara y quiero pensar que ella aún tiene tu aroma.

Mi niño Roy, ¿dónde estás?

Quiero también decirte que he conocido a muchos amigos y amigas tuyos de la escuela, quienes desde el primer día se hicieron presentes en nuestra vida, que no han dejado de preguntar por ti, que están al pendiente de tu regreso y que se han convertido en tus hermanos y, aunque suene paradójico, con ellos se ha expandido la familia. Conozco ahora a Gabby, a Gera, a Elio, quien me ha dado ahora su testimonio de cómo ha sido culpa tuya que él haya regresado a las cosas de Dios, y más aún, que haya decidido ahora internarse en el Seminario y todo por tu culpa, por tu ausencia, por esta tragedia.

También, hemos conocido a mucha más gente que te ama, la gran mayoría jóvenes, jóvenes como tú, quienes también te andan buscando y que me ayudan a gritar y a pedir justicia para que regreses. Me ayudan a vivir, pues con su apoyo me dan fuerza, me dan esperanza.

Tus amigos de la cuadra lloran por ti junto con Richi, pintaron un mural en la esquina mandándote en su mensaje "FUERZA ROY". El día de tu cumpleaños llegaron muchos allí y te encendieron unas veladoras enviándote también con ellas la luz que necesitas para encontrar el camino de regreso a casa, adonde perteneces.

Sueño, sueño con ese día, con ese día en el que te vea cruzar el umbral de nuestra casa, en el día que regreses, que estarás un poco cambiado, lo sé, que quizás ya no serás el mismo, lo sé, que quizás tengas el cabello ahora largo, más gordo, más flaco, no sé, pero que tus ojos serán los mismos, tus hermosos ojos... y le pido a Dios que les permita que me vuelvan a ver, que nos volvamos a ver, que nos abracemos y nos besemos tanto tanto, que yo, tal como lo sueño, te bese tu cara, tu cabeza, tus ojos, tu alma, tu corazón, y que nunca nunca más nos volvamos a separar.

¡Oh, Dios! Sólo él sabe que eso es lo que sueño, y que los sueños se cumplen y nos volveremos a ver.

¿Te cuento otra cosa, mi niño?

También he conocido a Dios (como dice Elio, por culpa tuya) ¡Ay, mi niño! Si vieras qué diferente es, si vieras cómo deseo que también tú lo conozcas.

No es el mismo del que yo te había enseñado, aquel al que le rezábamos cuando tú estabas pequeñito, claro, se le parece, pero no es el mismo.

Éste, a quien hoy conozco, en el que me he refugiado, me habla, me enseña, me da luz y me ha tendido sus manos para sostenerme y para sostenerte a ti.

En realidad, él sostiene a toda la familia, a tu familia, a tus tíos, tus tías, primos, primas, abuelitos y nos ha unido más en su amor.

¡Ah, mi niño! Cómo anhelo presentártelo...

A él yo le platico de ti, y ¿sabes? Le he dicho que no pudo haber escogido a un mejor niño que a ti para que yo y todos nosotros volteáramos a verlo y a reconocerlo, y que en él confiamos, en él esperamos y en él creemos.

Y por eso, estoy segura de que el que ahora tú no estés es porque Dios tiene un propósito para nuestras vidas, y como leí por allí alguna vez, "te arrancaron de mi lado, pero nunca de nuestro corazón ni de nuestra memoria".

Hasta pronto, mi niño, y no es que me despida, pues siempre andas conmigo, sólo te digo un hasta luego, un hasta pronto, hasta prontito, en cuanto vuelva a agarrar la pluma para escribirte y, quizás, cuando esto suceda, ya estarás aquí y la carta será muy distinta a ésta.

Te extraño, mi niño, te extraño mucho, tu sonrisa, tu voz, tus ojos, nuestras pláticas serias, profundas, de risas, de planes, proyectos, de ilusiones. Te amo con todo mi corazón, mi niño.

Te amo mucho, mucho, mucho.

Tu mamá.

Lety Hidalgo

Nota: Si sabes algo de él favor de llamar al tel 044 811 02 03 36.

(Publicado en el sitio *Nuestra Aparente Rendición.*)

CAPÍTULO III
EN LOS ZAPATOS DEL SICARIO

Un buen día para morir

El G entró por cabrón. En su casa nada le faltaba y no empezó de mandadero y puntero, que en otras regiones llaman halcón. Ni siquiera vendiendo droga al menudeo. Él entró directo al sicariato. Matando gente. Y de ahí para arriba. Tenía diecinueve años cuando un amigo suyo le dijo que si quería trabajar en el narco, que le pagaban cinco mil pesos a la semana. Respondió sin pensarla: era lo que él deseaba, las armas, jalar el gatillo y sentir la patada, el bulto de billetes y ser un "bato pesado". Ser y andar de "pesado".

Su primer entrenamiento lo recibió de Sidarta Wilkinshaw, comandante de la Policía Ministerial del Estado, adscrito al municipio de Navolato. Eran tiempos en que los Carteles de Sinaloa y de Juárez eran parte de una organización que tenía sus negocios por separado, que se entendían para mantenerlo, que compartían rutas, patios traseros y caminos.

La primera baja

Aparentemente, Sidarta era de los hijos dilectos de Jesús Antonio Aguilar Íñiguez, entonces director de la Policía Ministerial del Estado, quien lo había citado a una reunión de trabajo. Aguilar Íñiguez regresó al puesto en el 2011, con la llegada del nuevo gobierno encabezado por Mario López Valdez, el mandatario "del cambio", luego de que Chuytoño, como se le conoce a este jefe policiaco, fue perseguido por la Subprocuraduría de Investigación Especializada en Delincuencia Organizada (Siedo) por supuestos nexos con el narcotráfico, y luego exonerado.

Ya merodeaba en los pasillos de la corporación y en el bajo mundo de la criminalidad que Sidarta podía ser el nuevo jefe de la comandancia de la PME en Navolato. Y más grave aún: que Rodolfo Carrillo, uno de los hermanos más chicos de Amado Carrillo Fuentes, jefe fundador del Cartel de Juárez, iba a ser asesinado. La orden estaba dada.

Pero Sidarta era idealista, le gustaba hacer bien las cosas y era policía de carrera. De los más y mejor preparados dentro de la corporación. Y eso los hacía dudar si iba a poder o no con la nueva responsabilidad. Y sobre todo si iba a servir a los intereses de la organización criminal, de los que tenían el poder dentro y fuera del gobierno, al margen de siglas e instituciones.

De acuerdo con versiones extraoficiales, los Carrillo le habían ofrecido a Sidarta trabajar con ellos. Él no accedió. El pleito entre ambas organizaciones estaba fraguándose en los sótanos oscuros del poder. La caída de Rodolfo, El Niño de Oro, era la fractura y el no retorno entre ambos carteles.

La muerte de Rodolfo Carrillo Fuentes fue planeada. El 11 de septiembre de 2004, personas armadas esperaban su salida de Cinepolis, donde fue atacado con armas AK-47, al intentar abordar su automóvil en compañía de su esposa Giovana Quevedo y sus dos hijos. La pareja murió minutos después. Sus escoltas, dirigidas por el comandante y jefe de Investigaciones de la Policía

Ministerial, Pedro Pérez López, intentaron repeler la agresión con sus otros compañeros, pero no tuvieron éxito.

Tras el hecho del 11 de septiembre, la Subprocuraduría de Investigación Especializada en Delincuencia Organizada inició una investigación contra el director de la PME, Jesús Antonio Aguilar Íñiguez, y otros ochos jefes policiacos, por brindar seguridad a los carteles de la droga, en específico, al de Sinaloa.

Aguilar Íñiguez fue absuelto años después, pero Pérez López y Guadalupe González Posadas fueron recluidos en el penal de Puente Grande, Jalisco.

"Lo que los Carrillo le dijeron a Sidarta fue 'te vienes a trabajar con nosotros o te matamos', pero tenemos entendido que en una primera instancia no aceptó", confió una persona cercana a las indagatorias del caso.

Sidarta fue citado en la oficina central de la PME, en Culiacán, ubicada por el bulevar Zapata, a sólo tres cuadras de la Unidad Administrativa, sede del gobierno estatal. Aparentemente se las olía. Las versiones le llegaron: la orden era destituirlo. Entonces, él habló con integrantes de la familia Carrillo Fuentes, en el municipio de Navolato, y les anunció que aceptaría trabajar con ellos. Pero no cumplió. No pudo. Al salir del encuentro con el director, Aguilar Íñiguez, fue abatido a tiros.

Los reportes periodísticos indican que cinco personas armadas interceptaron la camioneta en la que viajaba el comandante Sidarta Alfredo Walkinshaw Salazar, a quien le dispararon hasta asesinarlo. Los gatilleros viajaban en dos camionetas de lujo. Para dar muerte al policía, considerado el mejor agente investigador a nivel nacional, dispararon en, al menos, ciento diecisiete ocasiones armas AK-47 y AR-15.

Espoleta

Casi desde que empezó, El G tuvo bajo su mando a por lo menos diez pistoleros. Casi todos mayores que él y algunos de ellos ex policías y ex militares. Antes lo enviaron a Tamaulipas, a la zona serrana, a seguir entrenando. Luego lo regresaron a Navolato y a Culiacán.

Los enfrentamientos le fueron esculpiendo su carácter. No eran mazos o martillos ni cinceles, sino proyectiles grises, plomo cilíndrico y de punta fina, los que fueron tumbando de esa persona lo que le sobraba o no servía, hasta hacer de él un joven fiel, un perro de caza, leal a su gente y a lo que pensaba, calcomanía y sombra de lo que se proponía, de la tarea encomendada por los jefes.

Estuvo en muchos enfrentamientos, cuyos saldos sólo ellos supieron. Cuando se lo ordenaron los Carrillo, fue con varios hombres armados con fusiles automáticos y granadas y aventó al menos dos de los artefactos explosivos a las oficinas centrales del diario *El Debate*, ubicado por el bulevar Francisco I. Madero, en el centro de Culiacán.

Los reportes periodísticos indicaron que dos personas lanzaron dos granadas de fragmentación contra las instalaciones del diario, cuyo saldo fue la destrucción de una puerta de cristal, el piso y algunas paredes. No hubo personal lesionado. El atentado fue alrededor de la una de la mañana, el lunes 17 de noviembre de 2008. Los atacantes vestían camisa blanca y se dieron a la fuga a pie, rumbo a la avenida Riva Palacio.

Al otro día, cuando leía los periódicos —actividad que realizaba cotidianamente durante las mañanas, mediante el internet: el blog del narco, Línea Directa, *Ríodoce*, y otros—, vio la nota del atentado contra el rotativo. Sonrió. Tomó la pieza de acero que pendía de su grueso torzal de oro que le rodeaba el cuello, era la espoleta de la granada que le tocó lanzar a él. Y la regaló.

¡Ábrete!

Si iba a pasar algo en algún sector de la ciudad, El G le llamaba a sus hermanos y personas cercanas que no estaban involucrados en la delincuencia, para advertirles. "¡Ábrete! ¡Ábrete de ahí, a la chingada!", era su forma de salvarlos.

Entre los enfrentamientos y asesinatos a los que se adelantó, pues él era uno de los protagonistas, está el que empezó en la Plaza Fórum, un centro comercial ubicado en una zona de gran afluencia de la ciudad, conocida como Tres Ríos, y llegó a cerca de cuatro o cinco kilómetros de ahí. Las balas, los vehículos perforados y los muertos quedaron esparcidos en Las Quintas, La Campiña —frente a la Comercial Mexicana—, en el centro de la ciudad y Villa Universidad.

La emboscada había sido preparada por los Carrillo Fuentes y la mayoría de los occisos, a pesar de los refuerzos en sentido contrario, los pusieron los del Cartel de Sinaloa. Fue alrededor de las 15:10 horas del 9 de diciembre de 2008. Entre los occisos está José Alfredo Álvarez Núñez, conocido como El Gallero, originario de La Cruz, Elota.

Levantones I

La orden fue ir por él y torturarlo hasta darle muerte. Vino de arriba. De dónde venía ése, al que iban a levantar. Era el contador de los negocios de una de las células del Cartel de Juárez en Sinaloa. El hombre no sabía a qué se enfrentaba. Era su última luz oscura en esos ojos cafés que no volvieron a abrirse.

Así como dijeron que lo hiciera procedió. El hombre fue encontrado brutalmente asesinado: las lesiones menores eran las provocadas por las balas. El hallazgo fue en un paraje deshabitado, cerca de la comunidad de Villa Juárez, en el municipio de Navolato.

El botín por los malos manejos del contador alcanzaba varios millones de dólares.

Ley del Valle

"Sé que estás de descanso", era la voz de Vicente Carrillo Fuentes, el jefe máximo del Cartel de Juárez y heredero plenipotenciario de Amado, El Señor de los Cielos, su hermano mayor. "Hay problemas." G estaba en casa de su familia, en la capital sinaloense. Había pedido el día y se lo concedieron. Y así, igual, se lo quitaron. "Esa vez, el señor Vicente le llama y le dice, le pide, le ordena, que proteja a su mamá, y luego le advirtió 'pobre de ti si le pasa algo, porque no vuelves a ver a tu familia'. Así que El G se subió al carro y cumplió con su ritual para regresar a la chamba, a Navolato, el mismo que seguía cuando volvía a Culiacán", contó un pariente cercano del pistolero.

El G era precavido. Tanto que parecía matón de película: James Bond del narco, detective rupestre, un bien parecido cuatrero del viejo oeste, actor de cine en películas de balazos y suspenso. Dejaba un automóvil en el estacionamiento de la tienda de autoservicio Ley del Valle, ubicada en la salida poniente de la ciudad, justo en la esquina de las carreteras a Navolato y Eldorado. Ahí tenía ropa y armas. Disfraz de ida y vuelta. Armas para la ocasión. *Buffet* macabro y danza mortal, cadenciosa, con la dama de negro. Y de ahí, en otro vehículo, partía a su trabajo.

En esa ocasión, Vicente Carrillo avisó que iba un comando enviado por los jefes del Cartel de Sinaloa a Navolato. El convoy fue bautizado al otro día en medios informativos como "La caravana de la muerte". Los vehículos que formaban parte de este operativo criminal tenían una equis marcada con pintura blanca en cristales y carrocería, de buen tamaño, para ser distinguidos incluso en la oscuridad y en plena refriega. El saldo de esa acción delictiva fue de varios muertos, algunos de ellos parientes de Aurora Carrillo Fuentes, la madre de Amado y Vicente, cuya finca se ubica en la comunidad El Guamuchilito, en ese municipio.

Doña Aurora fue sacada por los pistoleros al mando de El G. De la amurallada residencia y de la comunidad fue trasladada por la parte trasera de los pueblos aledaños, hasta alcanzar La Cofradía. Por eso no los alcanzaron los de la caravana.

Canje de rehenes

10 de noviembre de 2010. Un grupo armado ingresa a la vivienda de los padres de El G. Un amigo de toda la vida, a quien conocían desde la infancia, los traicionó y entregó al padre. Dicen los enterados que, a cambio, recibió un fajo de billetes que sumaban alrededor de veinte mil pesos, y droga.

"Era tanto el coraje que le tenían, porque El G les había hecho varias, incluso había matado a familiares, a gente cercana a El Fantasma, uno de los pistoleros más poderosos del Cartel de Sinaloa, y se habían agarrado varias veces, fuertemente, a balazos, así que ya se traían ganas", expresó el familiar del sicario.

El Fantasma lleva por nombre Jonathan Salas Avilez, gatillero al servicio de Joaquín Guzmán Loera, El Chapo, uno de los jefes del Cartel de Sinaloa. De su muerte se habló a principios de 2012, durante un supuesto enfrentamiento cerca de Quilá, municipio de Culiacán, con personal de la Secretaría de Marina, cuyo helicóptero disparó contra varias camionetas, algunas de ellas blindadas. Una estalló en medio de los disparos. En esa, aparentemente, iba Jonathan. Pero eso no fue confirmado por nadie.

Eran las 11 de la noche de ese noviembre. En la vivienda había varios niños, sobrinos del sicario, y los cuestionaban insistentemente, le preguntaban por su tío. Pero ellos se negaban a dar razones. Tenían miedo y no lo sabían. El padre, en calzones, les pidió que si querían algo que se lo llevaran a él, pero que dejaran en paz a los niños. Y se lo llevaron.

El G lo sabía: el levantón del que fue víctima su padre, cuya identidad se mantiene en reserva, fue respuesta a la privación ilegal de la libertad de una persona y el homicidio de otra, en el sector Barrancos, al sur de la ciudad, entre siete y ocho de la noche.

Dos semanas antes, El G había hablado con uno de sus primos, el más cercano. Le dijo que tenían que verse y se encontraron en el estacionamiento de Ley del Valle. Le dio un abrazo y una pistola, porque "se puede ofrecer". Y se fue después de explicarle que tenía que defenderse, pues no sabía qué iba a pasar, luego de la fractura dentro del Cartel de Sinaloa —con la detención de Alfredo Beltrán Leyva, El Mochomo, en febrero de 2008 por parte del Ejército Mexicano. En la capital de esta entidad se difundió la versión de que había sido una "entrega", lo que fracturó a esta organización y provocó la salida y el ulterior enfrentamiento con unos de sus principales operadores: los hermanos Beltrán Leyva. Además le contó que por eso estaba buscando una casa segura, en otro lugar, para sus padres y hermanos. También le dio un celular marca Unefon, línea telefónica exclusiva entre ellos.

Ese día, su primo estaba en su casa. Estaba a punto de salir a casa de sus padres a recoger unas cosas y abrió un cajón y vio el arma. Era una 45. La sacó y se la colocó en la parte trasera, presionada por cinto y pantalón. Su esposa lo vio y lo cuestionó. Él contestó que la iba a llevar a casa de los papás de El G, porque él no quería saber más. En eso, sonó el Unefon. "Cabrón, se metieron a la casa y se llevaron a mi apá, y ahora van sobre ti, ábrete para la Ley del Valle, allá nos vemos." Le preguntó que quién iba con él, le respondió que su esposa. Ordenó que la dejara ahí y que se fuera solo, porque era muy peligroso.

Los esposos discutían cuando se les emparejó un automóvil Jetta, blanco. Uno de los hombres, de aspecto joven, traía un arma en la mano. Le dijeron que se bajaran. El que se acercaba le dio la vuelta al carro de él para subirse del lado del copiloto, cuando un automóvil que iba detrás los encandiló y el joven volteó.

"Ellos no piensan que traigo arma porque yo soy calmado, ellos lo saben, que no estoy metido. Pero no podía desaprovechar esa distracción y saqué el arma de atrás del pantalón y disparé. Cayó el que iba a subirse del lado del copiloto, y los otros contestaron, y yo seguí disparando, hasta salir de ahí. Lo que se me ocurrió es ir por los niños y huir. Y eso fue lo que hice", recordó.

Entre once y doce de la noche, suena de nuevo el Unefon. Le pregunta cómo le fue y le contesta que bien. El G no guarda silencio. Rápido ataja: "Te la rifaste cabrón." Estaba enterado de que había sacado el arma y disparado, y quizá asesinado a uno de los sicarios enviados.

Un hombre joven, de aspecto sureño y perro guardián de El G había anotado, celebrado e informado. Un desertor del ejército. El ex militar traía un aparato que cabía en una mochila tipo militar. El aparato escaneaba toda clase de señales de las frecuencias de comunicación de las corporaciones policiacas y del Ejército. Así se había enterado de la hazaña del primo.

"Te la sacaste, carnal."

Le explicó que ya le iban a regresar a su padre. Después de tres horas llegó a su casa, hasta donde fue llevado por sus captores. El G apenas había tenido tiempo para responderles a los que se habían llevado a su padre y les entregó a tres hombres, uno de ellos pariente de El Fantasma, a cambio.

El viejo había estado esposado. Tenía el cuello quemado con cigarro y golpes en todos lados. El primo dice, resignado, avergonzado, que él no hubiera aguantado los chingazos.

Agente libre

Después de esos encontronazos, se declaró "agente libre". Me voy con quien yo quiera, cuentan sus allegados que expresó, con una sonrisa que lo dibujaba como lo que era: un joven carismático, decidido, seguro, con pegue con las mujeres y "carita".

Versiones del bajo mundo señalaron que los jefes de los carteles de Juárez y Beltrán Leyva se pelearon por él. Pero El G, por cuenta propia, decidió hacer algunos trabajos en Tamaulipas, donde permaneció alrededor de tres meses. En una reunión en la que estaba su primo, poco tiempo después les dijo a sus familiares que estaba cansado de la vida, que ya no quería más eso para él: "Estoy cansado de esta chira de vida que llevo", solía decir, en esa etapa de su existencia. Y eso que apenas asomaban los veintitantos en su trepidante y sinuoso camino.

Yo bajo a tirar

Ésa era su filosofía: "Yo bajo a tirar, a matar, no a que me peguen, porque si te bajas de la camioneta con miedo, te van a dar un balazo."

"Él creía mucho en eso de la carga negativa, en la actitud. Decía 'si andas con los hombros caídos, tu vida es un fiasco. Si andas con la cara levantada y el pecho arriba, tu vida es alegría'. Y así vivió: alegre, destrampado, con ese fusil AK-47 marca Norinko, edición especial, de cargador de disco y corto, que si lo bajaba no le llegaba a la muñeca, y su pistola calibre 40 y una granada en la cangurera."

Falla técnica

Tenía fama de cabrón y de aventado. Era osado y audaz. Por eso lo había escogido Alfredo Beltrán Leyva, El Barbas, jefe del cartel de los Beltrán Leyva. Una persona cercana a El G manifestó que éste estuvo cuando el capo rentó todo el piso superior de un hotel en la Ciudad de México, cuando aquel día funesto cayó el avión en el que iba Juan Camilo Mouriño, titular de la Secretaría de Gobernación (Segob), en la segunda mitad de la administración de Felipe Calderón.

"Vino un bato de Estados Unidos y traía un aparato especial. Era como una antena, un aparato moderno. Y también traían un lanzacohetes... por si fallaba. Eso de la falla técnica fue cierto, pero fue provocada por El Barbas, porque con ese aparato provocaron que el avión cayera."

El secretario de Gobernación murió el 4 de noviembre de 2008, cuando el avión Learjet modelo 2000, en el cual viajaba, se estrelló en una zona cercana al Paseo de la Reforma, en la Ciudad de México. El funcionario federal y uno de los hombres más cercanos al presidente Felipe Calderón regresaba de una gira de trabajo para anunciar la firma del Acuerdo para la Legalidad y la Justicia, en San Luis Potosí. Debido a que las turbinas y el fusilaje estaban en buenas condiciones, se presume que fue un accidente. En San Luis Potosí, la aeronave estuvo vigilada por elementos del Estado Mayor Presidencial, sin embargo, ya presentaba problemas mecánicos anteriores.

Matanzas fallidas

Aquella noche, por la carretera Navolato-Altata, el convoy de camionetas de servidores públicos avanzaba hacia la ciudad que es cabecera municipal. En el cortejo, después de haber comido y convivido en la bahía de Altata, iba el alcalde Fernando García. Al desfile de camionetas les cerró el paso otro convoy, pero de hombres armados, que dispararon indiscriminadamente.

Pocos se salvaron. Entre ellos el mismo presidente municipal, quien resultó herido, pero no de gravedad. Cuando los homicidas recorrieron camionetas y cadáveres para no dejar cabos sueltos, vieron al alcalde tirado y, aparentemente, sin vida. Por eso se fueron.

El alcalde y sus acompañantes regresaban ese 5 de noviembre de 2008 de una gira de trabajo, cuando fueron sorprendidos por los agresores, quienes usaron fusiles AK-47 y AR-15. En el lugar murieron dos regidores y el hijo de uno de ellos: César Villaescusa Gastélum y Jesús Andrés Carrillo Ramírez, y el ex candidato a la presidencia municipal, César Villaescusa Urquiza.

"Lo que señaló la gente del Cartel de Juárez es que el presidente municipal estaba recibiendo dinero de Joaquín Guzmán

Loera, El Chapo. Por eso la orden fue matarlo y en eso estaba El G, pero se encabronó cuando vio al otro día en los periódicos que había sobrevivido… 'se salvó este culero', dijo, cuando lo leyó. Y ahora para matarlo va a estar más cabrón, porque va a traer un chingo de seguridad'. Y así fue."

Posteriormente, los sicarios se dirigieron al malecón de la ciudad de Navolato. Varios jóvenes convivían, pero a El G y a su gente sólo les interesaban dos o tres de ellos, que en apariencia estaban robando autos en la carretera Costera. Los gatilleros llegaron pero eran muchos los que convivían alrededor de los que ellos iban a matar. Les gritaron a los otros jóvenes, entre los que había varias jovencitas, que se quitaran, que no era con ellos la bronca. Pero algunas de ellas se quedaron y empezaron a decir que no les hicieran nada. Hasta que los pistoleros se desesperaron y empezaron a disparar.

El saldo de ese sábado 29 de agosto de 2009 fue de ocho personas muertas, entre ellas dos mujeres y menores de edad, y cuatro heridos. Las víctimas convivían en ese punto de la avenida Las Palmas, de la colonia La Primavera. Las víctimas fueron identificadas como Dalia, de diecisiete años, y Marisol Moreno Verástica, de veinte años, Óscar Manuel y Cirilo López Obeso, de treinta y dos y treinta y seis años —contra quienes aparentemente iba dirigido el ataque—, Rigoberto Niebla Benítez, de dieciocho años, Raúl Giovanni Parra Cruz, de dieciocho, José Manuel, de dieciséis años, y Jordan Erick, de quince años.

Levantón II

Traían a un hombre en la camioneta. Lo golpeaban una y otra vez, y no hablaba. Lo llevaron a un lugar cerrado y ahí continuaron torturándolo. Ningún resultado. Le dijeron que no lo querían matar, pero que si no hablaba tendrían que ir por su esposa e hijos. El mismo resultado.

"Hasta puso las manos cuando le anunciaron q sacarle las uñas. Y empezaron a hacerlo y el bato insistía en no iba a hablar, que le hicieran como quisieran. Se meó, lloró, vomitó. Pero no habló. Hasta que El G dijo 'pues ni modo, vayan por su mujer y sus hijos. No nos dejó otra este güey'."

Al rato, su mujer estaba frente a él. Entonces sí, después de tanta insistencia, soltó todo "hasta el nombre del perro". A su esposa la dejaron ir. A él no.

Levantón III

La orden era de ir por él, torturarlo y luego matarlo. Fue fácil dar con él, en calles de una ciudad pequeña que no tiene muchos rincones oscuros que no sean las casas de seguridad, muchas de ellas en manos de los Carrillo Fuentes. Lo encontraron y lo subieron a la camioneta. Y en eso estaban, de empezar a golpearlo en el trayecto adonde lo tendrían cautivo, cuando se les desmayó.

Trataron de reanimarlo, pero no supieron qué hacer. En cosa de minutos y después de varios intentos torpes por auxiliarlo, se percataron de que el hombre había muerto, aparentemente de un infarto. Molestos y frustrados, lo dejaron en la banqueta, tirado, frente a su casa.

"El G dijo: 'Chingada-madre, le traíamos un chingo de ganas a este cabrón. Ni modo.' Y lo tiraron ahí."

De cacería

Habían matado a uno de sus pistoleros en Los Mochis, cabecera municipal de Ahome. A unos doscientos kilómetros al norte de Culiacán. Esa ciudad vio nacer, crecer, multiplicarse y fortalecer a una de las células más importantes de los hermanos Beltrán Leyva. Cuando las cosas se ponían feas ahí, el que intervenía era Alfredo, El Mochomo. Y entonces, con el control que tenía en las policías, los narcomenudistas, los funcionarios públicos y operadores, todo volvía a la normalidad.

Por eso esa ciudad y posteriormente Guasave, a unos cincuenta kilómetros de Los Mochis, era de ellos. Y de nadie más. Pero el férreo control empezó a resquebrajarse cuando se fracturó el Cartel de Sinaloa y los Beltrán se salieron y empezaron las refriegas entre ellos y Joaquín Guzmán Loera, El Chapo. La Policía Municipal estaba con los Beltrán, pero no la Ministerial ni el Ejército, que operaban para los Chapos, como llamaban a los seguidores de Guzmán.

A eso obedeció uno de los operativos en Los Mochis. Detuvieron a dos y mataron a uno. A los detenidos los llevaban en una caravana que se dirigía a Culiacán. Los Mochomos quisieron negociar. Hablaron por teléfono con el comandante Lince, quien iba al frente del operativo de la Policía Ministerial: le pidieron que entregara a los detenidos y que le daban varios fajos de billetes, o habría chingazos y muertos. El jefe policiaco se negó. Eran alrededor de cuatro las patrullas que llevaban a los recién aprehendidos y pensó que le sobrarían polis y armas y cartuchos para hacerles frente. Pero no contó con que no les iban a hacer frente, no podrían: los Mochomos les cayeron sin que se dieran cuenta, los cazaron, cuando pasaron cerca de la comunidad de Guayparime, en Guasave. En el ataque murieron seis agentes del Grupo Elite y seis resultaron lesionados, además de un civil que falleció. Algunos agentes lograron escapar de ese primer ataque, pero fueron perseguidos y baleados de nuevo cerca del puente a desnivel, donde perdió la vida otro agente. La emboscada fue el domingo 6 de marzo de 2012.

Los nombres de los elementos muertos son José de Jesús Rufino Parra, Carlos Humberto Villegas Favela, Félix Ramírez Osuna, Ernesto Félix Rubio, Óscar de Jesús García, Martín Juvenal Vázquez Gutiérrez y Raymundo Torres Díaz.

El comandante José Luis Ibarra Velázquez, conocido como Lince, quien fue coordinador de Investigaciones de la Policía Ministerial del Estado (PME), fue ejecutado a balazos con su hermano, en febrero de 2012, en un estacionamiento ubicado en Ángel Flores y Corona, en el centro de la ciudad de Culiacán.

Viene lo bueno

Giovanni fue detenido por los ministeriales en mayo de 2011. Era uno de los delincuentes más buscados, y el jefe de la plaza de la ciudad de Los Mochis, para los llamados Mochomos, quienes para entonces eran ya una mezcla de gente de los Beltrán Leyva con Carrillo Fuentes, aunque otras versiones metían en estos grupos delictivos a gente del Cartel de los Zetas.

"Agárrate, viene lo bueno", le dijo a su primo. Le confió que con esta detención, que aparentemente había sido resultado de un "dedo", él ocuparía la jefatura en esa ciudad. Y estaba contento. Ya no era un matón al frente de un ejército de diez o quince sicarios. Iba a ser jefe. Más jefe.

Pero "los del ejército lo ubicaron, al parecer, porque la gente de El Chapo los encontró y ellos se fueron con los militares. Iban a matarlo. Porque además ahí estaba el jefe de los Mochomos, El Chapo Isidro (Isidro Meza Flores). En la refriega, en la comunidad El Huicho, municipio de Guasave, hirieron en una pierna a El G y eso nunca le había pasado. Y fue cuando le dijo a su jefe y a los otros pistoleros que se fueran, que lo dejaran solo en el enfrentamiento con los militares. Y así le hicieron".

Se fue cuando quiso

Era generoso. Lo fue hasta con la muerte propia. Y la ajena. A cada pistolero que le fueron matando lo enterraba "con honores": pagaba los servicios funerarios y seguía enviando dinero a la viuda y a los hijos. Y no dejó de hacerlo.

Decía que moriría cuando quisiera. Él lo decidiría. Y citaba aquella escena de la película *Troya*, cuando Aquiles anuncia que una vez que muera será recordado por las batallas que emprendió. Él era igual. Quería que lo recordaran por los plomazos que disparó y le dispararon aquí y allá, dentro y fuera de Navolato o Guasave o Los Mochis. En Tamaulipas o Culiacán.

Después de haberse tomado un descanso volvió. Uno de sus jefes le dijo "te mando unas trocas blindadas para que vengas". Y se fue. Sus hermanos y parientes cercanos trataron de convencerlo. Él los dejó metidos en un frigorífico cuando les anunció que estaba cabrón seguir así, que tenía dos semanas sin matar a nadie. "Es insoportable."

Era un idealista. Decidió morir parado. Rengo por esa herida en la pierna, pero nunca postrado. "A mí no me van a detener ni meter a la cárcel, nadie me va a torturar ni voy a morir amarrado", solía decir.

Y esa tarde, en la carne asada, entre los whiskys *Jack Daniels* —hasta en eso era contrario, pues los Chapos presumen de los Buchanan's, que es mucho más caro y fino— que tanto le gustaban, los gallitos de mariguana y las Pacífico, les dijo a los de su clica: "Qué bonito día, ta bueno para morirse."

Era la tercera vez que regresaba al crimen. Y la última. Pero fue porque lo quiso, lo dijo, lo escogieron esas balas calibre .223 disparadas por los G-3 de los militares que, en esa ocasión, de acuerdo con las versiones extraoficiales, fueron acompañados por sicarios del Cartel de Sinaloa.

Acudió a rescatar a su jefe y lo logró. Entró de manera estelar a la escena del cruento enfrentamiento: tumbó una barda con su camioneta blindada nivel 7 y empezó a disparar. Traía armas M-60 y calibre 50, tipo Barret, para traspasar blindaje, y granadas de fragmentación. Arrojó al menos dos pero no detonaron. "Jugó tanto con ellas que las alteró para que explotaran minutos después, cuando los soldados, confiados, recorrían la escena del crimen", relató un familiar que supo de la refriega.

Le gritaban "ríndete, te vamos a llevar con la gente de Culiacán. Te están esperando". Contestaba "ni madres, a mí no me van a matar amarrado. A mí no me van a llevar. A la chingada, pinches sarditos". Y accionaba los fusiles de asalto.

De acuerdo con la información difundida por el mando castrense, la nota publicada fue de varios militares heridos y un muerto: él. "Nos tocó también a nosotros, lamentablemente", expresó en el lugar el general Moisés Melo García, comandante de la Novena Zona Militar, ese 26 de junio de 2011, al referirse a los dos militares heridos que fueron enviados a hospitales de la región. Pero otras versiones señalaron que fueron varios los soldados que cayeron abatidos y que podrían llegar a por lo menos diez.

"A la cárcel no voy, primo." Y no fue.

5 DE JULIO DE 2012

Aprendiz

A Julio parecen entrenarlo. Esta vez va con otros y le cuentan que las instrucciones del jefe eran "ir por un bato y cobrar con su vida", así se lo dijo su amigo, con quien el jefe tiene trato directo y es quien recibe las instrucciones de los nuevos "jales" que se tienen que aventar. Habían pasado semanas y el muchacho no quería pagar y les daba largas cuando lo buscaban, así que era hora de ajustar cuentas.

Julio está emocionado y traga saliva. Tiene dieciséis años y le da comezón la palma de la mano derecha: ansía apretar las cachas de esa Pietro Beretta, meter el cargador, botar el seguro, cortar cartucho y jalar. Pum, pum, pum. Traga saliva de nuevo. Sus padres son buenos y él no la hace mal como persona, sólo que tiene unos amigos, vecinos, influencias que alargan las noches aciagas de la ciudad. Y todo a punta de bala. De sangre salpicada.

Detrás de esa mirada que siempre sonríe, de esos destellos de nobleza y solidaridad, hay un matón en ciernes. Un diablo ensaya en su interior, un sicario se viste como él para parecer decente. Un niño malo se asoma y sonríe con la boca de Julio, con malicia. Entonces, lo que brilla no es su nobleza, sino ese demonio que trae dentro.

"Yo pregunté al otro matón 'y qué es lo que debe este güey'", recordó Julio que cuestionó a uno de los jóvenes empistolados. Le explicaron que una parte de la cocaína que le dieron para vender y que debía pagar se la echó toda por la nariz.

"Me dijeron que ahí ha andado el cabrón, de fiesta en fiesta, viajando, con un chingo de viejas, pos ta de la chingada. Eso me explicó el bato este. Y pues me dijeron vamos, y yo contesté al cien por la Costera. Entramos a la tienda y rápido lo ubicamos. Éramos cuatro. Lo tomamos de los brazos y a empujones y puñetazos en abdomen y espalda, lo domamos al bato. Así, lo subimos a la camioneta. Lo acostamos boca abajo en el piso del asiento trasero", manifestó Julio.

"Tres de los que iban conmigo pisaron su cuerpo. Una patada cada vez que abría la boca para decir yo no soy, me están confundiendo. Ya le habían dicho que se callara el hocico y que a cada respingón un culatazo. Se lo cumplieron a la tercera. Usaron los cuernos de chivo que llevaban en las piernas."

Julio aprovechó para gozar el flujo de la adrenalina, el poder de sus acompañantes y el suyo, porque fue de los que le pegó varios chingazos en abdomen y espalda. Era nuevo en eso de la clica, los punteros o halcones, los sicarios, debía cumplir las órdenes del patrón. Pero nunca le había tocado un caso como ese.

Los desempleados

Al cambiar sus operaciones de tráfico de drogas, armas y dinero, y con el traslado de la guerra a otras regiones del estado y del país, el Cartel de Sinaloa está generando desempleo y subempleo entre los jóvenes de esta entidad: son jóvenes pistoleros, adiestrados en el uso de armas, adictos a la muerte y a las drogas, y por lo tanto peligrosos en grado superlativo.

Con ingresos menores a los que recibían cuando eran parte del activo del narco, o fuera de la nómina —aunque dentro del ambiente—, o bien con pagas irregulares en función de algunos "jales", estos jóvenes han optado por robos, asaltos o negocios ilícitos por cuenta propia.

El saldo sigue siendo desastroso y sangriento. Muchos de ellos terminan siendo sacrificados por el mismo grupo delictivo al que pertenecían, muertos o presos. Ahora, estos jóvenes armados y adiestrados, con acceso a casas de seguridad donde se guardan "fierros" —expresión para referirse a las armas de fuego— y cartuchos, asaltan bancos y tiendas de autoservicio, restaurantes con todo y comensales, roban vehículos y se alquilan al mejor postor como sicarios.

Pero no se salen, no dejan el negocio. Aunque la célula del narco los busque para realizar algún trabajo, saben que si ponen un pie fuera pueden ser ubicados como enemigos o soplones, o como un eslabón suelto y armado, peligroso y con información sobre movimientos, contactos, nombres, domicilios. Son conflictivos e indisciplinados debido al consumo de drogas y muchas veces permanecen inconformes por haber sido desplazados. Por eso deben deshacerse de ellos. Deben ser asesinados.

Recorte de personal

Una de estas células, que opera para el Cartel de Sinaloa en el sector oriente de Culiacán, estaba compuesta por veinte jóvenes pistoleros. Algunos de ellos, al menos la mitad, menores de dieciocho años. Los movimientos en la estructura interna del narco provocaron que sólo cinco quedaran en la nómina. El resto es incorporado provisionalmente, cuando se requiere su participación en alguna operación.

"Estos chavos se alquilan como sicarios, o sea ya no trabajan para alguien, sino para el que les pague. Y si no, andan asaltando, robando", explicó una persona que forma parte de familias involucradas en el crimen organizado.

"La guerra no está aquí", dijo. Los chingazos con carteles contrarios están fuera de Culiacán, en Mazatlán, Guasave, Los Mochis o bien fuera del Estado. Aunque en algunas regiones de Sinaloa se requiere atención especial, debido a la presencia de otras organizaciones criminales, como los Beltrán Leyva en los municipios de El Fuerte y Ahome, ubicados en el norte de la entidad, también se destina personal, operadores y sicarios, a estados como Tamaulipas, Coahuila, Nuevo León y Veracruz. Eso ha provocado que el capo o jefe se deshaga de gatilleros, porque no los está necesitando.

Otro de estos grupos redujo la nómina: eran nueve y ahora sólo quedan cuatro, y son los más allegados, los de mayor confianza, los que se la pasan pegados al jefe, sobre todo cuando éste está en la ciudad.

"La gente se hace adicta a matar y si no matan porque alguien les paga o porque traen cuentas pendientes, son capaces de inventar cualquier cosa, un pretexto, un pleito en la calle, una pendejada, van por él y lo asesinan. Así nomás."

Los de la "tropa", es decir, el escalón más bajo de la estructura de la célula, que fungen como matones, recibían desde quinientos dólares a la quincena, pero sube a ochocientos y mil, según el caso. Otros de mayor rango y cercanos al patrón, ganaban 2 mil o 3 mil dólares quincenales, que ascendían a 10 mil o 20 mil si se aventaban algún "jale" especial.

"En general, son jóvenes disciplinados, que están esperando que los llamen para algún trabajo, y que asumen que tienen que matar y que van a morir pronto. No pasan de dos o tres años."

La policía de la colonia

Son los mismos narquillos que van por los asaltantes o rateros de la colonia. "Si se enteran que otros chavos andan 'bajando', asaltando al de la tienda, la farmacia o la tortillería, o sea afectando a la gente de la colonia en la que ellos viven y que supuestamente controlan, van por ellos."

"El patrón de ellos, agregó un entrevistado, no se da cuenta de lo que hacen sus pistoleros o ex sicarios, pero si se enteran al menos les llaman la atención o les ponen un castigo, pero en otros casos pueden terminar con ellos, aunque eso depende de la cercanía, confianza o poder que éstos tengan sobre sus subordinados."

"Estos chavos no se meten en broncas fácilmente, saben lo que hacen. Se la llevan tranquilamente. Pero eso sí, son la policía del barrio, de la colonia", manifestó otro de los entrevistados, con años dentro del negocio.

Algunos cambios

Entre los cambios que llevaron a cabo las organizaciones que forman parte del Cartel de Sinaloa, tanto los grupos que operan para Joaquín Guzmán Loera, El Chapo, como para Ismael Zambada García, El Mayo, son la compra y el traslado de oro, en lugar de dinero en efectivo. O bien, movimientos de carácter financiero para evadir aduanas, retenes, bancos en el país o vigilancia gubernamental en general y, por lo tanto, sobornos.

Ambas modificaciones han provocado también una disminución en los costos de operación y una baja en el empleo de personas que antes realizaban estos trabajos.

Entre estos cambios está la entrega de dinero en efectivo, generalmente dólares, en "casas de cambio" o negocios establecidos de manera informal para captar o movilizar, por medio de venta o compra de los llamados "billetes verdes", para que éstos aparezcan, como por arte de magia, en cualquier otro país, al día siguiente, sin ningún problema o riesgo.

La mafia no paga

"La mafia no está pagando nada. No sé si porque no haya dinero o porque lo quieren a uno traer de pendejo, pero a los plebes les basta con que les den carro y charola, o sea una clave para salir de broncas, y con eso son felices... el dinero ahí se la averiguan cómo le hacen para obtenerlo", señaló un joven menor de edad que está intentando salirse de "la maña".

Sus amigos, muchachos de dieciséis y diecisiete años, han cometido asesinatos y participado en levantones. Duran entre dos y tres semanas, y en ocasiones hasta más, sin que les paguen. Ahora están dedicándose a asaltos y robos, y ya se han enfrentado a la Policía y al Ejército Mexicano. Corren con suerte. Están cerca de los poderosos y saben salir de broncas, pero también pueden ser entregados al gobierno y a otros jefes afectados por sus indisciplinas, y pueden terminar con un balazo en la cabeza, en cualquier paraje baldío.

Los que conoce y que están de lleno metidos en las operaciones del narco le entran a todo: desde mariguana, hasta cocaína y tachas, menos a la heroína, "porque está muy cabrona".

Recientemente se supo que un grupo de cerca de diez jóvenes fueron enviados a Tamaulipas, a combatir a la organización criminal de los Zetas. Fue a mediados de junio. Los culichis recibieron como paga diez mil pesos cada uno y un carro —robado, como todos los que traen quienes se dedican a esto— a escoger, el que sea. Allá se toparon con una célula de narcos y se agarraron a balazos. Uno de ellos murió y el resto fue capturado. Lograron salir vivos porque áquellos, que no eran del Cartel de los Zetas como inicialmente pensaban, sino también del Cartel de Sinaloa, los ubicaron y alguien "pesado" de Culiacán los avaló y ordenó que los soltaran. Habían sido torturados salvajemente y estuvieron en el filo, a un paso, a centímetros, de ser ejecutados.

De puchador a sicario

El Zurdo, como le llamaremos a otro joven pistolero, empezó como puchador, como vendedor de droga al menudeo, y con el paso del tiempo, luego de ganarse la confianza del jefe, subió a pistolero. Inició ganando cinco mil pesos, cuando vendía droga. Ahora recibe mucho más, además de que le dan vehículos de modelo reciente para que se movilice. Todo eso a sus dieciséis años y medio. Y apenas va a cumplir dos años en la "clica." Ahora él está al frente de una célula de matones.

El Zurdo ha participado en enfrentamientos con miembros de otras organizaciones delictivas, robo de vehículos que el patrón le pide, "levantones" de deudores o soplones, y en homicidios. Sabe de casas de seguridad y de que debe procurar, en la medida de las posibilidades, evitar enfrentarse con los soldados, y negociar con la autoridad cuando así lo exijan las condiciones.

Otros son "punteros", es decir, los también conocidos como "halcones", que se ubican en las esquinas, estratégicamente, y vigilan y pasan reportes de movimientos de personas desconocidas, que pueden ser enemigos, o bien, de la policía o el ejército. Ellos, los punteros, laboran veinticuatro horas diarias y descansan un día después de haber laborado; suman en ocasiones dos o tres semanas sin recibir los diez mil pesos que ganan a la quincena. Y cuando esto pasa tienen que buscar otras opciones, porque "no pueden aguantar, sale algún bisnes de venta de droga o carros y hay que entrarle, y no les gusta salir a divertirse con las morras o los amigos sin droga y sin dinero".

Asalto bancario

Varios jóvenes "punteros" y matones decidieron asaltar. Tres semanas sin ingresos dan para eso y más. Son parte de una célula de siete, pero sólo tres de ellos le entraron al asalto, el número sesenta y ocho que se cometió en Sinaloa de enero a mediados de junio. El botín, pírrico pero suficiente para el aliviane, fue de alrededor de veintidós mil pesos, de acuerdo con el informe rendido por la Policía Ministerial del Estado.

El asalto a la sucursal de Bancoppel, ubicada en la Plaza del Río, en esta ciudad capital, devino en persecución y enfrentamiento con agentes de las policías Municipal de Culiacán y Ministerial del Estado. La refriega se trasladó a lo largo de unas doce cuadras, hasta la colonia Antonio Rosales, con un saldo de una persona detenida, identificada como Carlos Eduardo Ochoa Quiroz, de treinta y un años, pero luego trascendió que no era su verdadero nombre.

Los delincuentes usaron dos vehículos e intercambiaron disparos con los uniformados. Ya en la colonia Rosales, los tres descendieron de los automóviles y huyeron a pie. Fue entonces cuando lograron aprehender a uno de ellos.

Robacarros

A Raúl lo trajeron de la frontera norte del país para que se incorporara a la fuerza de trabajo del narco, en Culiacán. A las pocas semanas, un comando lo dejó en la entrada de la Clínica de Rehabilitación y Especialidades, ubicada por el bulevar Madero. El joven, de veintitantos años, tenía lesiones de bala. Ya adentro, en el quirófano, murió.

La víctima tenía fuertes problemas de adicción. De cocaína y hielo no le bajaba. Los de la "clica" lo veían y les sonreía con picardía: cada vez traía un vehículo diferente y no necesariamente nuevo, pero sí en buenas condiciones y de mediana edad. Cuando le preguntaron, contestó que cada que se le antojaba y se lo pedían otros delincuentes, iba a Navolato y se robaba un carro.

Cuando lo mataron, preguntó alguien que lo conocía que cómo era posible, si andaba con ellos. Le contestaron que traía un desmadre con tantos carros robados y que los jefes, que no eran los que le pedían que hurtara vehículos, se habían enterado: era un negocio por su cuenta, no de ellos, además "últimamente andaba bien loco". Por eso lo mataron.

De castigos a castigos

En un asalto, una joven estudiante fue golpeada por uno de los delincuentes. Eran narcos de una zona cercana a esa escuela, pero habían dejado de tener ingresos. Sequía en billeteras y bolsillos, y ellos desesperados. La lesionaron a pesar de que la joven se estaba quitando la cadena de oro para entregarla.

Otros, también metidos en la "maña" que estaban ahí cerca se dieron cuenta y les pareció un abuso. Por eso los atoraron más adelante. Se los iban a llevar a la "oficina", una casa de seguridad que tienen cerca del sector, en Culiacán. Y en eso andaban cuando los rescataron. Una llamada por el teléfono celular y de los radios Nextel hizo que los jefes de los asaltantes se enteraran. Era gente de Gonzalo Inzunza, El Machoprieto, uno de los principales operadores del Cartel de Sinaloa, por eso los soltaron. El Machoprieto, el MP, es conocido por castigar ejemplarmente a quienes se indisciplinan. De estos jóvenes no se supo más.

"En esto, los castigos van desde el 'congelamiento', o sea que no les da trabajo, o el encierro, que es lo peor. También te mandan a cuidar el rancho, que es también muy malo, porque no hay chamba, no te cae nada, a menos que los jefes te lo manden", explicó el entrevistado.

"En el caso de los robos a carros, perpetrados por personas que no tienen permiso, manifestó, las sanciones son peores: les pueden quitar de diez a quince mil pesos, pero si no tienen buen contacto y son detenidos por la policía, ellos les llaman a los narcos y nomás se ponen de acuerdo dónde los entregan, y luego los matan."

Otro de los rostros del desempleo y subempleo generado por el narcotráfico es el abaratamiento de los "jales". Uno de los jóvenes entrevistados, de apenas diecinueve años, señaló que la falta de dinero ha llegado a tales niveles que los sicarios aceptan pagos de quinientos pesos y un poco de mariguana por matar a alguien.

"Ellos, por esa lana, y por un poco de mota te entregan y te matan. Y es que ahorita está cabrón, ahorita no se sabe ni qué rollo, y es muy peligroso. Está cabrón: no hay dinero y hay muchas envidias, y así cualquiera te puede matar."

La muerte, ese silencio

Julio recuerda que era un joven de dieciocho: pelón porque era como el uniforme de los narcos con los que andaba, con una facilidad para hacer cosas malas y conservar ese destello en la masa esférica de sus cavidades oculares, y esa mueca en la boca, jalando para un lado y para el otro, nunca simétrica.

Julio preguntó qué le iban a hacer. "Me acuerdo que todos se quedaron callados. Yo sonreí a medias, la verdad me puse muy nervioso porque como que me di cuenta en lo que andaba, qué estaba haciendo", dice, mientras confiesa que sintió cómo sus músculos se peleaban entre sí, bajo su piel, entre la tensión del momento y el relax de la diversión.

"No portaba armas. No me dejaban todavía agarrar ninguna, aunque a mí la que me gustaba era esa Beretta cromadita."

Aquel joven apenas respiraba. "Qué me van a hacer", preguntaba y preguntaba. "Cállate pendejo." Él gritaba y le respondían con culatazos. "Chale, el compa nos decía, así, boca abajo, volteando un poco para que se lo oyera, que le avisaran al patrón que le iba a pagar, que lo perdonara. Decía 'lo juro por mi mamacita. Lo juro'. Y el bato se puso a llorar. Yo la verdad también me quebré. Pero no dije nada. Puta madre. Me aguanté", confiesa.

Un sonido de portón eléctrico acaparó el ambiente. "Mételo", dijo el que iba junto al conductor. Le ataron las manos hacia atrás y le cubrieron la cara con un trapo blanco y sucio. Lo bajaron como si fuera un costal y en vilo fue llevado hasta el cuarto del fondo.

Era una casa de seguridad, en medio de una zona residencial, en lo alto de la ciudad, en Culiacán. Casa con portones y rejas, cámaras de seguridad, cercas electrificadas y censores que encienden luces en el frente y los patios, si hay intrusos. La calle un desierto. Las cocheras y jardines, un secreto.

Julio se quedó afuera, en la banqueta. Había otros jóvenes ahí, uno de quince. Todos tenían varias calacas sin muescas en sus armas. Todos menos él. El jefe le dijo "ahí quédate". Los otros entraron. Escuchó gritos lejanos. "Lo están cortando, le pegan toques en los güevos", le explicó alguien.

Al ratito se enteró de que ya lo habían matado: no escuchó los dos disparos. Eso fue lo que más le extrañó.

1 DE JULIO DE 2011

Encobijado

"Tons qué. Por última vez, dónde está el cuerno. El dinero vale madres, no hay pedo. Pero el cuerno, ése sí", le dijo el gatillero. El muchacho estaba temblando y no de frío. Uno le apuntaba con una pistola. Otro le dio varios cachazos y le metió el cañón oscuro en la boca: un invasivo sabor amargo y cobrizo.

Tartamudeó. "Yo, yo, yo. No, no, no. No sé. No sé co-co-compa. No sé nada." La mandíbula se le volvía insumisa y contestona. Le respondió el que tenía más cerca que se dejara de pendejadas. "Te vamos a matar si nos sigues echando mentiras, pinche tacuache."

Lo envolvieron en una cobija a cuadros. Atado de manos con un mecate amarillo, de nailon. Los pies se los amarraron con una cinta adhesiva color café. La forma en que forraron su cuerpo con esa gruesa prenda, de cuadros verdes y negros, pudo recordarle a sus padres, los cuidados, su infancia. Pero no. La muerte estaba a tres palabras.

"Quién fue, pendejo. Dilo." El incauto confesó que El Chute fue quien se quedó con el fusil automático que tanto reclamaban aquellos homicidas. Soltó el llanto de un bebé en desgracia y abandonado.

"Cállate el hocico, cabrón. Si no, aquí mismo te matamos." Le dio una cachetada y le pusieron los pies encima. Iba en el piso de la parte trasera del automóvil.

Les dijo quién y cómo era El Chute. Y dónde vivía. Se dirigían a buscarlo, en la colonia Emiliano Zapata, al sur de la ciudad, en Culiacán. No lo supo hasta que escuchó las voces. Reconoció a los del barrio, los de la casa del que buscaban. El Chute salió disparado por la calle de atrás.

"Allá va, allá va", gritó alguien. Se subieron al carro y lo persiguieron por las calles, entre casuchas de madera y lámina. El terregal de pisadas, el viento poluto, el polvo danzando con zapatos, tenis y neumáticos, metiéndose, anidando, en narices, boca, poros, ojos.

Gritos, frenones, arrancones, vueltas policiacas. Crac, crac. Uno de ellos cortó cartucho. "Aquí lo tengo, plebes." Lo tenía arrodillado, con la mirada baja y moqueando.

—Yo no fui, jefe. La neta.

—¿Quién fue, cabrón? ¿Quién?

Les dijo todo. Igual lo envolvieron en una manta anaranjada. Lo ataron y lo pusieron encima del otro. El dueño del fusil automático y el dinero vivía ahí, en ese sector. Era el jefe de esos matones, cuya vivienda había sido visitada por ladrones, quienes entre el botín se llevaron el arma y varios fajos de billetes. El dinero, pues ni modo. Ya se perdió. Pero el cuerno, ése no. Y fueron a buscarlo.

Se lo había regalado alguien muy querido. Le dio ese cuerno de chivo, con piezas de oro. Andaba piñado con el fusil. No lo podía perder.

Dieron con el tercero de los implicados. Lo subieron y los hicieron bola. Se dirigieron al sur de la ciudad. Hablaban de las morras, la droga, las rolas alteradas del movimiento alterado y toda esa enfermedad. Se detuvieron en medio de un fraccionamiento hueco y bajaron a los dos en un ancho camellón desértico, por el bulevar Las Torres, cerca del fraccionamiento Infonavit Barrancos.

Los tiran al suelo. Se oyó otro crac, crac. Pensaron que era el fin. Moquearon y suplicaron. Pero sus captores no le jalaron. "A chingar a su madre, cabrones. Y pobres de ustedes si voltean", dijo uno de ellos.

Se quedaron ahí, atolondrados, chillando. Se desataron torpemente y quisieron correr. Se contorsionaban como gusanos para deshacerse de la cobija y la cinta adhesiva color café con la que los habían atado. Áquellos recuperaron el cuerno de chivo, como llaman al fusil AK-47. Del tercer encobijado no supieron más hasta que fue encontrado por la policía: huellas de haber sido torturado, lesiones de bala que le provocaron la muerte, encontrado en el Canal 7, más allá del fraccionamiento Barrancos.

26 DE ENERO DE 2012

Tres cabezas

En la preparatoria Salvador Allende andaba diciendo lo que había hecho en aquella ciudad, apenas una semana antes: "Fui a echarme dos cabezas, dos batos, me dijeron 've y mátalos', y yo me lancé para allá y les di piso a estos cabrones. La neta me sentí machín."

En la escuela se le veía inquieto. No era de esos adictos a la muerte, que matan gratis con tal de experimentar de nuevo esa emoción, el miedo, la adrenalina, el poder placentero de disponer de la vida de otros y acabar, con un jalón de gatillo, una ráfaga, con todas las mañanas de una persona.

El plantel está ubicado entre las colonias Guadalupe y Rosales, en un céntrico sector de la ciudad de Culiacán. La escuela forma parte del sistema de bachillerato de la Universidad Autónoma de Sinaloa, donde el hampa ha metido mano: hostiga a las jóvenes, seduce con esos automóviles de lujo que exhiben mientras parecen esperar en el exterior de la prepa, los jóvenes acuden armados, venden o consumen droga, y la prostitución es un gran escaparate disfrazado de uniforme colegial y camisetas de vestir marca Ferrari.

Él quería entrar a la maña, como le llaman a quienes están en el crimen organizado. Y conocer matones y narcos, traer un arma y andar de cabrón. No iba bien en clases, pero no faltaba con tal de ver a los amigos. Se fue adentrando poco a poco, sin darse cuenta. Y una mañana le dijeron "tas dentro, pero tienes que aventarte un jale".

"Qué hay que hacer. A quién hay que matar." Soltó, sin más. "Mira, son estos batos." Se la dan de cabrones pero le han hecho mucho daño al jefe. Le deben lana, hacen lo que quieren, son desmadrosos. Le explicaron dónde y cuándo. Mil pesos de viáticos.

"Los matas y te vienes. No quiero pedos. En cuanto termines, vas pa tras." "Órale", contestó, como si estuviera hablando con otro de la prepa. "Te vamos a dar cinco mil. Pero con eso, de ahí p'alante, al cien con nosotros. Y puro p'arriba y p'arriba."

"Ta bien fácil. Entonces llego, me voy a este lugar. De seguro ahí van a llegar ellos. Bueno, ahí los espero y en cuanto los vea pum, pum, pum. Y en chinga de regreso. A toda madre. Mañana, de seguro, aquí nos vemos y les traigo esas dos calacas."

Al otro día partió. Llegó y no duró mucho en identificarlos. Había sido así, como le explicaron. Se acercó y mientras dio tres pasos jaló la parte superior de la escuadra para subir el cartucho. Y cuando los tuvo a poco más de un metro les disparó. Vio cómo cayeron, queriendo tomar aire, alargar la vida. Ya en el piso, uno más para asegurar el éxito.

Se rió, nervioso. Y mientras se alejaba y guardaba el arma sentía que no podía borrar la sonrisa de su cara, atorada entre tantos músculos. Emperrada a su cara que ya no deseaba sonreír. Pensó "han de ser los nervios". Pero continuó así y se olvidó de aquella mueca cuando regresó a la prepa.

Ahí, en los salones, entre clases y pasillos, les contó a sus amigos. Y a otros y a otros. Y éstos a otros más. "Un día le dijeron, fueron los mismos compañeros, que ya no anduviera comentándolo… 'ya déjate de andar contando eso, güey', pero como que no agarró la onda, porque le gustaba presumir", manifestó un empleado del área de seguridad de la preparatoria. "Te van a chingar", le advirtieron.

"Él nomás se rió, confiado, como si nada hubiera pasado, como si no hubiera escuchado el consejo, y contestó 'me la pelan', y pues ni modo, qué va a hacer uno ahí, ¡Nada!"

El joven respondió que ya traía con qué defenderse. Y dejó asomar una fusca negra, gloc, que parecía nuevecita. "Yo nomás te digo, loco. Ponte listo. Órale güe."

Pero no le dieron tiempo. Y no pudo ni acercar su mano al arma que traía en la cangurera. "No la hagas de pedo, morro. Vámonos." Apareció tirado, en el monte. "Lo torturaron gacho", dicen los amigos.

La noticia del levantón corrió por los pasillos y las aulas de la escuela. Supieron de él cuando lo encontraron muerto, con huellas de haber sido torturado, en un paraje deshabitado de la ciudad.

"Pobre bato, era su primer jale. Y todo por querer entrar a la narcada, por andar en la clica. Los que lo vieron cuando fueron por él dicen que traía esa mueca. Como que el bato sonreía, como que no tenía miedo. No saben que ya no pudo con esa sonrisa, que por dentro temblaba, se despedía."

13 DE JUNIO DE 2012

Te lo compro

"Se llevaron a tu carnal", le dijo un amigo suyo que estuvo en el lugar cuando llegaron los del comando. "Quién, cuándo, por qué", preguntó él, espantado. "No sé, eran unos batos encapuchados, enfierrados con cuernos de chivo, vestidos de negro. N'ombre bato, se puso bien feo, la neta", contestó su interlocutor, cuya identidad debe mantenerse en reserva.

Él se preguntó qué hago, qué hago. Caminaba de un lado a otro, por el angosto pasillo de la oficina. Tomó el teléfono y empezó a marcar una y otra vez. Alguien le dijo que tenía que buscar a los malandrines que se lo habían llevado, antes de que le mataran a su hermano. Es la única forma. "Ta cabrón pero no hay de otra."

Llamó y llamó y llamó. En uno de sus diálogos salió un nombre. Era el del matón que tenía a su hermano. "¿Y cómo es el tipo este? Es un bato cabrón, maldito, un completo hijo de la chingada." Respondió un "ni modo". Sabía que no tenía muchas opciones, así que consiguió el número telefónico del hombre ese. "Voy a llamarlo", contestó. Escuchó una voz densa y gravosa. Le amartilló el oído.

El hombre le preguntó que quién era y qué quería. En este negocio no hay saludos y menos si está de por medio un jale, un levantón o asesinato. Le explicó que no lo conocía, pero que le urgía hablar con él y que al muchacho que tenía en su poder, que acababan de levantar en esa colonia, era su hermano. El hombre le dijo que les había robado droga y que iban a matarlo, aunque antes tenían que darle una calentada: sacar algo de información.

"Mi cuate le comentó que su hermano había sido muchas cosas, pero no ratero. Y es que este bato le entró a la mariguana y a la cocaína y no sé a qué más, pero pura droga. Hace varios años había empezado y le daba por ahí, por la droga. Eso se lo aceptó. Pero luego le pidió por favor, en eso fue insistente, en el por favor, que se lo regresara. Le suplicó, eso sí", recordó.

Áquel le contestó que lo sentía mucho. Sarcástico. "Lo vamos a matar." Pero el otro insistió en que estaban cometiendo una injusticia. "Y fue cuando le soltó la frase 'pero si quieres te lo compro. Te compro a mi hermano'. Era su último intento de rescatarlo, de salvar a su carnal."

Segundos de silencio espeso: podían escucharse los alaridos del corazón, el retumbar de una voz que grita pero que nunca sonó. El homicida le contestó que tenía güevos para llamarle por teléfono y pedirle ese favor. Le anunció que iba a mandar por él a sus muchachos "pa platicar". Lo citó en una esquina, cerca de la colonia La Campiña, al oriente de la ciudad de Culiacán, y muy próxima al lugar donde se encontraba.

Llegaron cuatro y frenaron de una frente a él. Dos se bajaron, lo doblaron a golpes y lo subieron al carro. Lo ataron de manos y le pusieron una venda en los ojos. Él ni opuso resistencia. Sabía que a eso iba y que se estaba arriesgando. Así lo asumió, resignado. Cuando estaba frente al jefe le quitaron la capucha. El hombre le dijo: "Tienes muchos güevos", y se lo repitió. Áquel insistió en que quería llevarse a su carnal, que estaba seguro de que no había robado nada porque ratero no era. "Drogo sí, la neta. Pero el bato no anda robando. Te lo compro."

Le juró por los santos, sus hijos y "por lo que más quieras, por mi mamacita, que mi hermano no fue. Él tiene como siete meses que no le entra a nada. Como te dije, es adicto, no ratero. El bato quiere rehacer su vida, está luchando, dale una oportunidad". Del otro lado, en un cuarto contiguo, se escuchaban llantos y mentadas y súplicas.

Le contestó que se lo iba a regresar, pero no en ese momento, sino hasta el día siguiente. Pero la respuesta no convenció al joven y le pidió que se lo entregara de una vez. Y soltó: "Si no me lo llevo, no me muevo."

"Por lo que sé, el hombre este le dijo 'mira, compa, te crees muy güevudo para venir aquí y decirme eso. Los puedo matar a los dos, eso puedo hacer. Se quedan los dos y ninguno sale.

Pero la neta me caes bien'. El bato hizo una seña con la mano derecha y un movimiento de cabeza y trajeron al hermano."

Rostro hinchado, ropa echa jiras, manchada.

"Llévatelo, compa. Nomás porque me caíste bien. Voy a seguir investigando, pero si descubro que tu carnal fue el que me robó, te voy a caer." Caminaban hacia la puerta cuando los interceptó con una nueva advertencia: "Y si vuelve a caer, si vuelve a la mota o a la coca o al cristal, también me lo voy a chingar."

"Quiero que tu hermano se conserve así, al menos unos dos años. Si antes de eso se vuelve a poner loco, entonces no hay perdón. Voy por los dos."

Veinte pesos

22 de junio de 2012. Antes de dos años. Antes de tiempo. Antes de todo, la muerte llegó a tocar la puerta, la calle, el barrio. Sonó el teléfono. Le pidió veinte pesos a su hermana. Iba a comprar cigarros al Oxxo que está ahí cerca, en la colonia Guadalupe Victoria, en Culiacán. Eran alrededor de las 3:00 horas.

Tomó su bicicleta y se enfiló a la tienda. En la esquina de Fray de Balbuena y Andrés Pérez lo esperaban. Versiones extraoficiales dicen que primero se acercaron a él y platicaron, pero esto no fue confirmado por la Policía Ministerial del Estado, que inició las investigaciones. Investigaciones que no llevarán a ningún lado ni a nadie.

Se escucharon varios disparos. Sus familiares salieron y lo encontraron baleado, tirado junto a la bicicleta, aún con vida. Su hermana llegó y lo abrazo. El lesionado quiso decirle algo: el aliento se estropeaba con borbotones de sangre, quizá quiso despedirse, decirle cuánto la amaba, compartir con ella ese último resuello. Y murió.

En el lugar había varios casquillos calibre 5.7, para armas conocidas como matapolicías, por su capacidad para penetrar los chalecos antibalas que usan los agentes de las corporaciones locales. Versiones de testigos indican que fueron ocho disparos. Un rozón en la cabeza, y varios en la espalda y pecho. Los orificios quedaron en una pared, cuyas lesiones nadie cauterizó. Ni el olvido. Orificios formados, en fila, muy pegado uno de otro.

Información extraoficial indica que una patrulla de la Policía Municipal de Culiacán estaba a pocos metros, pero los agentes no intervinieron. Cuando se escuchó la agresión a balazos por la frecuencia de la corporación, ellos dieron la vuelta a la manzana y disimuladamente llegaron a la escena del crimen, varios minutos después, por el otro lado de la calle.

Los informes señalan que alrededor de las 3:00 horas, oficiales recibieron el reporte de que por la calle Fray de Balbuena esquina con Andrés Pérez había un hombre tirado, y al llegar observaron el cuerpo sin vida del ciclista, a quien se le apreciaban varias lesiones.

Ante esto, los policías solicitaron el apoyo de paramédicos de la Cruz Roja, quienes arribaron al lugar para tratar de proporcionarle los primeros auxilios al herido; sin embargo, se dieron cuenta de que ya había muerto debido a varias heridas de arma de fuego.

"Minutos después, llegó a la zona el agente del Ministerio Público Especializado en Homicidios Dolosos, quien realizó los trabajos de criminalística correspondientes y recogió como evidencia al menos ocho casquillos utilizados en las armas conocidas como 'matapolicías'", rezaba la nota publicada en la sección policiaca del diario *Noroeste*.

Y ahí, a unos cuantos centímetros, el billete de veinte pesos que no huía aunque el viento le ponía alas. Que despedía, fiel, junto al cadáver, a aquel joven de treinta y cuatro años: el mismo que un año y medio antes había "comprado" a su hermano.

JUNIO DE 2012

Veintiún años

El Rols consume coca desde los dieciocho y ya tiene veintiún años. Empezó como muchos. Primero tabaco y cerveza, luego mariguana, y ahora cocaína. Confiesa que le tenía miedo porque dicen que es una droga que te emperra, que luego es difícil soltar y porque no sabía cómo lo iba a poner.

Es digno de desconfianza. Blanco, con las entradas crecidas en su cuero cabelludo y bajo de estatura. Pero es un hombre que te escanea mientras tú no lo ves, y cuando volteas a verlo para buscar sus ojos, él los esconde, baja la vista, se agacha o entrecierra. No te das cuenta, pero te está estudiando. Y lo hace desde sus sombras, agazapado.

"No sabía qué reacción tendría. La probé y pues la verdad me aliviané. Y ahora no la puedo dejar… no soy rebelde ni nada, y sí la sé controlar", cuenta, sin que se le pregunte cómo le ha ido con ese polvo blanco y mágico que hace que abra los ojos de un sopetón, como si los sostuvieran dos picadientes invisibles y las neuronas en su cerebro y la sangre que recorre su cuerpo trabajaran aceleradamente y horas extras.

Ese barrio

En ese barrio todo se echó a perder. Los que están en las esquinas vigilan. Acechan. Traen carros de modelo reciente, deportivos y camionetas altas y equipadas. Antes esas bolas de jóvenes rodeaban los estanquillos de las esquinas, luego de jugar futbol o beisbol. Tomaban coca cola y la acompañaban con pan virote. Contaban chistes y no esperaban nada ni a nadie: sólo estaban ahí, divertidos, retando el viento, prófugos de las manecillas y la formalidad, traían *shorts* y tenis rotos, y si acaso una camiseta translúcida.

Ahora los que se instalan no lo hacen en la tienda de la esquina. Sino en toda la acerca y en cualquier lugar. Miran, pasan reportes. No sueltan el teléfono celular y no salen de sus casas sin su pantalón de mezclilla, su camiseta bluberri y tenis de marca que se deshilachan si los usan para hacer deporte. Miran y miran. Si pasa la policía o el ejército, si pasan los enemigos, si es alguien que no conocen o si les parece sospechoso porque recorre el lugar y pregunta por alguien que no vive ahí y regresan sin más.

Rolan en estos espacios los bucanas, como llaman ellos al Buchanan's, la cocaína, que no la mariguana, porque no son tacuaches, y las buenas morras. No sueltan la *blackberry* ni la calle: todo les pertenece.

Son halcones o punteros. El jefe de ahí, de la cuadra, de la colonia, bien puede pagarles al menos unos dos mil pesos a la semana. Y aspiran a escalar. Más de alguno anda armado y quiere ser sicario. Sueña. Algún día lo será, pero deberá acumular puntos y sumar méritos.

Son jóvenes de quince o diecisiete o veinte años. No pasan de ahí. Están cuidando al jefe, al patrón. Y dejaron de ser los diáfanos desmadrosos y gritones de la prepa, pues abandonaron la escuela. Y no son más los chavos sanos y nobles del barrio. Están ensombrecidos. No tienen labios ni rostros de músculos espontáneos, sino muecas. Y siempre están ahí, de día y de noche, vigilando. Todo para ellos, todo lo que no sea ellos, es sospecha.

Tienen el control, incluso del crimen. Si alguien asalta ahí y lo detectan, lo aprehenden y golpean. Y luego de la respectiva tortura o calentada, como le llaman, lo entregan a la policía. Pero si los polis llegan y por su cuenta "la quieren hacer de pedo, se pasan de vergas, pues los mandamos a chingar a su madre, así, sin más. Y se van porque se van".

El robo

El Rols se echa unas pastillas porque ya escaló en sus adicciones. Trae un suero porque anda crudo y quién sabe qué otras sustancias viajan en su sangre, desde la fiesta de anoche hasta este mediodía. Está en la sala de una casa que no es la suya. Está incómodo. El reojo lo delata: trae prisa, tiembla, no hila bien las palabras, le ganan largas y densas pausas en su hablar. No conecta la lengua. Sólo falta que se le salga la baba. Adicto.

"Nomás me lo piden, pues tengo que hacerlo, ir a golpear a alguien… ya lo he hecho. Es lo de menos." Consumía medicamentos. Un depresivo para "alivianarme": diazepam. Y si no tenía dinero lo conseguía asaltando. Y aunque tuviera, necesitaba, urgentemente, sus dosis de adrenalina. Y a partirle la madre a quien no se dejara.

"Conseguía recetas con un médico que yo conozco. Iba yo y se la compraba y luego iba a la farmacia y me la surtían, sin problema. Con receta porque es medicamento controlado." Siete pastillas en un día. De 2.5 miligramos cada una. Y así andaba, medio drogado, cuando lo sorprendió un asaltante, cerca de la tortillería. Ya lo conocía y pensó que no iba a pasar nada. Se confió. El hombre sacó un cuchillo y le arrebató con agilidad el teléfono celular, uno nuevo que traía. Marca Nokia.

Cuando se dio cuenta fue por un amigo de él y tomaron un automóvil. Recordó de qué colonia era, la Rafael Buelna, ubicada a cerca de tres kilómetros de donde él se encontraba. Traían un Corolla seminuevo y de tanto preguntar y preguntar, dieron con él, en una de las calles de ese sector.

"El bato iba en la calle, caminando. Nosotros lo alcanzamos y nos bajamos en chinga y de volada lo sometimos. Yo estaba enojado y le dije así te quería agarrar cabrón. Opuso resistencia pero no le dimos tiempo, la neta. Lo queríamos subir al carro pero no se dejaba, hasta que lo ablandamos a chingazos y entonces sí entró."

La patrulla

El Rols cuenta que estaban buscando una patrulla y que no iba armado, ni su amigo. Nada de eso se le cree. Es difícil pensar en él, en la calle, esas calles y ese barrio, sin una escuadra oculta pero a la mano.

Lo empezaron a "pasear." Y a golpear. Uno y otro. Pum, pum. En la panza, la cabeza y la cara. También en la espalda. El Rols cree que para entonces ya los habían reportado. Algún vecino, alguien que los vio. Y que por eso la policía ya andaba por ahí. También cuenta que en realidad ellos querían entregarlo y que buscaban una patrulla para dárselos y que al asaltante lo encerraran.

Pero mientras tanto seguían los golpes y las agresiones verbales. Estar en un carro ajeno, con hombres como ellos, después de haber asaltado a uno de los presentes, sometido, golpeado y aterrado. Es peligroso disponer de la vida de alguien que les hizo daño al robarles, puede salir muy caro. La vida de ése les pertenece, no está a discusión. No entre esos tres, dentro de ese Corolla. Matarlo es un privilegio, un placer, un derecho, un merecimiento.

Y empezó a llorar. Le dio seis cachetadas y le sangró la boca. Le dijo que se callara. Le rogaba que no lo matara y él le contestaba por qué había hecho "esa acción, por qué te la aventaste. Ahora te va a llevar la chingada, hijo de tu puta madre".

"No me mates, por favor. No me mates. Somos amigos. Perdóname, no lo vuelvo a hacer, jefecito." Pero él traía la boca espumosa de tanto coraje y tanta pastilla, y arreció con los golpes. Hasta que se les emparejó una patrulla de la Policía Municipal. Sin bajarse, les explicó de carro a carro y les entregaron al joven.

El Rols dice que sintió un alivio cuando vio a los de la policía. Tal vez no sabía qué iba a pasar ni a dónde lo iba a llevar el coraje, la droga, la afrenta. Tomó su teléfono celular: lucía nuevo y brillaba. Dice que acudió a la central de la corporación, a denunciar, ese día.

Pero tampoco eso se le cree. A sus veintiún años y con tanta cocaína aspirada y tabletas de diazepam viajando en su sangre, anidando en su cerebro, tiene muchas nubes negras en su vida. Se le ve en esa mirada ya enferma. Toma un trago de suero sabor manzana y se vuelve a agachar.

—¿Para quién trabajas?

—De eso no quiero hablar.

Y su mirada es entonces filosa. Sus ojos parecen navajas.

12 DE MAYO DE 2012

Tengo miedo

El Vampi tiene miedo. Y no. En su conversación va y viene: acude a Tijuana, ciudad fronteriza ubicada en el estado de Baja California, donde trabajó para los narcotraficantes de Sinaloa, y regresa a Culiacán, donde muchos lo ubican como parte del enemigo.

Lo cierto es que su jefe está muerto, igual que muchos de sus matones, guardaespaldas, operadores y gente cercana. Él no, pero sabe que lo van a matar, que lo están buscando. "Lo único que le preocupa es que lo maten frente a sus hijos. Yo quisiera que me lleven lejos, donde nadie me vea, y que sin torturas que me provoquen más sufrimiento, me trocen a la chingada", confiesa. Y pide otra Tecate roja.

Dice que es hombre, por eso no va a correr cuando quieran levantarlo. Sabrá el momento preciso en que vayan por él. Vigila la puerta o al menos hace como que está al tanto de quién entra y sale, en ese restaurante. Eso explica que haya escogido, entre las cuatro sillas, la que le permite controlar con la vista los movimientos de todos los que están ahí, de comensales. Él los ve a todos. Y parece pensar si será ése que tiene en la mesa de al lado o áquel que va entrando y que simula buscar a alguien más.

"Tengo miedo, pero soy muy macho. Bueno, la verdad no tengo miedo. Otros, ellos, muchos, me temen. Saben de mí. Que no será fácil. Pero el día que sea, pues que sea y ya."

Veinte mil pesos a la semana. Eso le daba el barbón aquel, nomás porque le caía bien y hacía los jales que le ordenaban y era un perro fiel. Además de los billetes que le daban por cada uno de esos trabajos.

—¿Tú has matado?—, pregunta. Y él solo se contesta, atropellado, balbuceante y con la mirada cuarteada, que sí.

Allende las fronteras, el bato le entró a la coca. La consumió y la vendió. Compró una libra de polvo y de ahí salió libra y media para la venta. Mató a los que estorbaban en el negocio, pero también a los que el jefe quería fuera de su camino para quedarse con el mercado. Coca y crac. Es lo que se mete la raza de allá, en esa ciudad pegada a la frontera con Estados Unidos.

"Yo maté y tengo miedo y no tengo miedo. Cuando los vas a asesinar unos lloran, otros te dicen que les des chansa de despedirse de su familia. El otro día a uno le dijimos que le llamara a su hijo, porque el bato estuvo chille y chille, rogando, pidiendo que le permitiéramos despedirse. Pero en lugar de eso les llamó a los de su clica. Plebes, me van a matar, trócenlos a todos. Y le quitamos el Nextel", confesó.

"Lo más cabrón, asegura, es que todos te miran." Se refiere a sus víctimas, en el rito de torturarlos y evitar que se desmayen o que vuelvan si caen inconscientes. Aun los que cierran los ojos o los que se los tapan con las manos. Todos te miran. Lo hacen por última vez.

"Voltean, te miran. Y te lo dicen todo. Te cuentan su rencor, sus esperanzas, su vida, en ese rato. Eso es lo más cabrón. Con eso me duermo todas las noches, aunque no tengo pesadillas ni me despierto en la noche, sudando, como en las películas."

Parece disparar cuando habla. Y estas palabras sobre los muertos que lo miran y le cuentan todo antes de irse llegan como ráfagas. Y de repente la cadencia de su hablar permite separar las palabras. Tiro por tiro.

El Vampi es alto, tiene ojeras, la cabeza hundida tipo Cuauhtémoc Blanco, como si no tuviera cuello, y los ojos venosos. Llora pero se apura a pasar por ahí la servilleta. "Yo sé que me van a matar." Y voltea a ver de nuevo a ver quién entra y quién sale. A algunos los sigue con la mirada. Incómoda. Se las sostiene y ellos bajan los ojos. Sus viajes son malos. Sus palabras sangran, fluyen, estropeadas y atropelladas.

"Nomás que vengan por mí. Ellos saben que maté a muchos, pueden verme en la calle, identificarme como un bato que trabajó para el otro. Yo soy hombre y no voy a llorar, no tengo miedo. Bueno, la verdad sí. Nomás que me den pa'bajo, que no me mochen nada."

Está pisando tierra de Joaquín Guzmán Loera, El Chapo, y de Ismael Zambada García, El Mayo. Culiacán, esta ciudad es todavía un santuario para esos capos y sus familias. Ciudad sagrada, tierra de ellos. Monopolio del crimen. Si alguien mata es porque yo lo pido, parecen decir los que todo lo controlan acá. Si alguien roba un automóvil o levanta a cualquier persona o se realiza una purga dentro de una de las células que trabaja para ellos, es porque así se autorizó. Ellos mandan. Están en la policía, el aparato estatal, el ejército. Tienen todo, hasta la calle, la banqueta, los semáforos.

El Vampi levanta la vista. Uno ve a dónde apuntan sus ojos y es un espacio en blanco, en la pared, tal vez dibujado por esa mirada enferma y triste. "Yo he decapitado. Mochar cabezas. Eso es lo más cabrón. Se agarra el cuello y dice de aquí, de aquí se corta. Y te aseguro algo: no es fácil, no puedes cortarla así, de tajo, de una."

"Eso es lo más difícil. La gente no se deja, es una parte dura, huesuda. Dame otra cerveza."

15 DE SEPTIEMBRE DE 2011

Lo que se le ofrezca

Contestó el celular. Le acababan de arrebatar a su novio. Iban de la mano, caminando, muy cerca de la casa de él. Y sorpresivamente llegaron esos hombres armados. Lo golpearon. Lo subieron a una camioneta.

No conoció la voz de quien le había llamado a esa hora. Días después habían enterrado a su novio. Los ojos hinchados, los mocos blancos y chirris, el llanto encuclillado, listo para saltar: habían hecho surcos entre los pliegues de su piel y seguían emanando de sus orificios.

"Mire, nosotros sabemos quién es usted. Sabemos dónde vive, cómo se llama." Siguió sin conocer esa voz cavernosa. Le pareció que podía ser un joven, de unos veintitantos. Por el tono golpeado, las palabras encimadas y algunas pocas groserías. Al muchacho se le dificultaba expresarse.

Le explicó que se trataba de su novio. "Es que", y ahí se atoró el hombre aquel. Ella preguntó qué pasaba con su novio. Preguntó, reclamó, gritó, entera y enrabiada. Si apenas antier lo habían sepultado. Si se lo quitaron y era de lo poco que tenía, si se iban a casar en diciembre y ahora nada. No hay nada. "Qué me puede decir de mi novio. Yo creo que no puede. Ya está muerto", manifestó, sin desatar los nudos que se le emperraban en su pecho y garganta.

El hombre no expresó palabras. Escuchó el llanto renovado de ella. Sollozó y hasta volvió a gritar. "Mi Fernando era buena persona. Yo no sé por qué le hicieron daño si él nunca le faltó el respeto a nadie. Si acababa de terminar la carrera y chambeaba aquí y allá. Y no le iba bien. Pero era trabajador y no dejaba de luchar."

Se lo llevaron y lo mantuvieron cautivo. Ella no pudo dejar de sospechar. A pesar de que lo conocía, asomó en sus diálogos internos, los más recónditos y tímidos, si su novio se había metido en problemas. A lo mejor las drogas. Tal vez robó, no pagó alguna deuda, se había metido con alguna mujer casada. No sé. No. No puede ser. No creo. Se repitió y martirizó, a ritmo de taladro. Mi Fernando no.

"Por eso le llamo, oiga", le dijo áquel. "Es que este bato, la neta. Pues cómo le digo. Me falta verbo, oiga. Lo tuvimos como tres días. Y pues al chile, ni modo. Lo golpeamos y golpeamos y golpeamos. Gacho, la neta. Y nosotros le preguntábamos. Un chingo de veces. Le decíamos que confesara, que soltara la sopa."

"Pero el bato se fajó. Un día, creo que el segundo. El bato se puso mal, como que se desmayó. Se quedó dormido, como un morro chiquito. Yo dije se nos fue. Pero no. El bato despertó y sabe qué fue lo primero que dijo: 'Oiga, no me maten. Yo soy buena persona. No le he hecho mal a nadie.'"

"Pero no le creímos. Pues es que andábamos dale y dale. Aferrados con que ese bato era el de la bronca. Y pues le seguimos pegando. Lo torturamos, pa qué más que la verdá. Le pusimos una putiza, oiga. Y pues por eso le llamo. Al rato, el bato ya no respondió. Y fue cuando lo fuimos a tirar, allá, donde lo encontraron."

El joven médico, quien estaba haciendo una residencia en pediatría, fue encontrado con la bata blanca, uniformado y muerto a tiros. Huellas de tortura sembradas en su piel. El hallazgo fue cerca de la comunidad de Mojolo, en el sector norte, a pocos kilómetros de la ciudad.

"Y la neta lo que más me duele. Me caga los güevos. Porque su novio no tenía bronca. Por eso le mandé esa corona de rosas. Nos equivocamos. Y pos le hablo para ponerme a sus órdenes. Pa decirle si se le ofrece algo."

Ella paró de llorar. Agarró aire. Gritó. "¿Qué se me ofrece?", se preguntó sin esperar respuesta. "Lo que se me ofrece. Lo único, es que me lo devuelvan."

2 DE MARZO DE 2012

Vas a llorar

Esa vida predecible de rutinas y desapasionada la llevó a dejar todo: niños, esposo y el moho empolvado de ese hogar sin calor. Primero frecuentó bares fresas y luego se echó un clavado en los senderos oscuros de antros ruidosos, de pisos resbaladizos y movedizos.

Se embriagó con conocidos y con hombres que mentían sobre sus identidades y oficios. Se revolcó en sus sudores y líquidos cuando le parecieron guapos o interesantes. Y los desechó sin el menor reciclaje. Probó lo que antes se negaba: tequila, vodka, whisky, y los polvos blancos y barbitúricos le pasaron rozando.

Por eso cuando lo conoció accedió sonriente a los sótanos de la vida nocturna y se sumergió gustosa y rendida, abierta, los centímetros púbicos de la piel de la ciudad, las otras pieles, los orificios oscuros, las catacumbas que sólo abren y dan paso cuando las manecillas del reloj no conoce de números y olvidan el compás de sus movimientos.

Era un hombre bien parecido, de facciones rudas. Le gustó porque era hosco o por poderoso, o por esas manos torpes que sabían asirla pero no soltarla. Pinzas perras atrapándola. La llevó a su casa, en un lujoso sector de la ciudad, en Culiacán, y ahí quemó las naves, todas, aun las más queridas, nacidas de su carne y vientre. Le dio un automóvil deportivo y le dijo todo es tuyo, quédate.

Polvos y pastillas ya no pasaban de largo. Tuvo joyas y lujos y viajes y ropa y comodidad. Y sacó el animal, la bestia que ocultaba esa fase de mujer bonita y buena y bien portada. Doméstica. Un día llegó con la pistola caliente, apretada por esas manos de robot sensual, y se excitó. Otra noche la sorprendió con un espantoso fusil Kalashnikov pendiendo de su espalda y se le echó encima con el doble de ganas.

Dejó los recorridos por bares y callejones oscuros de la ciudad, para instalarse en esa casona de 7 recámaras, sala y cocina industrial, y alberca. En el yacusi comió y bebió todo, y todo venía de él. De ese cuerpo henchido. De esa pieza como de riel.

Un día oscuro, de golondrinas que nunca vuelven y cantos sordos que no aparecen, regresó de hacer un trabajo. Parecía haberse quedado a medias de un proceso de mutación de humano a hombre lobo: pelos en uñas de las manos, sangre en brazos y abdomen, lodo en botas y parte baja del pantalón, moretes, raspadas, cortadas.

"¿Qué te pasó?" "Nada. Lava esto."

Y mientras limpiaba las botas se le alborotó esa bestia interior. Lo alcanzó en el baño y mientras le tallaba para quitar sangre y cabello ajeno y lodo y restos, se lo devoró a besos y jadeos.

Amaneció preguntándose qué pasó, quién soy, en qué ando. Se lo dijo a él. Le contestó que era pesado. Un bato cabrón dentro de la mafia del narcotráfico. Le sugirió "revisa el periódico y verás". Había sido un agarrón, leyó en el encabezado de la nota.

—No saliste, reviró.

Él se le acercó y le dijo: "El día que salga vas a llorar."

"Yo nunca he dejado a una mujer. No lo haré contigo. Y si te vas, no hay pedo, no más no te lleves nada. Así sabré que me quisiste, que no fue por dinero."

Consiguió que fueran por ella. Tomó su carro y su vieja vida, regresó con sus hijos, pero no quiso ver más al esposo. A los meses ya estaba divorciada. Uno de sus más cercanos amigos contó que una vez que ella estaba sentada en el sillón de la sala de su casa, ubicada en un fraccionamiento de viviendas de interés social del sector norte de la ciudad, en Culiacán, en diciembre de 2012, leyó la sección policiaca de un diario.

"Y lo vio a él. Era el mismo bato. Primero quedó hipnotizada. Con los ojos pegados a la hoja del periódico. Su foto, su mirada congelada. Ida, ya en retirada. Y la morra se puso a llorar."

14 DE MARZO DE 2012

CAPÍTULO IV
MORIR SIEMPRE, EL OLVIDO

No me dejes abajo

Para ti, bato.
Te la debía.

Su pasaporte, una pequeña libreta, la grabadora, credenciales y una agenda que usaba como diario. Ahí, en esa minúscula mochila, traía su vida. Y también su muerte. Era todo lo que necesitaba si llegaba el momento de huir: uno de sus pies, una de sus manos y brazo, uno de sus ojos, la mitad de su existencia, estaba siempre en otro lado, pensando en salvarse, en alejarse del infierno de las balas y los enfrentamientos, las secciones policiacas, las ejecuciones y el terror.

Temía que lo entregaran, que jefes policiacos o funcionarios gubernamentales, o reporteros, incluso del mismo periódico para el que trabajaba, lo pusieran fuera. Y así, rodeado de detractores e inmensos y oscuros cráteres de desconfianza y duda, decidió partir. Partió y se lo llevaron. Ahora nadie sabe dónde está, ni si vive o murió.

"Hey, cabrón, no me dejes abajo." Ésa era su expresión, la más usada, cuando hablaba con sus amigos, los más cercanos. No lo hacía con todos. Les pedía que no lo abandonaran, que no lo dejaran solo. "Hey, cabrones, culeros, no me dejen abajo." Insistía. Repetía y repetía. Casi una súplica, un refrendo de amistad y solidaridad. Una muerte cerquita, así la sentía. Por eso sonreía siempre, como a medias, como una mueca.

Pero también era como su ratificación de la filosa y lacerante desconfianza que siempre lo acompañaba. El miedo no andaba en burro. Andaba con él, siempre.

Alfredo Jiménez Mota nació en Hermosillo, en el fronterizo estado de Sonora. Tenía alrededor de dieciocho años cuando entró a estudiar la carrera, en Culiacán. Vivía por la calle Constitución, que mucho tiempo se llamó Nicaragua, a cerca de media cuadra de la avenida Jesús G. Andrade y del estadio de beisbol Ángel Flores, en la colonia Miguel Alemán, un céntrico sector de la capital sinaloense. Ingresó a la Escuela de Comunicación Social, de la Universidad de Occidente, porque quería ser periodista.

Era alto y pasado de peso. Su sonrisa, que emergía con facilidad, subía rápidamente al resto de su rostro, a sus ojos. Destellos esperanzadores, ternura, inocencia, buena voluntad, honestidad y humanidad. Todo eso reflejaba con esos ojos, esa sonrisa.

El sello de la muerte

Alfredo estaba en el diario *El Debate*, en Culiacán. Había trabajado en la competencia, en el rotativo *Noroeste*, haciendo sus pininos como reportero y en la cobertura de la fuente policiaca. Abrevó de las argucias de los compañeros de la sección para la cobertura y obtención de datos, pero fue más allá: la calle, la noche, las frecuencias de radio de las corporaciones de seguridad y de la Cruz Roja, los operativos, las claves que usan los policías, el andar y el reaccionar de los agentes. Los reporteros de la policiaca parecen policías. Es una suerte de mimetismo. Algunos años antes andaban armados y hasta conseguían armas y cartuchos y droga en las corporaciones. Y derecho de corso e inmunidad. Pero Alfredo no. Él era periodista. De calle, de retenes y husmeo, lupa en cada ojo y en la cabeza, de arrabal y chapopote. Su corazón cabalgaba funámbulo en cada historia, cada nota o investigación.

Esa vez le pidió a su amigo Gerardo que lo llevara en su automóvil. Ya era noche, pero él trabajaba así. Vampiro de libreta, pluma y grabadora. "Yastuvo. Vámonos, le contesté." Habían salido apenas de la redacción y ya era tarde para considerar la posición de esas manecillas como hora de cenar. Alfredo le dijo "agarra por aquí, derecho". Era la avenida Obregón, la principal de esta ciudad. Tomaron rumbo al sur. Llegaron a la subida del templo La Lomita, como se conoce a la iglesia de Nuestra Señora de Guadalupe, en lo alto de la ciudad, atrás de las escalinatas en las que muchos se ejercitan de mañana y tarde. Topaz negro, viejito, propiedad de Gerardo.

"¿A dónde vamos, güey?, le pregunté, algo intrigado, sacado de onda. Era muy tarde y este cabrón me traía quién sabe para dónde. Continuamos por la Obregón y entramos a un fraccionamiento nuevo, grande, de casas enormes y muchos baldíos. Y como no decía nada, nomás se reía, le volví a preguntar a dónde íbamos", recordó Gerardo.

Alfredo lo miró con esa sonrisa que es una fiesta. Y su rostro redondo floreció, victorioso. Y le anunció: "Ya sé dónde vive El JT, Javier Torres, y vamos a su casa a ver si el bato me da una entrevista." Su amigo frenó intempestivamente. Golpeó el volante y ganas no le faltaron de darle un sopapo. "Yo le dije 'tas pendejo, pero bien pendejo, ¿cómo se te ocurre buscarlo en su casa y pedirle una entrevista, cabrón?'" Viró el volante y avanzó justo en sentido contrario. Le dijo, en medio de risas nerviosas, que Javier Torres Félix, El JT, no era un artista, alguien de la farándula, al que se le piden entrevistas y autógrafos. Que era un hombre muy peligroso. El capo, quizá con más poder durante finales de los noventa y la primera mitad de la década del 2000, después de Joaquín Guzmán Loera, El Chapo, e Ismael Zambada, El Mayo, jefes del Cartel de Sinaloa.

Gerardo que era su amigo cercano lo regañó. Sabía que Alfredo, ese novel desbordado, enjundioso e inocente reportero, quería tragarse el mundo. Y de un sólo bocado. Y él solo. "No te puedes ir con el pecho de frente, Alfredo. Se lo dije. Así, sin más ni menos. No quieras tragarte el mundo, güey. A mí me tocaba calmarlo. Jalarlo para que tocara tierra. Pero allá, en Sonora, le dieron de tragar el puto mundo. Y se chingó."

Alfredo jaló a Gerardo al cuarto del fondo de la redacción, donde podían conversar sin ser escuchados. Las desconfianzas de siempre. Era su última semana en Culiacán, después de haber trabajado casi dos años en *El Debate*. Le dijo que le ofrecían dos trabajos en su tierra, Sonora: en la aduana, donde iba a ganar mucho dinero, y en el periódico *El Imparcial*, en el que le ofrecían un salario bajo, pero iba a hacer lo que siempre le apasionaba: reportear, escribir.

Una semana después se fue a *El Imparcial*. Se despidieron como los buenos. Sin decirse adiós. Gerardo manda sus ojos a otro país, otro mundo. Su mirada se va con la tarde y ese sol en retirada. Mira sin mirar. Es junio y todavía no hay lluvias en la ciudad, pero sí en sus ojos.

"Ojalá le hubiera dicho que no."

El narcotraficante sinaloense Javier Torres Félix, JT, podría salir en libertad durante 2012, una vez que un juez del Distrito Central de California, EU, lo sentenció a ocho años de prisión, reveló una fuente al semanario ligada a su defensa, informó el semanario *Ríodoce*, que circula en Sinaloa.

Torres fue extraditado a los Estados Unidos el 29 de noviembre de 2006, unas horas antes de que Vicente Fox Quesada dejara el cargo de Presidente de la República. Después de su detención, el narcotraficante enfrentó un proceso de extradición por parte de los Estados Unidos que duró casi tres años, hasta que fue enviado por la Procuraduría General de la República (PGR) para que fuera juzgado en aquel país.

El JT era un narco omnipresente. Su poder e influencia se sentía y padecía. Era uno de los principales operadores y jefe de sicarios de esa organización criminal. Su vida, esa capacidad de operar e imponerse, abría y alimentaba leyendas: "Anda por acá, lo vimos ayer aquí." Un fantasma armado con fusiles automáticos y granadas, que se mueve con treinta pistoleros. Más que un trashumante. Pero su error fue haber participado en un supuesto enfrentamiento con militares, aquel 27 de enero, cerca del Valle de San Lorenzo, al sur del municipio de Culiacán. Ahí murió un elemento castrense, adscrito a la Novena Zona Militar, con sede en esta ciudad capital. Por eso, al día siguiente, muy temprano, cayeron los militares a su casa, ubicada en un lujoso fraccionamiento, el 28 de enero de 2004.

El JT ya había sido detenido en California a principios de 1992. Fue procesado y sentenciado —con al menos cuatro cómplices— por conspiración para traficar cocaína y posesión de ganancias provenientes de la venta de estupefacientes, bajo el caso penal BA 063312 en el Tribunal Superior del Condado de Los Ángeles, California.

Esa vez Javier Torres se declaró culpable de dos cargos: conspiración para transportar cocaína, y posesión de ganancias provenientes de la venta de drogas prohibidas. Le dieron poco menos de cinco años de prisión y una vez fuera regresó a México para incorporarse de nuevo a sus actividades delictivas, pero el 27 de mayo de 1997 fue detenido por la Policía Judicial Federal en Cancún, Quintana Roo, con un cargamento de 348.1 kilogramos de cocaína. También fueron detenidos Ramón López Serrano, Raúl Meza Ontiveros, hoy occiso, y Manuel Meza Zamudio. Acababan de salir de una bodega donde estaba la droga cuando los sorprendieron. Les aseguraron varios vehículos, dos lanchas y armas de diferente calibre.

Pedradas al cielo

Alfredo Jiménez Mota ya tenía cerca de veinticinco años cuando se fue a Hermosillo, a incorporarse a *El Imparcial*. Tenía también la vena de periodista y se había especializado, tal vez de manera accidentada y sin pretenderlo, en asuntos de alto riesgo, sobre todo en el narcotráfico. En Culiacán ya había publicado historias sobre personajes del Cartel de Sinaloa y eso le había costado algunos diferendos, incluso amenazas.

En Sonora, y apoyado en sus contactos de la Procuraduría General de la República, procuraduría local, agentes de las diferentes corporaciones policiacas, incluso personajes del crimen organizado, empezó a escribir. La mayoría de sus reportajes se referían a sicarios, jefes y operadores del Cartel de Sinaloa y los nexos, de políticos dentro y fuera de todos los niveles de gobierno, con los delincuentes.

El periodista fue prolífico en la publicación de reportajes y notas sobre el poderío de los hermanos Beltrán Leyva en el estado de Sonora. El grupo al parecer se formó en San Bernardo, municipio de Álamos, ubicado al sur de esa entidad, para el trasiego de droga y establecer un corredor con este objetivo. Versiones extraoficiales señalan que en un periodo la célula de los Beltrán, originarios de Sinaloa, tuvo ramificaciones con el Cartel de Juárez, pero terminó formando parte de la organización criminal de Joaquín Guzmán Loera, El Chapo, del que en el 2008 se desprendió, luego de la detención por parte de elementos del Ejército Mexicano de Alfredo Beltrán Leyva, El Mochomo. Los Beltrán reclamaron que la aprehensión había sido en realidad una entrega de la organización criminal al gobierno de Felipe Calderón.

Esa fractura entre la organización de los Beltrán Leyva, uno de los principales operadores del Cartel de Sinaloa, que dirigen Guzmán Loera e Ismael Zambada García, El Mayo, provocó un alud de hechos delictivos que iniciaron en Culiacán, la capital de Sinaloa, y se extendieron a casi todo el país. Ésta fue una de las semillas fundamentales para que los niveles de violencia se incrementaran y avanzaran, como voraz incendio, por muchas entidades. A esto se agregan los torpes operativos del Gobierno Federal y la existencia de otros carteles que se han distinguido como especialmente atroces en sus ejecuciones: Los Zetas.

En Sonora, los hermanos Beltrán Leyva eran conocidos como Los Tres Caballeros. Y Jiménez se dedicó a desnudar nexos, transacciones, poderío y complicidades de éstos con el gobierno. Otra de las células que operaban para Guzmán era la que comandaba Adán Salazar Zamorano, jefe de Los Salazar. Su nombre apareció también en las historias tejidas por Alfredo Jiménez.

"Desde enero de 2005, Jiménez Mota publicó en *El Imparcial* una radiografía sobre las actividades de los hermanos originarios de Sinaloa, conocidos como Los Tres Caballeros", reza un informe publicado en la página Proyecto Impunidad, de la Sociedad Interamericana de Prensa (SIP) sobre el caso del reportero sonorense, con presencia en Culiacán.

Los textos del periodista, agrega el documento, tendieron un puente entre las actividades delictivas de los integrantes de las familias Beltrán Leyva y Raúl Enríquez Parra —líder de la célula Los Güeritos y Los Números—, "cuyo resultado ahora se expresa en más de 70 ejecuciones en el estado por el control del tráfico de enervantes".

La oficina antidrogas de Estados Unidos (DEA, por sus siglas en inglés), señala el informe de la SIP, que a la vez cita uno de los reportajes publicados por Jiménez en el diario *El Imparcial*, "los busca por introducir drogas a Estados Unidos por medio de avionetas y aviones *Velocity*, según consta en las órdenes de aprehensión que por lo menos dos de los Beltrán Leyva tienen".

En noviembre de 2004, el joven reportero publicó sobre un narcotraficante ejecutado en noviembre y cuyo cuerpo torturado fue arrojado en un predio cercano donde agentes policiacos realizaban una inspección. Esto pudo haber detonado todo. Este hecho está incluido en las pesquisas del caso de Alfredo Jiménez Mota. Y en esto existen fuertes versiones de que participaron servidores públicos de los gobiernos de Sonora y Federal. Algunos de ellos, indican fuentes extraoficiales, formaban o forman parte de las corporaciones de seguridad de aquella entidad, le daban información a Jiménez Mota, eran "fuentes confiables" que quizá lo usaban para difundir tal o cual nota que convenía a sus intereses delictivos, y luego lo desecharon, entregándolo al hampa.

Aquel abril

Alfredo entregó sus tres notas. Era día dos. Sábado. Especial para el relax y la charla y los tragos ambarinos. Sabían que había dejado la redacción de *El Imparcial* y que se había ido a su departamento, en Hermosillo. Ahí vivía solo. Les pareció extraño que se retrasara. Entre quienes lo esperaban estaba su amiga Shaila Rosagello. A alguien le explicó que antes de la cita en ese bar se daría un baño y luego saldría en su camioneta a encontrarse con un "contacto". Un personaje de la policía, tal vez. De seguro, un funcionario de la Procuraduría General de la República (PGR), asignado a la delegación de aquella entidad.

Y no se supo más. No llegó al bar esa noche ni al otro día, domingo, a misa en Catedral. A la que tampoco faltaría si se considera su ferviente militancia en el catolicismo. No lo hizo al día siguiente, a la redacción. Los directivos de *El Imparcial* pensaron que quizá se había tomado el día de descanso. Criminal pensamiento si se trata de un reportero especializado en temas de seguridad y narcotráfico, que tenía en sus manos nexos "pesados" aquí y allá, fuentes de buen nivel, información de gran trascendencia. Pero así fue. Sus amigos le llamaron al teléfono celular. Silencio fatal del tuuu que indica que el aparato sonó y sonó. Luego el buzón. Una, dos, tres, veinte, cincuenta veces. El sonar los espetaba, fiel y puntual. Alfredo no está. No está. No estará más. Martes: los más preocupados acuden a presentar denuncia formal por privación ilegal de la libertad ante la desaparición del joven periodista.

Rastreando el teléfono celular de Jiménez, se conoció que a las 11:04 pm del último día que se le vio, tuvo una larga conversación con el entonces subdelegado de la Procuraduría General de la República en Sonora, Raúl Rojas Galván, quien negó primero el hecho y se contradijo después en el interrogatorio judicial a que fue sometido, pese a la consistente prueba contraria. Pero este importante sospechoso fue reasignado a diferente función en otro Estado, lo que la prensa consideró como un freno a las investigaciones.

"El proceso confuso y contradictorio se mantiene estancado, pese a reiteradas peticiones de los directivos de *El Imparcial* y de la SIP ante el Gobierno Federal. No hay persona señalada como responsable de la desaparición de Alfredo Jiménez, aunque se desprende que el hecho está vinculado a sus reportajes sobre narcotráfico. Y la probable responsabilidad de funcionarios municipales, estatales y federales podría explicar el estancamiento y falta de resultados", reza el documento en la página electrónica Proyecto Impunidad, con el subtítulo: "Crímenes contra periodistas, de la Sociedad Interamericana de Prensa."

En todos lados

Alfredo andaba en todos lados. Nadie sabe cómo ni cuándo de repente apareció con un radio Matra, de los que usan en las corporaciones policiacas en Sinaloa y que, supuestamente, no pueden ser rastreados ni escuchadas las conversaciones a través de estos aparatos. Él tenía uno con su respectivo cargador. Ahí escuchaba todo e iba a todas. De repente, de madrugada, era visto en operativos de la Policía Ministerial del Estado o de la Municipal de Culiacán, en cruceros o zonas conflictivas, en retenes, escenas de crímenes, junto a los cuerpos de asesinados. Libreta en mano, grabadora y esa mochila cangurera que le colgaba del hombro o bien amarrada a su cintura. Era su señal de que estaba listo para huir, tomar un vuelo, agarrar el primer camión. Y perderse. Así andaba él, invariablemente. Destino fatal.

"En esa mochilita negra qué no traería. Era un reportero arriesgado, un bato arrojado. Pero era un bato confiado en muchos aspectos, por ejemplo, al tener relación con esos contactos o con otros policías. No dudo que muchos de ellos lo usaron para sus intereses. Pero Alfredo era así y generaba mucha confianza. Era bueno", contó Gerardo.

Él y Alfredo iban a cenar, la noche de cualquier día de fin de semana. Le gustaban los tacos de ubre que vendían en una carreta que se instala en avenida Obregón y Aguilar Barraza. Ahí se echaron raciones de tortilla y carne. A medianoche, Gerardo recibió una llamada: Alfredo había terminado en la sala de urgencias del Hospital Regional del IMSS. Lo encontró tumbado en un sillón, exhausto, con la manguerita del suero y descolorido.

"Imagínate a ese gorila, porque era alto y corpulento, con cara de niño, de niño bueno, acostado y enfermo. Ese hombrón. Ese niñote, un torote, ahí desvalido. Fuerte, valiente, arrojado, temerario. Y ahí, él mismo, la misma persona, echada, débil, vulnerable. Fue una imagen que me produjo ternura. Ahora me da un chingo de tristeza", relató Gerardo.

Los contactos

En Culiacán, Jiménez tenía también sus contactos en las corporaciones e instituciones de seguridad. Incluidas las procuradurías General de la República (PGR) y General de Justicia del Estado (PGJE). En la PGR, que es la dependencia federal encargada de combatir la delincuencia organizada, el periodista sonorense conocía a un funcionario de la delegación estatal identificado sólo como Vigueras.

Datos de esta dependencia federal ubican a un Norberto Vigueras Beltrán, quien en agosto de 2005 fue nombrado jefe regional de la entonces Agencia Federal de Investigaciones (AFI), hoy Policía Federal Ministerial, en Durango. El funcionario federal tenía entonces alrededor de diecinueve años de trayectoria en la PGR y ocupó el mismo cargo de jefe regional de la AFI en Hidalgo, Coahuila y... Sinaloa.

También, de acuerdo con versiones de personas allegadas, que quizá no estén en las indagatorias que realizó la PGR y que no tuvieron ningún resultado en cuanto a la localización del reportero desaparecido ni a personas señaladas como responsables de este ilícito detenidas, indican que Alfredo Jiménez Mota tenía comunicación con una agente de la DEA, la oficina antidrogas estadounidense, identificada como Ramona. Ambos tenían comunicación personal, siempre por teléfono. El contacto era constante y habitual. Las consultas en ocasiones eran interminables y permanentes, en función de las coyunturas. Y los intereses.

Otros rastros

En diciembre de 2003, Alfredo cubrió un accidente automovilístico cuando escribía en *El Debate*, en Culiacán. El percance ocurrió sobre el puente Almada, en el sector norte de la ciudad, durante la madrugada, y en éste participó Iván Archivaldo Guzmán, uno de los hijos de Joaquín Guzmán Loera, El Chapo. El saldo fue de un joven muerto. En el lugar estaba Reynaldo Zamora, jefe de Detenciones en flagrancia, de la Policía Ministerial del Estado. ¿Qué hacía ahí? Alfredo se lo preguntó para sí e incluyó en su nota que muchos le pidieron que no publicara el nombre del jefe policiaco y otros datos.

Zamora se molestó y acudió a la redacción del diario, ubicado cerca del bulevar Francisco I. Madero, en el primer cuadro de la ciudad, a reclamarle al periodista y amenazarlo, de acuerdo con lo que él mismo, el periodista, contó a sus amigos y a otros comunicadores días después. Así lo publicó el semanario *Ríodoce*, en el 2005, cuando Alfredo Jiménez ya era un reportero desaparecido y cuando las autoridades "intensificaban" las investigaciones.

"Reynaldo Zamora tiene miedo. Está preocupado." No más que como estaba Alfredo Jiménez días antes de ser desaparecido por sujetos desconocidos: desesperado, temeroso, desconfiado y, peor aún, solo.

"*Ríodoce* publicó que en enero de 2004 Reynaldo Zamora amenazó a Alfredo Jiménez, el periodista de *El Imparcial*, de Hermosillo, que permanece desaparecido. En aquel momento, Zamora era jefe de Detenciones en flagrancia de la Policía Ministerial. Y Alfredo Jiménez reportero de *El Debate*. Ambos se vieron en las instalaciones del diario."

El motivo fue una nota que escribió Jiménez sobre la presencia del jefe policiaco en un accidente automovilístico ocurrido sobre el puente Almada, de madrugada. El automóvil era conducido por un hijo de Joaquín Guzmán Loera y el saldo fue de un muerto.

Los hechos ocurrieron en diciembre de 2003. Molesto, Zamora le reclamó al periodista. Su presencia en el lugar lo ubicaba como un funcionario de la PME al servicio del narco. Y por eso lo espetó.

Después de esto, el mismo Alfredo contó que el jefe de Detenciones en flagrancia lo había amenazado, que le advirtió lo que pasaría si ese grupo del narcotráfico supiera quién es él... pero sin grabadora

Ahí, sentado en el café de Los Portales, en Culiacán, se siente "asaltado" por la grabadora. Manotea y apaga la Panasonic: "¡Espérate, espérate!, soy civil ahorita." Pide que continúe la plática, pero sin el foquito rojo de encendido.

—¿Tú amenazaste a Alfredo Jiménez?

—¡Espérate, espérate!, soy civil ahorita, platicamos pero sin grabadora.

—Pero tenías una responsabilidad cuando eras servidor público y Alfredo platicó que tú lo habías amenazado.

—Platico contigo sin la grabadora.

—Nomás contéstame sí o no.

—Es que no es cierto.... ¡es que no es cierto!

—¿Te ha citado la PGR a declarar sobre este caso?

—Absolutamente no... Y el día que me citen voy.

—¿Por qué saliste de la policía?

—Por el término del encargo. El cambio que se da normal.

—¿No hubo conflictos?

—Absolutamente.

—¿Qué haces ahorita?

—Pues trabajando para vivir, para mantener a la familia.

—¿Pero por tu cuenta?, ¿en ninguna corporación?

—No.

—Te vuelvo a preguntar, ¿amenazaste a Alfredo Jiménez?

—No es cierto... yo platico contigo sin la grabadora.

—¿Tuviste un conflicto o problema con Alfredo?

—No, absolutamente.

—¿De ningún tipo?

—De ningún tipo, sí platicamos de ese asunto y le di la explicación de por qué fui, nada más, ni siquiera una alteración de carácter, un conflicto.

Reynaldo Zamora permanece en esa mesa, sentado con los motociclistas de escaparate que se reúnen ahí cada domingo. Ahí, ya sin grabadora, cuenta que el joven que murió en el accidente, Alejandro Magno Niebla, era novio de una de sus hijas, y que por eso se presentó al accidente.

La publicación de la nota de Jiménez le valió ser citado por la Contraloría Interna de la Procuraduría de Justicia, para que explicara por qué estuvo en el accidente. Pero, según cuenta, no pasó de ahí.

Ahora tiene prisa por aclarar, pero también miedo y preocupación. Dice estar vendiendo ropa, con su esposa. Y además insiste en que va a acudir adonde sea y con quien sea a declarar, si es necesario.

El nuevo ingrediente lo puso la Procuraduría General de la República (PGR) cuando José Luis Vasconcelos, subprocurador de Investigación Especializada en Delincuencia Organizada (Siedo) declaró que una de las líneas de investigación sobre la desaparición de Jiménez conduce a Sinaloa.

En esta entidad, agrega el funcionario de la subprocuraduría, el reportero fue amenazado y esto podría tener relación con el narcotráfico.

—¿Te preocupa esta declaración?

—No me preocupa que jurídicamente o penalmente me vaya a pasar algo, pero no deja de ser un antecedente. Sé que estoy limpio, que no tengo nada que ver en eso.

"Como quiera que sea, soy una persona del medio oficial, no ejerzo ahorita ninguna función pública, pero es mi medio y voy a tratar de volverme a acomodar y trabajar porque tengo que mantener a mi familia."

"No me voy a dedicar a ninguna situación ilícita, nunca lo he hecho, tengo veintitrés años en este medio y me gustaría volver, con mucho gusto regreso."

"*Ríodoce* manejó mi nombre en dos ocasiones. No sé si *Ríodoce* tenga alguna prueba en ese sentido, pero no es cierto, yo nunca lo amenacé."

"Yo nunca le dije que le iba a pasar algo o que le iba a decir a esa familia que él estaba de una manera o de la otra, tampoco es cierto."

—¿Te sientes aludido por la PGR?

—Aludido porque ustedes lo manejaron, lo publicaron, que yo lo había amenazado, pues yo no sé si haya recibido alguna amenaza de alguien, llanamente. Te digo que no es cierto, que nunca lo amenacé

Nada más por eso me siento aludido, no porque corresponda a la realidad, no por otra cosa.

—¿Tienes disposición... ?

—De quien sea, cuando sea, estoy dispuesto a dar la cara. Ante cualquier medio, ante quien sea, soy inocente y me afecta. Yo no le causaría daño a un muchacho como él y nunca le he hecho daño a nadie, nunca abusé. Cumplí estrictamente con mi deber.

Los declarados

El 22 de abril de 2004, tres reporteros de medios locales fueron citados a declarar sobre el caso de Alfredo Jiménez. La Procuraduría de Justicia de Sonora había enviado a un agente del Ministerio Público y pidió la colaboración de su homóloga sinaloense.

Ahí, en las instalaciones de la PGJE, en terrenos del Tres Ríos, en Culiacán, se encontraron Óscar Rivera, quien entonces era funcionario de prensa del Gobierno Estatal y fue asesinado a balazos en septiembre de 2007, Paúl Villegas, que laboraba en el noticiero radiofónico Nuestras Noticias, y Torivio Bueno, periodista de *El Debate*. Los tres muy cercanos a Jiménez Mota.

Les preguntaron cómo era Jiménez en lo personal y laboral, si sabían de sus contactos, sobre los reportajes publicados en la entidad y si les había comentado algo sobre su desempeño en Sonora y las amenazas.

Fuentes de la Procuraduría General de Justicia de Sinaloa señalaron que en las declaraciones al menos uno de los tres mencionó al entonces comandante Reynaldo Zamora como quien lo amenazó en Culiacán. Lo cierto es que a la redacción de *El Debate* le llegaron varias amenazas a Alfredo: sujetos desconocidos lo insultaban y, lo peor, lo amenazaban de muerte. Nadie hizo nada y nadie sabe a qué nombres respondían o servían esas voces amenazantes.

Las últimas horas

"¿Qué hago?", se preguntó Alfredo Jiménez. ¿Qué hago?, preguntó a su interlocutor, desde el otro lado del auricular. Todos sus contactos que le servían para sus reportajes eran del Gobierno. Pero no quería acudir a ellos en busca de protección: no confiaba del todo.

Quince días antes de que lo desaparecieran, se le oía cansado y se le veía solo, que era lo peor. Desconfiaba de todo y de todos. Sujetos desconocidos le habían puesto un plantón afuera de su casa y pacientemente lo esperaban.

En una ocasión lo corretearon, pero se les peló. En otra, lo interceptaron en alguna calle de la capital sonorense. Logró meterse a un restaurante y luego salir por la puerta trasera, no sin antes pedirle al gerente que avisara a la policía.

Hasta que no se les escapó más. Fue un 2 de abril, en medio de esa soledad, el miedo y la desesperación, su vida cayó en ese hoyo negro que es la impunidad. Y nada más se sabe de él.

Un diario que habla

Una vieja agenda iba a ser tirada a la basura, en uno de los periódicos en que trabajó Jiménez. Un amigo fiel la ve entre los escombros, como un enternecedor bicho herido. Un ave de papel: alada, enferma y con lesiones. La recupera. Es la agenda que el reportero Alfredo Jiménez usó como diario y guía telefónica. Está su letra chiquita, sus garabatos para que nadie entienda, sus citas y fechas de cumpleaños de sus amigos. Nada revelador. Sólo que es de un reportero que dijo yo cuando la muerte lo citó. Porque desaparecer es una forma de morir. Ese que preguntó a su amigo si iba o no a la cita que le había planteado Adán Salazar. "Súbete a una avioneta que te voy a mandar y acá platicamos." Lo consultó y le dijo: "No vayas, cabrón. Te van a matar." Y no fue a ésa. Pero no acostumbraba incumplir citas. Mucho menos con la dama de la guadaña. Con ella se vio una vez y no regresó.

Entre los teléfonos anotados hay de diarios de la frontera con Estados Unidos, como el rotativo *Crónica* y también *Frontera,* de Tijuana. Están también de oficinas de derechos humanos, Instituto Nacional de Migración, Cruz Roja, funerarias locales y agencias del Ministerio Público, de las policías. La agenda es de 2004. En la hoja correspondiente al sábado 24 de julio aparecen los nombres (Jorge) Valdez Fierro, muerto a balazos el 7 de febrero de 2007 en la capital sinaloense por un comando, y Héctor Ochoa Polanco, ex director de la Policía Ministerial de Sinaloa y hoy un alto funcionario de esta corporación. En el día 5 está el nombre de Paúl Villegas, "cumpleaños." Y el 3 de ese mes la leyenda: "Homicidios en Sinaloa, menores infractores, profesionistas desempleados... cultura del crimen en Sinaloa."

La hoja del 28 de abril reza: "Estrellita reluciente... ya te extrañaba." Y el 19 de ese mes, yfsanchez@quest.net y abajo el nombre Ramona F. Sánchez, que quizá corresponda al contacto que el periodista tenía en la DEA. El 18 de febrero, a las 11 horas, apuntó "Conferencia magistral 'Cuarto Poder': Carlos Monsiváis." Era la actividad organizada por el semanario *Ríodoce* para festejar su primer aniversario. Y un miércoles de ese año, el que fuera, anotó "Miércoles de ceniza".

Vivo o muerto

El 2 de abril de 2012, durante un homenaje que devino en protesta, Alfredo Jiménez Hernández, padre del periodista, leyó un mensaje frente a la placa que lleva el nombre del comunicador, en la plaza de Empalme: "Pedimos que no quede impune la desaparición forzada de mi hijo Alfredo."

Juan Fernando Healy Loera, presidente y director general de *El Imparcial*, lamentó estos siete años en los que no se sabe nada del comunicador desaparecido y las indagatorias no han llegado a ninguna parte.

La nota de Ulises Gutiérrez, corresponsal del diario *La Jornada*, refiere que Healy manifestó que desde esa fecha, más hechos como el de Jiménez Mota han sacudido al periodismo mexicano y la situación parece ser imparable, pues desde entonces la Comisión Nacional de los Derechos Humanos (CNDH) ha documentado más de 450 expedientes de quejas por ataques a periodistas y medios noticiosos.

"Queremos conocer qué sucedió con el periodista Jiménez Mota y que su caso salga de los archivos de la impunidad en los que han quedado mucho otros", sostuvo.

En abril de 2009, la periodista Yesicka Ojeda, de *El Imparcial*, entrevistó a los padres, quienes lamentan los nulos avances en las investigaciones y exigen que se detenga a los responsables y saber de su hijo.

Esperanza Mota Martínez y José Alfredo Jiménez Hernández relatan que siguen vivos los recuerdos en la casa donde nació el comunicador.

—¿Han tenido avances de las pesquisas que sigue la Siedo sobre el caso Alfredo Jiménez Mota?

—Desde noviembre del 2008 todo sigue igual, no se ha movido nada y la verdad no hemos preguntado nada porque los encargados del caso (Siedo) en cuanto tienen avances de la investigación se ponen en contacto con la familia, no tiene caso que estén aquí, si no hay algo que nos revele dónde quedó nuestro hijo.

—¿Qué le pedirían a las autoridades federales y a la Comisión Interamericana de Derechos Humanos?

—Que sigan trabajando para que no quede impune lo que pasó con Alfredo, porque hasta ahora no sabemos lo que ocurrió, el motivo sí lo conocemos, pero nadie nos ha dicho dónde está y en qué condiciones, quiénes fueron los actores intelectuales.

Apestado

Un reportero se sienta en la mesa de un bar, en Culiacán. Está de visita, viene de Sonora, con otros sinasonorenses: gente que va y viene de Sinaloa a Sonora, y que son de allá y de aquí. Se encuentra con otros comunicadores, casualmente. Pero él no sabe que esos con los que comparte mesa eran de su mismo oficio. Les cuenta que conoció a Alfredo, que en sus últimos días en Hermosillo nadie quería andar con él: "Era peligroso, la verdad ninguno de nosotros quería darle raite ni acompañarlo. Era como un bato apestado." Lo dijo con cierta enjundia y orgullo. Imprudencia criminal. Su interlocutor le informó que él también era periodista y que conoció a Alfredo y que estaba triste por lo que le pasó. El hombre aquel preguntó para qué medio trabajaba y le dio el nombre del rotativo. El sonorense tomó su cerveza y dijo que tenía que ir a otra mesa, donde estaban los amigos con los que había llegado al bar, y que regresaba en un momento.

No volvió. Ni siquiera saludó más ni se despidió. Alfredo y sus amigos están apestados. Quizá muertos. Porque cuando muere un amigo, mueren todos. Muere algo. Algo se va. Algo no regresa más. Alguien.

Así vivía Alfredo, en soledad. Un asceta. Su trabajo era al mismo tiempo que desolador, el de un ermitaño, un loco. Los reporteros que lo conocían y que no compartían su forma de trabajar, por mediocridad o corrupción, desinterés o compromisos, lo miraban de lejos. Tomaban distancia: no nos vaya a salpicar, parecían decir. Esa alma en pena para muchos era un muerto. Y olía mal. Ese hombre va herido, déjalo ir. Por eso lo dejaron solo. Y esa soledad lo hizo más vulnerable. Dieron con él y pudieron con él. Y con él se llevaron a muchos que en este país van más allá de los actos de gobierno y la "cobertura de edificios", y beben de la calle, las plazas, la vida nocturna, las banquetas, sus latidos, torrentes y personajes.

Alfredo fue así. Se echó un chapuzón en los brazos de sus ciudades y pueblos. Se entregó inocente y pasionalmente a su oficio. Escribió, comunicó, indagó. Y así como trabajó, en soledad y en medio del páramo de la desolación, se perdió.

Réquiem en la web

Un joven anónimo, compañero de Alfredo Jiménez en la carrera de Ciencias de la comunicación, escribió en una página web que tenía una nota de seguimiento sobre la desaparición de Jiménez:

> Tristan Davis Blue aaawwm el Mota tomó algunas clases en mi salón, y una vez que un maestro preguntó que quién

era el que estaría dispuesto a morir por defender la pluma, la libreta y la grabadora, fue el único que levantó la mano. QEPD el Mota.

La suerte de un paquidermo

Alfredo regresó a su tierra. No regresó a morir, como los paquidermos. Pero sin buscarlo, dejó ahí el último rastro de su vida. Ya estaba cansado, harto. En *El Imparcial* escribía mucho y de temas más que espinosos: sangrantes. Por ventas, por espectacularidad, por exprimirlo, no dejaban el tema del narco ni soltaban a Alfredo.

"Le pedían más y más. Él estaba cansado. Creo que los del periódico buscaban protagonismo, posicionarse. Lo utilizaron, como muchos", recuerda Gerardo.

En el reporte de Proyecto Impunidad, se indicó: "La violencia desatada desde esa fecha (abril de 2005) en territorio sonorense ha cobrado la vida de 74 personas, 63 de ellas a manos de sicarios al servicio del crimen organizado, de acuerdo a los datos recabados por autoridades federales y estadísticas..."

"El cuerpo de (Raúl) Enríquez Parra apareció en un predio de la comunidad de Masiaca, municipio de Navojoa, la última semana de noviembre de 2005, junto a los de otros tres sujetos envueltos en cobijas. Para que no hubiera alguna duda sobre su identidad, portaba distintas credenciales —incluida la del IFE y otra de una tienda departamental— y una tarjeta bancaria expedida en Estados Unidos. Los cadáveres de los cuatro presuntos integrantes de la banda de narcotraficantes fueron arrojados desde una avioneta, luego de ser sometidos a tortura."

Versiones extraoficiales indicaron que ésa fue la señal del Cartel de Sinaloa, el mensaje: el saldo de la desaparición de Jiménez estaba pagado, y ahí párenle. El ajuste de cuentas de esa organización criminal incluyó una purga. La ciudad, el estado, esos municipios sonorenses, estaban "calientes" por la desaparición de un periodista. Alguien tenía que pagar.

Además, su desaparición provocó un alud de operativos, pues al fin el Gobierno Federal se había dado cuenta de la gravedad del problema que representaba el narco en esa entidad:

"Siete ranchos y cinco casas habitación de la organización criminal de los hermanos Enríquez Parra en Álamos, Navojoa y Ciudad Obregón. También a la familia Salazar Zamorano se le incautaron cuatro ranchos y siete casas en Navojoa y Álamos."

Los elementos de la Agencia Federal de Investigación descubrieron en el rancho Las Tierritas, ubicado en la carretera Ciudad Obregón-Navojoa, información y hechos que eran del dominio público, pero que ninguna policía local o federal investigaba. Un pequeño zoológico con leones y tigres, propiedad de los presuntos narcotraficantes.

En total, la Siedo incautó bienes por más de 46 millones 199 mil pesos, los cuales eran propiedad de quienes se dedican al narcotráfico en la entidad. Gerardo llora. El mar en sus ojos. La lluvia en días de junio, secos y de ventisca que de tan caliente y agresiva parece que corta, tiene filo. Alfredo, su amigo, desapareció el 2 de abril y su hijo nació un 3 de abril. Quiso ponerle como áquel, pero su esposa no lo dejó. Y entonces habla del gorila, del niñote, de aquel corpulento e inocente y temerario periodista que desconfiaba de todos pero que siempre se descuidaba. No sirvieron de nada su pasaporte a la mano, en esa mochilita negra: un pie aquí y otro huyendo, en otro lado, queriendo salvarse.

"Dicen que Alfredo ya estaba bien golpeado. Que lo tenían en un rancho, torturándolo. Que llegó un bato, éste que se llama Rolando, jefe de Los Números, uno de los que aventaron desde la avioneta poco tiempo después, porque esto provocó un cisma en el Cartel de Sinaloa, entre ellos, de Sonora, y El Chapo, y los tuvieron que matar. Y llegó hasta donde estaba Alfredo y le dijo 'no sabes quién soy yo'. Y le disparó en la cabeza."

Camisetas, pancartas, mítines

Gerardo dice que el periodismo es una mierda. Y no quiere saber más. Murió su amigo y fue por eso y lo dejaron solo. Muchos de los que lo patearon y usaron para soltar y publicar tal información, por intereses de políticos o de los narcos, ahora traen pancartas y camisetas y exigen justicia en el caso de su desaparición. Hacen actos de protesta. En las fotos se ven muy dignos.

"Lo patearon con la punta. Le dieron duro y en el trasero. La verdad es que no vamos a lograr nada con estas manifestaciones, es puro circo, como eso del Proyecto Fénix (periodistas de varios medios que iban a investigar el caso de Jiménez y publicar conjuntamente, y que no prosperó)… puras pendejadas."

Ríe pero no alcanza a soltar la carcajada. Dibuja a Alfredo en su carro, ese Topaz negro, y él le pone la canción de "La yaquesita" en el estereo: "Yo tengo una yaquesita / que quise mucho en Sonora / y cuando ella baila cumbia / el que la ve se enamora..." Entonces Alfredo, que apenas cabe en la cabina, brinca y casi pega su cabeza con el techo. Saca la mano derecha y con la palma, esa pieza gruesa y pesada que tiene en la extremidad, como un mazo, le pega y pega al toldo. Y duro. "Hey, cabrón, me lo vas a abollar." Y vuelve a reír. Y le contesta, con esa sonrisa de oso bueno, de niño contento, "Hey, güey, cabrón, no me dejes abajo."

"Para mí, desde ese día, desde que lo dejaron solo… que el periodismo chingue a su madre." Y de nuevo el mar y la lluvia en sus ojos. No necesita 2 de abril. Lo recuerda. Lo extraña. "La neta, a veces pienso que nomás es nostalgia. Que el bato va a entrar por esa puerta de cristal y va a decir, qué onda güey. Culero, no me dejes abajo. Tuve que esconderme, corría peligro. Ya regresé."

18 de junio de 2012

Historias de Tamaulipas

Una reportera de Tamaulipas escribe esto y no lo publica. Pide información que nadie da. Su libreta, pluma y grabadora digital se topa con bocas selladas y ojos que no ven, corazones que sienten, disimuladamente. Pide datos que vayan más allá de los asesinatos, los levantones, las masacres, los operativos del gobierno. Y el miedo, instalado ahí, en la redacción del periódico en el que trabaja, en las esquinas, las rutinas, las plazas y los parques, les gana a todos e instaura el silencio. Nadie habla, ni siquiera a cambio del anonimato. Se les ofrece rasurar la nota, eliminar todo lo que comprometa y ponga en riesgo. Ni así. Imperio de las hojas en blanco. Silencio y muerte sin tecleo.

Ojos de terror. Llanto agolpado. Almas desgarradas por vidas que se fueron, que no laten, desbaratadas. Sangre en el aire. Incendio por dentro. Muerte lenta. Eso es lo que cuenta esta reportera. Lo que quiere contar. Lo que no puede publicar. Lo que escribe.

I. El otro mundo feliz

Doña Mary está pendiente en la ventana. Con los ojos semillorosos y el corazón en la garganta. Escucha cada retumbo como si fuera un golpe en la cabeza. Apenas y respira. No sé por qué piensa que si detiene la respiración los retumbos cesarán.

Su marido le advierte: "Mujer, quítate de ahí, ¿qué estas haciendo?"

Pero doña Mary ni siquiera lo escucha. Los retumbos ocupan toda su atención.

Son las tres de la mañana y hace dos horas comenzó la "fiesta". Entre los invitados está un hijo de doña Mary, ella lo sabe y su marido también, sólo que él prefiere olvidarlo. Ella no puede. No lo intenta tampoco.

En la tele, un tipo asegura que bajó veinte kilos en una semana tomando solamente un té por las mañanas. Sin dietas ni ejercicios. Doña Mary sigue pendiente de la ventana con el corazón en la garganta. Pum. Seco. De repente, oye a lo lejos un rechinido de llantas. Un golpe y después, un interminable sonido de claxon.

Se le detiene el corazón. Siente muchas ganas de llorar y llora. Su marido se acerca y la quita de la ventana: "Te van a pegar un balazo, mujer, entiende."

Ella se encoje de hombros mientras su compañero de casi treinta años la lleva al sillón. Doña Mary se sienta mirando al piso y con el corazón hecho una bola.

"Ése era mi muchacho", dice apenas, mientras el hombre en la tele muestra un enorme pantalón que ya no le queda.

"Estás loca, mujer, vámonos ya a dormir." Es la respuesta que recibe.

Doña Mary sigue viendo el piso mientras los retumbos opacan el interminable sonido del claxon. Dos horas más y sigue el ruido y el sonido del claxon se pierde.

En la mañana no hay información de la "fiesta". Los noticieros aseguran que en Reynosa se come rico, que la muestra gastronómica fue todo un éxito y que la salida de Moreira no afectará al PRI.

Mientras se toma su café, doña Mary recibe noticias de su muchacho. Dicen que chocó durante una persecución y quedó pegado al volante de su camioneta durante horas hasta que pudieron rescatarlo.

Ella sigue meneando lentamente su café sin dejar de mirar al piso. En su cabeza sólo escucha el interminable sonido del claxon. No siente el corazón.

II. Mala racha

En los últimos meses he visto cómo hombres armados llegan al Oxxo a comprar atún y galletas saladas. He visto convoys del ejército y la armada recorrer la ciudad, he visto casi niños cargando armas más grandes que ellos... he visto, la verdad, cosas que hacen que duela la panza.

Pero hoy camino al trabajo, vi una escena que me estrujó lo que sea que se estruje en el pecho cuando uno ve algo que te saca las lágrimas.

Era un viejo sentado sobre un poste de la luz tirado a la orilla de la carretera. Barbas largas y grises. La ropa sucia y rota.

Estaba sentado de espaldas a la carretera y de frente a una pared. Se tapaba la cara con sus manos. Se frotaba los ojos y luego se quedaba quieto. Se apretaba la nariz con las palmas y volvía a esconder la cara bajo sus dedos mugrosos y llenos de callos.

Se ponía la mano sobre la frente y negaba con la cabeza. Respiraba fuerte y repetía la frotadera de los ojos.

Nosotros estábamos echándole cien pesos de gasolina a la camioneta que vamos a vender porque el dinero no alcanza para tener dos. Renegando porque son pinches cien pesos. Llorándole a una máquina.

El hombre tenía a su lado una bolsa de plástico, un palo y un trapo azul. Y junto a él, amarrado a otro poste con un mecate amarillo, estaba un perro flaco y negro con manchas blancas. Echado. Sin moverse. Esperando a que pasara el mal rato.

¡Qué poca madre la mía pensar que cien pesos de gasolina y una camioneta menos es una mala racha!

III. La fuerza de la costumbre

Mentira que te acostumbras. Uno dice que sí, pero nel. No es cierto. La violencia que abraza la ciudad es común y es cotidiana. Es tema de conversación en cualquier lugar, es incluso un tópico natural en los niños. Esta generación ha crecido viendo soldados y escuchando balazos. Hablan de eso como de cualquier programa de televisión. Pero no es cierto que uno se acostumbre.

Porque cuando te acostumbras a las cosas es como si dejaran de importarte. Las haces o las dejas de hacer en automático y no te causa problema alguno. Sin embargo, uno no se acostumbra a escuchar balazos. Cada vez se siente ese encogimiento en la panza. Cada vez se siente ese frío que te recorre el cuerpo. Y tratas, casi siempre, de hacer que no pasa nada. Y tratas, casi siempre, de hacer como que sigues con tus cosas. Pero por dentro te cagas, machín. Te da miedo. Sientes pena por ti y por los demás por vivir así. Sientes impotencia. Sientes coraje y sientes hartas ganas de llorar.

Y ves a quienes no ocultan su miedo, a los que se tiran al piso o se ponen de espaldas a una pared y hasta te burlas y les dices: "¡Ay, ya, no es para tanto. Nomás son balazos." Pero por dentro dices: "Chingado, estoy igual de asustado que tú, pero no voy a ceder. No voy a darle cancha abierta al miedo." Entonces le dices que tú ya estás acostumbrado a eso.

Pero cuando los vidrios truenan o se rompen por el sonido de una bazuca. O cuando escuchas el golpe seco de un carro y luego el PUM, PUM, PUM, duro, cortado, sin eco… es un abrazo helado. Y nadie se acostumbra a un abrazo helado.

Así que la próxima vez que me preguntes si ya me acostumbré a estar en esta ciudad y te diga que sí, y te asegure además que no es para tanto, que nomás son balazos, ya sabes lo que pasa.

IV. Estruendo de nada

Su hijo le anunció que se iría para el otro lado. Joaquín sintió cómo un feroz rayo penetraba su cuerpo por el dedo gordo del pie derecho y lo atravesaba hasta llegar al lado izquierdo del pecho. El joven, José, de veinte años, le informó que no era el único, que iban varios a buscar trabajo, oportunidades, un poco de dinero "pa sobrevivir, apá".

El padre sacó un cigarro y mantuvo su mano izquierda en la bolsa delantera del pantalón de mezclilla. Dejó el cigarro mordido por los labios y se quedó cabilando, ido. Su hijo se acercó y lo prendió con un encendedor azul que luego se guardó en la bolsa de la derruida camisa.

"Todos van apá, nos vamos a ir en bola, no pasa nada", le dijo el joven, intentando ganarle terreno a la desesperanza acongojada de su padre, instalada en esos caminitos arrugados entre ceja y ceja. Él lo miró y luego se volteó tratando de penetrar el quicio de la puerta y viajar junto a su hijo, y cuidarlo.

Así quedó, suspendido en el infinito de su mirada, penetrando con sus ojos la camisa deslavada que ese día traía su hijo, mientras éste se perdía en el firmamento siempre lejano e incierto de esos atardeceres en Matamoros, Tamaulipas. Ellos son de San Luis Potosí, un vecino estado ubicado cerca de la frontera norte, abrazado por la violencia generada por los grupos criminales en manos, sobre todo, de carteles como Zetas, Golfo y Sinaloa. La plaza, esas ciudades, la región, tienen dueño y son todos ellos y son los que pelean y se disputan el mercado de la droga, pero también el suculento negocio de las extorsiones, los secuestros y asaltos.

Queriendo no encontrar

El señor Joaquín no supo más de él en mucho tiempo. Empezaba el 2010 y su corazón se secaba, enjuto, de tristeza y nostalgia, y penumbra. Él no lo sabía pero su hijo, que había logrado avanzar muchos kilómetros en su camino a la frontera y luego a tierra estadounidense, fue privado de la libertad por hombres armados. Eran muchos y todos portaban fusiles de asalto, conocidos como cuernos de chivo.

Joaquín llegó a la ciudad fronteriza con tres hombres más del pueblo. Se enteraron que ahí hay muchos muertos. Los encontraron en fosas. La mayoría no están identificados. En su pueblo hicieron una "vaquita" para buscarlo en esa región donde dicen han quedado muchos desaparecidos, a mitad del camino, en la región fronteriza del estado de Tamaulipas.

Traen en la mochila fotos y papeles de hijos, hermanos, padres, tíos... de todos los de la bola que salieron con José. Y lo acompañan otros tres de su pueblo, parientes todos los que esa vez acompañaban en la travesía macabra al hijo de Joaquín. Esta vez, entre tantos cadáveres mutilados, con orificios de bala y sangre seca, desparpajados por la tortura, esperan no encontrar nada ni a nadie.

Ojalá nomás me maten

El corazón de José late acelerado. Una sensación helada sube desde los pies hasta la garganta. Las manos se le entumecen. Se hace difícil respirar. Es como si un trapo húmedo estuviera oprimiéndole fuerte la nariz, ahogándolo. Les habían advertido que el camino sería peligroso. Que no importaba que fueran muchos, que los otros estarían armados. Bien armados. El camión en el que van se detuvo cerca de una brecha. Cuellos estirados desde los asientos. José sabe que van por ellos. El miedo lo paraliza.

Tres se bajan de una camioneta blanca con vidrios oscuros. No son hombres, son casi niños. Llevan armas en la cintura y enormes rifles en las manos. Van vestidos de militares. Suben al camión y gritan algo que José ni siquiera entiende. Está concentrado sólo en seguir respirando. El imaginario trapo sobre su nariz aprieta más. El pecho oprimido, la garganta cerrada: el corazón a punto del estallido. De repente, sólo siente un fuerte jaloneo. Uno solo basta. No hay resistencia. No hay para qué. Bajan a todos. Los forman al lado del camión. Brazos en la nuca, mirada abajo. Rodillas al suelo. Siguen gritando, dan órdenes que todos siguen en silencio, a pesar de que hay mucho en ese escenario que no entienden.

Uno de los tipos le jala el cabello hacia atrás y le amarra un trapo en los ojos. El trapo huele a gasolina y el tipo a humo. El nudo es muy fuerte, pero es más fuerte el trapo que parece tener atorado en la garganta.

"Ojalá me maten rápido, ojalá nomás me maten", piensa José una y otra vez.

Ojos de agua

Joaquín está parado en la línea que divide a México de los Estados Unidos. Hasta allí llegaron él y los otros hombres en busca de sus desaparecidos. Un ejército de deportados caminan cabizbajos por el Puente Internacional. Traen arrastrando los pies y las ilusiones. Transfronterizas almas de pena. Él estira el cuerpo para alcanzar a verlo todo y entrecierra los ojos para afinar la puntería de sus miopes ojos. El corazón tiene prisa. Quisiera ver a su muchacho entre la bola. Pasan unos y otros. Ningún conocido.

Zombis que vienen de la desolación y van rumbo a la desolación. Destino fatal. El desierto sin oasis divide a ambos. A Joaquín se le llenan los ojos de agua cuando comienza a oscurecer y no hay noticias de los suyos. Ojos acuosos. Parecen derretirse con él y sus esperanzas.

Ora sí te cargó

Tirado sobre el frío piso de la camioneta, José comienza a sentir que la sangre no le llega a las manos. Fue lo primero que se le entumió, aunque en realidad fue toda su existencia reumática. Tiene cinta amarrada en ambas muñecas sobre la espalda. Siente como aceite, como tierra, como sangre... Su cuerpo se mueve de un lado a otro violentamente. Da tumbos. Se golpea los codos, en las costillas, en la espalda. El camino es sinuoso y lleno de baches. Polvoriento. Brincoteo, danza con nadie. Brutal.

Al fin se detiene. "Ojalá me maten rápido, ojalá nomás me maten", sigue en su mente. Un fuerte empujón y José cae de golpe al suelo. Es tierra. Tierra y piedras. Poco pasto. Siente una patada en la panza y luego escucha una orden seca "¡De pie, cabrón!, ¡de pie!"

Con esfuerzos, José se levanta y apenas camina. Empujones. Risas. Voces. Música lejana, como su vida y su respiración accidentada. Lamentos. Más golpes. Un aventón y duro contra la pared fría de un cuarto frío. Se oyen llantos, respiraciones agitadas. Huele a azufre, a gasolina, a sudor guardado y carne asada. O a algo quemado.

El trapo en los ojos ya casi no se siente. "Ojalá nomás me maten", repite José mientras abre y cierra las manos para quitarse lo entumido.

A tientas, trata de acomodarse sentado contra la pared. Escucha gritos, amenazas, risas. Entonces, siente el aliento caliente y hediondo de alguien que le dice bajito: "Ora sí te cargó la chingada."

José pasa saliva y piensa: "Ojalá me cargue pronto."

El pueblo de los muertos

Luego de varios días, don Joaquín y sus compañeros de viaje llegan al pueblo donde, dicen, encontraron enterrados más de doscientos muertos. Es San Fernando. Ojalá que ese nombre, el de ese santo, el de ese pueblo, nunca se olvide. Traen en sus mochilas un tesoro desgastado con fotos manoseadas y los papeles de sus desaparecidos, buscan que alguien les dé razón. Preguntan a uno, a otro. Son invisibles.

Sentados sobre la banqueta de una de las oficinas de migración, los hombres ven llegar a lo lejos una camioneta con las enormes letras negras: SEMEFO. Los del Servicio Médico Forense salen del vehículo vestidos de blanco y comienzan a bajar bultos envueltos en bolsas negras. El olor hace que don Joaquín estornude. Hace el intento de pararse pero el cansancio lo jala de nuevo al piso. También los olores que viajan rápido. Olor a muerto, a sangre agrietada, a músculos duros. Sucursal del infierno.

A la pasada, pide que le dejen ver los cuerpos. Hace rápido un breve resumen de su travesía en un vano intento de encontrar respuesta, comprensión, lástima. De despertar en aquellos hombres de blanco un poco de humanidad, de hacer que broten en ellos las lágrimas contenidas por él, gastadas por él, acumuladas y ya llovidas por él. Despertar sensibilidad, recordarles que son hijos o que los tienen, que alguien los espera, que ojalá nunca desaparezcan.

Nada pasa. Los hombres ignoran a Joaquín como si fueran otros muertos más. Otros bultos que hay que arrojar o rescatar de las fosas, para llevarlos a la otra fosa: la fosa común, la del olvido. Un grupo de policías llega para hacerle entender que nadie le dejará ver esos pedazos de muerte envueltos en bolsas negras de plástico.

En San Fernando, Tamaulipas, los primeros cadáveres fueron encontrados el 1 de abril del 2011 por personal de la Procuraduría General de Justicia del Estado. Cinco días después fueron reportados en los medios informativos cincuenta y nueve muertos en ocho fosas. Funcionarios del Gobierno Federal que prefirieron no dar sus identidades informaron que aparentemente las víctimas viajaban en un autobús de pasajeros con destino a la frontera norte y que fueron interceptados por presuntos integrantes del Cartel de los Zetas, cuyo dominio y presencia criminal en esa región está fuera de toda discusión.

Este tipo de privación ilegal de la libertad, levantones o secuestros iniciaron entre marzo y abril de ese año. Pero fueron directivos de la empresa Ómnibus de México quienes denunciaron formalmente el 24 de marzo y así "se iniciaron las investigaciones correspondientes". Lo de siempre. Lo que no pasa nunca.

Además, los medios periodísticos informaron que una mujer de Matamoros, muy cerca de la frontera con Estados Unidos, con un marido que nunca llegó a San Luis Potosí, a donde se dirigía, había presenciado el secuestro de un autobús de pasajeros. Hubo más reportes desde entonces.

Las autoridades creen que los delincuentes seleccionan a los pasajeros que van a privar de la libertad y que los usan para reclutarlos por la fuerza como sicarios o halcones, extorsionar a sus familias para obtener dinero a cambio de su liberación, o les hayan cobrado a cambio de dejarlos pasar. Nada de esto ha sido confirmado. Los únicos testigos están muertos. Los otros no dan testimonio, no confían en el gobierno.

El 8 de abril fueron halladas dos fosas más, con unos veintitrés cadáveres. Todos ellos eran hombres. El 10 de abril, la Secretaría de la Defensa Nacional informó que fue arrestado Armando César Morales Uscanga, quien confesó haber participado en estas masacres y además dio datos sobre cuatro nuevas fosas, en las que había dieciséis cadáveres. Posteriormente, la Procuraduría General de la República (PGR) señaló que ya sumaban 116 cadáveres y diecisiete personas detenidas, entre ellas Johnny Torres Andrade, y que éstos podrían formar parte de la organización criminal de los Zetas. Además, fueron arrestados dieciséis agentes de la Policía Municipal de San Fernando, donde la cifra de muertos encontrados en fosas no deja de aumentar.

La cifra llegó a 193, de acuerdo con datos de la PGR. Pero versiones extraoficiales indican que el número de muertos podría ser mayor. Hay quienes aseguran que en esas fosas suman cerca de quinientos cadáveres. Los datos oficiales señalan que unos 122 de las víctimas corresponden a pasajeros de los autobuses secuestrados.

También fue arrestado por la Secretaría de Marina (Semar) Martín Omar Estrada Luna, conocido como El Kilo, supuesto autor intelectual de varias masacres vinculadas con las fosas encontradas. Las autoridades federales giraron órdenes de aprehensión contra 85 personas más.

Silencio y frío

Los ruidos han disminuido, José asume que es de noche, porque la música que al principio sonaba estruendosa es casi un murmullo que se mezcla con el canto de los grillos y el aullar de algunos coyotes. Y la noche grita en silencio. Y nadie la oye.

Comienza a sentir frío en las piernas y hace rato que ha dejado de escuchar voces. Nada sabe de los que venían con él. Tampoco sabe si pedirle a Dios que estén vivos o que los hayan matado rápido.

Mucho frío. No sabe si es él o el clima. No siente las piernas. El ruido se hace cada vez más bajo. Bajo. Bajo. Silencio. Frío. Oscuro. Estruendo de nada. "Ojalá nomás me hubieran matado." Eso pensó José. Eso contó, escasamente. Pero nadie sabe si lo soltaron y logró escapar. Está vivo. Vivo en Matamoros y en San Luis o en algún lugar cercano. Ahí en esa región nadie habla, ni el gobierno ni los periodistas. El miedo les puso en la boca y atoró en sus gargantas el mismo trapo húmedo y apestoso que sintió José cuando lo capturaron, encerraron y torturaron. Todos traen cerquita la muerte. Todo es silencio. Por eso José no cuenta más.

JUNIO DE 2012

El precio del carisma

Quería entrar al negocio de las drogas. Y lo logró. Y con la misma rapidez que ingresó, salió. Egreso funesto de las filas de la criminalidad, en Culiacán.

Julio vivía con una joven de mediana edad que tenía dos hijos, a uno de ellos, con cerca de veintiún años, Julio lo quería como si fuera suyo, y lo condujo de la mano hasta que ingresó a las filas del Cartel de Sinaloa, por medio de una de sus células, conformada en su mayoría por muchachos de esa edad o quizá un poco mayores.

"El muchacho tenía gusto para vestir. Buen muchacho, buena persona. Tenía pegue con las mujeres y buena conversación, así que los muchachos, los otros, se sentían desplazados, porque él jalaba reflectores con amistades y mujeres", expresó una persona que lo conoció de cerca y que fue su familiar.

"No les gustaba, agrega, que quisiera vivir bien y hasta llegaron a reclamarle que se vistiera de esa forma, con cierta elegancia." "Donde quiera que andamos te tratan como si fueras el jefe", llegaron a espetarle. Envidia, rencor. Con esas dos palabras describieron los parientes que lo conocieron de cerca y que supieron el destino final de este joven culichi, en la capital sinaloense.

Pero nadie adivinaría, ni por asomo, la secuela violenta que esto traería: sus episodios hicieron que se moviera la aceitada maquinaria del Cartel de Sinaloa, el aparato delictivo, desde los peldaños más cercanos a la cumbre, negociaciones, amenazas, jaloneos de grupos de poder de gran importancia dentro de esta organización criminal.

La cacería

Eran los primeros días de febrero de 2011. El joven iba con una mujer. Manejaba su automóvil pero no lo dejó en su casa, sino a varios metros. Tal vez pensó que no debían verlo por ahí o quizá quería evitar que se dieran cuenta que iba acompañado. Al ver que caminaba del automóvil a ese departamento donde vivía, en un fraccionamiento privado llamado Valle Alto, al menos dos hombres no le perdieron la vista. Los que saben del caso afirmaron que iba a recoger un dinero que tenía guardado en su residencia.

Estaban ahí, estacionados. De cacería. Movieron sus espaldas y metieron la derecha entre sus ropas y emergieron dos armas de fuego. Cartucho arriba. Abrieron la puerta y bajaron. Avanzaron con sigilo. Él no los vio hasta que los tuvo cerca. Mínima distancia hacia la vida. Nada que lo separara de la muerte: acaso un breve diálogo, alguna decena de latidos en esas prisas que siempre tiene el segundero en el reloj de los sicarios. Acaso nada.

No la ven a ella. Piensan que va solo. Un efímero intercambio de palabras. Monosílabos que apenas llegan a las cavidades óticas. Reclamos, mentadas. Palabras que no dañan más que esas balas. Armas arriba. "Hasta aquí llegaste." Pum, pum. Usaron armas calibre 5.7, de las llamadas matapolicías, por su capacidad para atravesar blindaje. En el lugar quedaron once casquillos, de acuerdo con las primeras investigaciones de la Policía Ministerial del Estado y la Coordinación de Homicidios Dolosos, de la Procuraduría General de Justicia del Estado.

La joven mujer mira todo desde el vehículo que permaneció estacionado sin que los homicidas se den cuenta. Grita pero no quiere. Su instinto coloca sus manos abiertas y tensas en esa boca de fresa, abierta y con un mar de gritos y dolor y espanto. Los ojos abiertos. Ve cuando salen los fogonazos. Ve que le vuelven a disparar. Él en el suelo. Cuerpo estertóreo que no cesa sus aleteos, aun en el pavimento. Media vuelta. Regresan al automóvil, lo abren y van escarchando todo a su paso.

Y ella ahí. Tapa su boca. Ahoga los gritos. Todo en esa escena es aullidos que guardan silencio. Todos los ay contenidos. Todo ese mar desbordado en esa boca, esos ojos. En ella. Ella que los ve. Ella que lo ve caer. Ella que vio sus caras, sus manos y armas. El humo victorioso de sus cañones. Ella que ve sus rostros. Ella que sabe. Ésos son, ellos lo mataron.

Habla, avisa. Tiembla, no puede marcar las teclas de su teléfono celular. No puede hablar. Trabadas sus manos, enredos entre lengua y labios. Las palabras se amontonan, amotinan, tiemblan, dentro. Hasta que logre emitir, hilar sílabas, construir palabras que estaban derruidas, como ella.

Lo mataron. Clic.

La venganza tiene filos

La madre está abatida. No cabe en su dolor: se le desborda por todos lados, empezando por esos ojos siempre húmedos, en los que llueve estrepitosa, tumultuosamente. Ella habló con Julio, su pareja, padre de dos de sus cuatro hijos. Aunque el recién asesinado no era suyo, lo quería como tal. Se le acercó, apuñó la mano y le sacó brillo a sus ojos nunca secos: quiero venganza.

El hombre la ve. La ama y la abraza. Quiere consolarla, estar con ella. Sabe que los homicidas son del mismo cartel, que es un enredo en el que si se entra difícilmente podrán salir, que es peligroso, mucho. Decide permanecer a su lado, pero no quiere meterse en ajustar cuentas con los homicidas. Insiste ella. Julio trata de calmarla. Pasan los días y ella se sostiene. Él toma distancia. Ella empieza a moverse. También tiene lo suyo: contactos, dinero, sed y mucha.

"Sin que su pareja se dé cuenta, porque él no está convencido de tomar venganza y no quiere meterse en problemas porque sabe la clase de personas que son los que mataron al muchacho, al hijo, ella busca y logra contratar siete pistoleros. Su tarea será dar con esos dos que mataron a su hijo."

Dos levantados

Dos hombres fueron levantados por un comando. Las notas policiacas no aparecen. En la ciudad todo está en calma. El saldo habitual de cada día en Sinaloa es de cinco a siete asesinatos, que en ocasiones llega a diez. Pero ésos no aparecen. Ni aparecerán en las páginas de los diarios locales.

Los homicidas capturan a los dos que dieron muerte al joven aquel. Los mantienen cautivos. De repente, les emerge la ocurrencia, que luego se traduce en imprudencia, de cobrar rescate. Se comunican con familiares y piden quinientos mil pesos a cambio de liberarlos. Los parientes, involucrados en el crimen organizado, responden rápidamente y sin averiguar, y entregan el dinero que les exigieron.

A ellos se les hizo fácil. Demasiado fácil y rápido. Y se creyeron seguros, frente a un gran negocio. No sólo no liberaron a los que tenían en su poder, sino pidieron más a cambio de sus vidas: medio millón de dólares.

A los del cartel —en cuyas filas parece predominar, al menos en Sinaloa, la instrucción de que no haya secuestros, y si los hay, los plagiarios deben ser eliminados inmediatamente, al margen de quiénes sean—, les parece sospechoso. Los captores no cumplieron y ahora piden más dinero. "Se engolosinaron."

Así que empiezan las investigaciones por parte de los narcotraficantes. Dan con ellos. Estaban en una casa de seguridad. Sorprenden a los siete y se dan cuenta, ya cuando logran imponerse, que uno de los jóvenes por los que habían pagado rescate está muerto. Y comienzan las torturas y las mutilaciones. Confesiones.

Los siete sicarios van cayendo. Pedazos de vida por aquí y por allá. La sangre huele a drenaje estancado, a vida hueca, a muerte guardada. Encierro de vivos y muertos, de pedazos de hombres que antes mandaban y tenían el dedo en el gatillo: balazo en la sien. Entre las confesiones, uno de ellos dijo que había escuchado una conversación entre la señora que los contrató y su marido. Los narcotraficantes, que conocen a esa persona pues es el padrastro del joven ultimado en el fraccionamiento privado, se miran y se preguntan sin pronunciar palabra. Y matan a todos. Y van por él.

Lo saben después, la mujer, la madre que contrató a esos siete, ya no está en la ciudad. Ni en ningún otro lado. No la encuentran. Ella sabe de todo esto, que la van a buscar y el fin de sus gatilleros, y emprende el vuelo con todo y sus hijos.

A él no lo encuentran. Él, enterado de esa estela de mutilaciones, cadáveres perforados y sangre añejada, se les adelanta: va a verlos.

Flaco salvoconducto

Eran los primeros días de 2012. El año comenzaba, la vida no. Suspendida, frente a cañones oscuros de los fusiles automáticos AK-47, rendida frente a una sierra eléctrica, un martillo, un filoso, largo y manchado cuchillo de carnicero: ancho después del mango y flaco a mitad de la sonriente hoja.

"Ella lo llama antes de irse. Parece que le dice algo así como 'me levantaron a los muchachos'. Él entendió perfectamente de qué está hablando. Ella sabe. Él también. En ese momento había valido madre todo. Y sabe que lo buscan. Y antes de que esos se muevan y traigan la boca rabiosa en la frente y el dedo en el gatillo y el tiro arriba, va por ellos.

No piensa entregarse. Más bien negociar. Lo comenta con alguien cercano. Uno que tiene capacidad de mando, pero con nivel de cuarta o quinta fila en la estructura de la organización criminal del Cartel de Sinaloa, fuera de esa entidad, pero originario de Culiacán, en Baja California.

Un comando da con el domicilio de ella, en el fraccionamiento Lomas del Sol, y descargan sus armas. Pero la casa, cuya fachada quedó perforada y la puerta principal tumbada, está vacía.

Encapuchados

Áquellos no tienen ninguna consideración. Reciben a Julio y a su acompañante como según ellos se merecen. No les importa el argumento insistente de que quieren "aclarar, resolver el asunto". Les ponen una capucha y los llevan hasta una casa de seguridad. Hay varios cadáveres y trozos de éstos, al parecer son los siete que ellos mismos asesinaron.

La persona que acompaña a Julio no tiene peso suficiente para imponerse. Ésos, los captores ponen condiciones y buscan obligar al esposo a que se comprometa a entregar a su mujer. Él no dice nada. Una mujer que sabe que están metidos en problemas, pariente del marido, busca a uno de los principales sicarios de Ismael Zambada García, El Mayo. No lo encuentra, pero sí al hermano. Sabe que Julio es inocente, que no tiene nada que ver con lo que pasó y pide que no lo dejen solo.

Suena el teléfono de uno de los que tienen al esposo. Le advierten a él y a sus secuaces: "No se enreden, ese bato que tienen ahí es compadre de mi hermano y si le pasa algo se va a molestar, y va a haber pedo, bronca fuerte, chingazos... ustedes saben."

Había habido amenazas de muerte en ese cuarto apestoso y frío. Uno de los homicidas le dio un culatazo en la rodilla. Pero una vez que recibieron esa llamada, las cosas cambiaron. Por eso lo dejaron ir. Pero le dicen, como advertencia, que debe entregar a la madre del joven muerto a tiros. Búsquela y entréguela. Él no asintió. Pero salió con el corazón y el estómago hecho nudos. Y un "qué hago", con mucho peso, pegándole sin cesar en la cabeza.

¿Vas a entregar a tu mujer?

Cuando Julio llegó a su casa, sus hermanos, amigos y padre estaban enterados. Todos ellos tenían pasos y peso en el Cartel de Sinaloa. Su padre le dice, con palabras como un taladro penetrando en medio de su cabeza, "¿cómo vas a entregar a tu mujer, la madre de tus hijos? Es como si yo decidiera, en un momento determinado, entregar a tu mamá, ¿Crees que la entregaría?", le dice el viejo, lo regaña y cuestiona, igual que todos ahí, contó una persona cercana a la familia.

Él puso una cara de piedra. Sus ojos se cuartearon, cual vitrales. Los cachetes se le hincharon. Por eso decidió, al final de aquella conversación en que lo dejaron desnudo y evidenciado, que tenía que tomar medidas, apartarse y esperar lo peor. Se salió de su casa y se fue solo a una que tiene en la ciudad de Culiacán: se puso una pechera. "Se aperchеró", dijo uno, recurriendo al argot de los narcos, referentes a ponerse un chaleco para portar cargadores, cartuchos y granadas. Tomó un cuerno de chivo y se surtió de balas.

No lo dejaron solo. Dos o tres de sus amigos y familiares se fueron con él, a atrincherse en esa vivienda. Pensaron, "si vienen, aquí los esperamos, no les tememos".

Reunión en la cumbre

Aquel operador y jefe de sicarios de El Mayo regresó a la ciudad. Su hermano lo enteró de todo y de inmediato buscó a su compadre Julio y a la familia de éste. Se vieron en la casa de ellos, en un populoso sector que antes estaba en los límites de la ciudad y que ahora ha sido devorado por la golosa mancha urbana, en el sector oriente, muy cerca del río Tamazula.

Refrendó lo que todos ahí habían dicho antes: no entregar a la esposa ni a los hijos ni a nadie, "si ellos quieren, que la busquen, que la encuentren y ya veremos".

"Esta persona, que es uno de los meros jefes, de tercer nivel más o menos, le dijo que estaban juntos en esto y que él los apoyaba, que tenía todo su respaldo para lo que quisiera. Se enojó mucho porque la persona que lo acompañó a resolver el asunto cuando los encapucharon no supo ubicarse por encima. Conocido como El Seis, 'no supo reaccionar, de seguro se la pasó frotándose las manitas, porque es un pinche nervioso el güey'... pero además, no se hizo respetar."

El jefe habló con los que habían mantenido cautivo a su compadre. Aparentemente, el asunto fue aclarado y todo quedó ahí. Un familiar de ellos, habiéndose calmado las cosas, se va a República Dominicana y allá es detenido. Las autoridades de México y de Estados Unidos lo acusan de haber transportado droga, pero otras fuentes lo señalan como partícipe de un encuentro en la cumbre, entre un ex presidente de ese país y Joaquín Guzmán Loera, El Chapo, uno de los líderes del Cartel de Sinaloa. Luego de la aprehensión, el joven culichi, piloto de un avión, fue trasladado a Nueva York y ahí permanece preso.

La Ministerial, el trabajo sucio

Durante los primeros días de junio, el esposo conduce una camioneta de modelo reciente por el bulevar Universitarios, también conocido como Novena, a pocos metros de Ciudad Universitaria, en Culiacán. Julio se confía. No trae armas ni droga ni anda borracho. Por eso no se le frunce el ceño cuando ve las torretas y las patrullas negras, sin matrícula ni numeración a los lados, con el escudo de la Policía Ministerial, que parecen esperarlo.

Los agentes, alrededor de veinte, están a los lados y al frente de unas cuatro patrullas de la PME. Le hacen señas para que se detenga. Están encapuchados y traen terciados unos fusiles G-3, como los que usan los militares. En sus fornituras impecables armas cortas, al parecer calibre 9 milímetros, marca Glock. Le preguntan a dónde va, qué hace, cómo se llama. Le piden identificaciones y le revisan con obsesiva meticulosidad el automóvil, una camioneta Cherokee, modelo 2010. Toman los teléfonos Nextel, dan su nombre. Algo conversan en secreto el jefe de los agentes con el que tiene en la línea telefónica.

Al parecer, de acuerdo con versiones extraoficiales, ellos eran integrantes de una célula del cartel que se hace llamar Los Ántrax, cuya influencia se ubica en un importante sector del sur de esa ciudad. Tienen fama de ser peligrosos.

Julio sigue confiado. Le dicen que tiene que acompañarlos. Como puede avisa a su familia que lo llevan detenido. Los parientes hablan a la central de la Policía Ministerial, acuden a las oficinas ubicadas por el bulevar Emiliano Zapata. "Aquí no lo tenemos detenido", contesta una empleada. Y en efecto, no lo tienen. Los policías lo llevan y se encuentran con hombres armados. Lo entregan. Lo suben al vehículo y lo trasladan a una casa de seguridad. Entonces sí frunce el ceño. Se siente en desventaja, perdido. No sabe qué va a pasar.

Tampoco sabe que otro comando, cuyos integrantes son identificados como agentes ministeriales, llega a la casa de uno de sus sobrinos, cuya edad está entre los diecisiete y dieciocho años, en un sector cercano a donde él fue privado de la libertad, y se lo llevan. Nadie sabe dónde están. Ambos, después lo descubren, están en manos del mismo grupo criminal.

El operador de Zambada y compadre del esposo cautivo se entera y va de nuevo a encontrarse con la familia. Tiene detalles de los dos levantones. Habla y habla. Tres llamadas telefónicas. Entonces se comunica con un importante mando de la Policía Ministerial: "En la policía le explican, todo esto por teléfono, que uno de los agentes informó que los habían entregado, que ya no los tenían en su poder. Entonces el jefe se encabronó. Empezó a gritarles 'quiero que los suelten inmediatamente o si no voy para allá y los voy a mandar a chingar a su madre a todos, a ustedes también'. Y colgó."

Al rato, llegaron hombres armados de la confianza del jefe, traían a Julio y a su sobrino. "Ya los soltaron", le dijeron. Los habían dejado en un paraje deshabitado, en terrenos de una zona comercial, en la que tienen gran influencia los narcojuniors, llamada Isla Musala.

Los policías y el grupo armado al que les habían entregado a esos dos regresaron dos camionetas que habían sacado de casa del sobrino y la Cherokee que conducía él cuando fue interceptado por los ministeriales.

"Cuando llegaron les dijo el jefe 'estamos en el punto en que debes decidir qué quieres hacer. Si peleamos con ellos, como te sientas tú. Si quieres pelearte, vamos a pelear. Ahorita les partimos su madre a estos cabrones… o que ahí muera'. Estaba muy enojado. Pocas veces lo he visto así, tan encabronado."

Versiones de los mismos familiares señalaron que su compadre estaba tranquilo. Que le contestó que pelear era la última instancia: nomás que no me vuelvan a molestar. Y de nuevo habló con los captores el jefe: esta gente es mía y la tienen que respetar, y que sea la última vez que vengan a levantar a mi gente, la gente de aquí. Y si tienen algo más, me avisan. Y lo que quieran, ya saben cómo, dónde.

La grieta

Julio está afuera de su casa. Un pariente cercano llega y le extraña verlo ahí. Le dice que no llegaron por él, que sigue esperando. Le pregunta por qué no se va en su camioneta Cherokee y levantó los hombros. Enchueca la boca. Cierra los ojos. Pausa. "No sé", responde.

—¿Tienes miedo?

—Sí. No les tengo confianza.

—Sí, tienes razón. Quedan rencillas, heridas.

Y sí, quedan rencillas, heridas, grietas, intersticios. Por ahí pasan unas y otras se quedan. No saben en qué terminará esto y ya es julio de 2012. Por esas grietas, dolores heridas y rencores, se atoran las cuentas. Cuentas pendientes. Pueden agarrarlo mal parado a él y a su familia y levantarlo y desaparecerlo para siempre. Aunque ellos, los más encumbrados, aseguran que no pasará nada: le temen a Gonzalo, mejor conocido como El MP o Machoprieto, y no van a mover un dedo.

De este conflicto que pudo enfrentar dos fuertes bandos del Cartel de Sinaloa supieron muchos. Supieron los que debían. Desde Guzmán Loera, El Chapo, hasta Manuel Torres, alias El Ondeado. Sumaron hasta este momento nueve homicidios y los medios de comunicación sólo dieron cuenta de uno de ellos, el primero, en el fraccionamiento Valle Alto.

"Parece fantasía. Como si esto no hubiera ocurrido nunca. ¿Dónde están tantos muertos? Quién sabe. Y uno se pregunta quién los busca, dónde están los familiares, los deudos, las denuncias, los operativos. Son muchos muertos y no pasa nada. Parece irreal. Llegas a dudar si esto que pasó, es verdad", afirmó una persona que conoció de cerca el desarrollo de este caso.

Lo cierto es que esto pasó. Que acumuló la muerte de al menos nueve personas, la participación de unos quince agentes ministeriales, tres levantones, siete desaparecidos que no han sido identificados y una mujer y sus hijos prófugos. Todo en un lapso de alrededor de siete u ocho meses. Y los eslabones pueden seguir sumando acontecimientos. Esto pasó y puede seguir pasando.

30 DE JUNIO DE 2012

Yo sí tengo esperanzas

José Luis Zavala tiene todos los nombres en la cabeza. Lo recuerda todo, por eso tiene dieciséis años en pie de lucha y no esperará los otros veinticuatro que quedan para que la esperanza prescriba. Por eso exige justicia. Y la quiere ya. Dice que está a la espera de que llegue un gobernador valiente, que le entre. "Con güevos, pues."

Trae una camisa blanca, manga larga, bajo un calor disciplinante, a pesar de que ese reloj que le abarca toda la muñeca dice que pasan de las siete de la tarde. La camisa tiene caprichosos trazos de pluma. Y ahí, del otro lado de esa mirada aparentemente torva y esa cara redonda y grande, aflora un justiciero.

Fue el segundo fiscal especial en el caso de los tres jóvenes desaparecidos de Las Quintas. Una desaparición olvidada por muchos, un caso fantasmal, un recuerdo vago, teñido de gris y sepia, un papel periódico arrumbado y abrazado por el polvo y el hollín, un recuerdo difuso, borroso, de lluvia y brisa de neblina seca y abismal.

Pero los tres jóvenes tienen nombre y apellido. Tuvieron vida y festejaban, justamente, sus latidos: en una fiesta en el fraccionamiento Las Quintas, entre amigos y novias y parientes y vecinos, con algunos tragos nadando en las venas y el retiemble de la música disco en sus pechos y los pies moviéndose al ritmo de los sueños.

Son los primos Jorge Cabada Hernández, de diecinueve años, Juan Emerio Hernández, de dieciocho y Abraham Hernández Picos, de diecisiete. Y desde el 30 de junio de 1996 no se sabe de ellos. Éste es, quizá, el caso que cimbró a la sociedad sinaloense, el que tuvo más proyección nacional, y puso en evidencia la alcantarilla de la corrupción y la complicidad entre un empresario con fortuna de dudoso origen y las autoridades estatales y federales.

Y este hombre, el ex fiscal que ahora está desempleado, que da clases sin cobrar y que atiende por su cuenta los casos que de vez en cuando le caen, espetó y escupió para donde pudo y quiso, en su andar por esclarecer la desaparición de los tres jóvenes, en cuya historia, en ese devenir funámbulo y necio, le echó de la madre a un gobernador y al procurador de justicia, y miró de frente los cañones de los fusiles que le apuntaban, cuando, según cuenta, cumplían la orden de matarlo.

Aquella noche no termina

Fue en la madrugada del sábado 30. Los tres primos, Jorge Cabada Hernández, Juan Emerio Hernández y Abraham Hernández Picos, abandonaron una concurrida y amena fiesta en Las Quintas tras una riña con el anfitrión, Rommel Andrade, quien había aparentemente intercedido para defender a su hermana Helga y al parecer salió perdiendo al enfrentar a uno de los invitados.

En el conato de gresca participaron los del cuerpo de seguridad de la familia Andrade. Y fueron los primos quienes intervinieron luego para separar a los rijosos, pero se llevaron algunos golpes. Rommel, hijo del poderoso e influyente empresario Rolando Andrade Mendoza, amenazó a los involucrados: "Me la van a pagar, cabrones. Me los voy a chingar. Porque a mi familia nadie la toca."

Los jóvenes abordaron el automóvil Grand Marquis modelo 1995 color verde mar, placas VFP-2576 de Sinaloa. Acudieron a un domicilio ubicado cerca de este sector, a dejar a uno de sus amigos. Ahí permanecieron alrededor de cuarenta minutos. Salieron y fueron interceptados alrededor de las cuatro por agentes de la Policía Municipal. Y desde entonces…

"Quisimos (él y su esposa) ir adonde estaban ellos, allí los encontramos en el lugar donde ellos nos habían dicho que iban a estar, platicamos con ellos… a unas cuadras de la casa, y desde entonces no hemos vuelto a saber de ellos", se lee en una nota de *Noroeste* del viernes 19 de julio de aquel año, publicada por los padres de los tres.

Bitácora de muerte

Zavala no deja de rayar una servilleta. La despedaza con tantos trazos: lo hace con furia, con pasión y coraje y contra el olvido. Lo tengo todo. Anotado en esas veinte hojas que conserva como sus memorias personalísimas, pero que en realidad son parcelas podridas de la vida de una ciudad, un estado, un país. La vida apestosa de la corrupción, la impunidad, la colusión entre poderosos, hermandad de los malos, esos que están en las elites gubernamentales y empresariales, o en el crimen organizado, cualquiera que sea su modalidad.

Trae una corbata amarilla. Trae todo ahí, en su cabeza, bajo ese pelo relamido. Y también en esas cuartillas que no ha dejado de alimentar. Tiene memoria de francotirador. Mira el pasado con números y nombres y fechas y todo, a distancia de abeja. Mira para arriba, para los lados, parece asomarse hacia sí mismo, a sus adentros. Y dice que no lo olvida, que tiene todo ahí, y aplasta su dedo flamígero contra su sien, queriendo perforarla con fuerza. Deja una marca en su piel y reinicia sus labores de rayoneo. Poco queda de esa servilleta. Pero no suelta la pluma Bic azul.

"Quiero sacarme la espina. Que salga a la luz esa madre. Que se haga justicia", dice, casi a gritos. Nadie voltea en el restaurante porque está semivacío y a él poco le importa que lo escuche el mesero o el encargado que está del otro lado del mostrador o la cajera.

"Es sintomático", repite. Y empieza la tarabilla de datos, la danza del recuerdo siempre inédito, de esa oración larga, como un novenario, de número de patrullas y hora y día y todo. Y su memoria, que no le cuenta mentiras, trae a la mesa el nombre de

Karina Polanco Núñez, quien era la cajera en ese turno de madrugada, en la caseta de peaje número diez, ubicada delante de la comunidad El Limón de los Ramos, en Culiacán. Ella tiene que tomar nota en la bitácora de las patrullas que pasan y que no realizan el pago, por eso apunta en la hoja el número de patrulla 023 de la Policía Municipal. En ella iban los agentes Juan Luis Quiroz Ávila y Héctor Manuel Medina. Lo hacen de norte a sur, es decir, con destino a Culiacán. Hace lo mismo una camioneta Suburban azul con blanco, que va acompañada de una pick-up gris, con la nomenclatura PC 1002 de la Policía Intermunicipal, alrededor de las 4:52 de la mañana. Pero lo hacen de sur a norte, o sea de Culiacán hacia Mocorito. De ida al norte, la patrulla no pasa por la caseta, ya que aparentemente transita por el camino a la comunidad de Mojolo y así evita la carretera México-Nogales 15, y por lo tanto ser grabada y registrada en la bitácora.

Más tarde, cerca de las siete horas, se les ve de regreso, ya juntos los tres vehículos. Las camionetas con la leyenda PC 1002 y PC 1003 estaban asignadas por la Secretaría de Protección Ciudadana, de la que la Policía Intermunicipal formaba parte, al cuerpo de seguridad del empresario Andrade.

De acuerdo con las investigaciones realizadas por Zavala cuando estaba al frente de la fiscalía —el segundo fiscal, luego de que la familia de los jóvenes desaparecidos tuvo serias diferencias y desconfianza respecto a Carlos Gilberto Morán Cortés, el primero en encabezar las indagatorias—, en una de esas camionetas iban las víctimas, quienes aparentemente fueron interceptados por la policía alrededor de las cuatro horas.

Y Zavala, que realizó investigaciones que no tienen precedentes en la entidad y quizá en muchas regiones del país, en los sótanos del poder y los intersticios oscuros y oxidados, polutos y malolientes, del ejercicio de la impunidad y la violencia, dio con muchos datos que debieron haber llevado a la detención de los responsables "sin haber lastimado a nadie más". Y él mismo se interrumpe.

"¿Por qué mi terquedad?" Y se responde: "Porque el gobernador Renato Vega Alvarado, el procurador Amado Zambada, todo el aparato estatal, todo." Todos lo protegían. Protegían a Rolando Andrade.

Y continúa: "En el edificio que tiene Rolando Andrade, por la avenida Revolución, en la colonia Aurora, ubicada al oriente de la ciudad, fueron vistos esa madrugada varios automóviles. El inmueble es un cascarón. Parece que iba a funcionar ahí un centro comercial o estaba destinado a oficinas. Lo cierto es que se quedó en paredes, enmontado, con un gran estacionamiento interno. Ahí estaban el vehículo Grand Marquis azul en el que iban los jóvenes primos, a medio entrar, atrás de éste la patrulla 023 de la Policía Municipal y junto a ésta la pick-up 1002, y también la Suburban azul, y una camioneta Ram, negra, propiedad del empresario."

"La patrulla sale con los muchachos, los primos, a la calle Antonio Caso, luego vira en la Gabino Barrera y toma luego la Xicoténcatl, hacia el norte... lleva a los muchachos, pero hubo una contraorden y los alcanza la Suburban y platican el copiloto de ésta con el piloto de la patrulla. Eso me lo dijeron unos testigos, dos personas que lo vieron."

"Adelante", se para la patrulla. Y después reinician la marcha y la Suburban se les atraviesa. Los bajan a los tres y los suben al asiento trasero, sin camisa ni camiseta, descalzos, esposados. Esto fue por la Xicoténcalt, antes de llegar al Malecón.

"Un testigo dijo que reconocía al copiloto de la Suburban 'porque fue elemento de la Policía Municipal cuando yo fui agente y lo identifiqué plenamente'. Además, un agente de la Policía Intermunicipal está de guardia en la caseta de peaje y los identifica cuando pasan de ida y de venida. Y es el mismo copiloto... como te dije, es sintomático, no es casualidad. Todo esto tiene valor probatorio pleno, estamos hablando de los testimonios."

El abogado y catedrático de la Escuela Libre de Derecho, de la que es fundador y por eso no cobra salario alguno, afirmó que necesitaban comprobar que esa silueta, esa persona, era la misma que salió en el video de la caseta de cobro. Lo siguieron, le tomaron fotografías. Una y otra y otra vez. La misma pose, el brazo recargado, el mismo reloj y la misma pulsera. "Lo seguimos y le tomamos fotos sin que se diera cuenta."

Tengo todos los nombres en la cabeza. Lo repite. Parece que va a explotar. Una explosión de nombres y fechas y horas y datos. Se va desparramar de tanta información. Si no le provoca esa explosión la memoria desbordada, lo hará la pasión por encontrar, aprehender, castigar. Todavía quiere justicia. El delito no ha prescrito. Pero lo sabe y lo sabe bien. Le duele saberlo. No hay cuerpo del delito. No hay cadáveres. No están. Tampoco hay muerte. No legal. Pero sí de la memoria. Muerte del recuerdo.

El valor de una pisteada

Un joven está ingiriendo bebidas embriagantes con unos amigos. Había ahí dos personas presuntamente involucradas en la desaparición. Dijo que estaba en una escuela preparatoria y que conoció a una persona que había estado en los hechos y que había otro implicado. La versión llegó hasta el fiscal y éste puso manos a la obra.

Los policías detienen a uno, por órdenes de Zavala. Y les da otro nombre. "Uno de ellos dice en esa pisteada que había platicado con su familia, sus hijos, suegra y esposa, sobre lo que había pasado. Que habían cavado un hoyo y que en uno habían echado a Juan Emerio y en otro a Jorge y Abraham. 'Pero yo no les disparé, les pegaron un balazo en el pecho y otro en la cabeza'".

Al detenido lo tuvieron en el cuartel de la Novena Zona Militar, en Culiacán. El general Guillermo Martínez Nolasco era el comandante local. Y también apoyo incólume de Zavala. Y cómplice, protector y amigo.

"Pero nos confiamos, hicimos un cochinero. Lo teníamos en el cuartel con todo y una recámara y comida para que descansaran y se guarecieran. Él pidió protección porque le tenía miedo a Andrade más que al Gobierno del Estado, y pidió que lo escondiéramos y el general accedió. Pero ellos movieron sus hilos y denunciaron que lo teníamos incomunicado, que lo habíamos torturado. Y eso no era cierto. Pero no hicimos las cosas bien", manifestó.

Jaime Palacios, un luchador de izquierda, fundador del Partido de la Revolución Democrática (PRD) y ex catedrático de la Universidad Autónoma de Sinaloa (UAS), era amigo de la familia y conocía a Zavala, estaba al tanto del caso. Él mismo dio la cara para declarar ante los medios de comunicación que no había tal tortura, que lo habían llevado a la Zona Militar para protegerlo.

Los detenidos señalaron un lugar deshabitado, en la parte trasera de los moteles que se ubican en el norte de la ciudad. Ahí hicieron indagatorias, escarbaron, buscaron. Nada. La versión que tiene el ex fiscal es que los inhumaron y se llevaron los cadáveres a otro lado.

El peso de los millones

Rolando Andrade era poderoso. Poderosísimo. Compraba y comercializaba cosechas agrícolas, tenía muchas propiedades en la ciudad y algunas de ellas las rentaba. Durante la década de los noventa llegó a tener alrededor de diez mil empleados. También eran sospechosas sus fortunas. En un Estado marcado por el narcotráfico, se hablaba de que lavaba dinero procedente del crimen organizado. Era una condena, un señalamiento del que pocos dudaban.

Versiones extraoficiales señalan que le entregó a Renato Vega Alvarado, postulado por el Partido Revolucionario Institucional (PRI), durante su campaña por la gubernatura alrededor de veinticinco millones de dólares. Y así está en el expediente judicial abierto, todavía, sobre el caso de los jóvenes de Las Quintas. "Se vendió. Se vendió Renato Vega. Por eso no lo castigó. Al contrario, lo protegió."

José Luis Zavala era subprocurador general de Justicia del Estado y el procurador Zambada Sentíes lo nombró fiscal del caso cuando los nubarrones de sospechas y desencuentros con Morán Cortés se alimentaron tanto que fueron insoportables. Al tiempo, el procurador se daría cuenta de que no podría con el fiscal: en 1997 Zambada le pidió que elaborara un documento en el que exoneraba a Andrade y a todos los de esa familia.

Le respondió que no. "Es imposible, le dije. No se puede. Es imposible." El procurador se molesta. Se retuerce. Parece que le va a salir espuma por la boca. El fiscal se sostiene. Se gritan y contorsionan. Terminan echándose de la madre. Empleados de la PGJE afirmaron que el procurador había tenido un desvanecimiento por esta discusión y que se había puesto "delicado" de salud.

Ese mismo día, Zavala recibe una llamada. Es el gobernador. Lo cita en su despacho. "El gobernador me dijo 'óyeme pendejo, hijo de tu chingada madre. Te peleaste con un hombre honorable'. Le contesté que si se refería a la honorabilidad del procurador, ése es un viejo deshonesto, corrupto. Él me hecha de la madre, me dice 'eres un hijo de tu perra madre ¿de qué te crees tú? ¿De qué estás hecho? Te vas a morir de hambre, pendejo. Despreciaste cinco millones de dólares'. Le digo que chingue a su madre, viejo corrupto. Y le advierto: traigo una súper fajada, más vale que no se me atreviesen."

El entonces fiscal recuerda que se llevó la derecha al bulto que le hacía la pistola en la cintura. El gobernador siguió sus movimientos como un cirujano en la sala de operaciones. Salió de la oficina y de inmediato convocó a una conferencia de prensa para decir que el gobernador y el procurador eran unos corruptos.

Pleito por el expediente

Desde un mes antes le habían pedido el expediente que se abrió y que contenía las investigaciones realizadas, pero Zavala se escabullía, escapaba o escondía. El gobernador lo citó a una reunión con el entonces delegado de la Procuraduría General de la República. En el encuentro estuvieron también familiares de las víctimas. El mandatario quería que las procuradurías local y federal hicieran juntas las pesquisas. Pero no prosperó.

También fue llevado a la Ciudad de México, a una reunión entre los jefes de las corporaciones policiacas, el gobernador y Jorge Madrazo Cuéllar, titular de la PGR. "El gobernador quería buscar una manera de ejecutar las órdenes de aprehensión que se desprendían del expediente, pero que se hiciera de tal manera que los detenidos fueran dejados en libertad inmediatamente. El proyecto que yo tenía era detener a once personas por privación ilegal de la libertad y lo que resultara. Así fue consignada la averiguación previa ante el Juzgado Segundo de Distrito, con sede en la capital sinaloense. Pero el juez federal me dio la razón y resolvió que no era competencia federal, sino del fuero común, y le regresó el expediente."

En esa reunión, recuerda Zavala, Madrazo se dirigió a Renato Vega y le dijo "mi gobernador, ¿dónde están las órdenes de aprehensión?", y el mandatario se dirigió al fiscal Zavala y le hizo la misma pregunta. Estaban el teniente coronel Édgar Armando Acata Paniagua, titular de la Secretaría de Protección Ciudadana en Sinaloa —que después fue ascendido a coronel, cuando aún era funcionario en esta entidad—, el director de la Policía Judicial Federal y la familia de los desaparecidos. "'No las traigo', eso fue lo que contesté y se me echaron encima todos. El primero fue Madrazo y fue el más duro, porque dijo 'pero hombre, gobernador, cuándo va a poner en paz, en orden, a este hombre'. Le contesté que él estaba violando la soberanía del estado y me dirigí al gobernador y le dije 'y usted lo está permitiendo. Aquí hay corrupción'." Madrazo pegó un manotazo fuerte a la mesa y se metió a su despacho privado y el gobernador tras él.

El fiscal no hallaba cómo salir de aquel tenso ambiente ni de las oficinas. Temió ser detenido. Pensó en usar las escaleras de emergencia en lugar del elevador. Se sintió solo. También los familiares, quienes apoyaron en todo momento a Zavala.

Las intenciones de quitarle el expediente no cejaron. Zavala les contestaba, ante las insistencias, que lo tenía en la camioneta. Que si querían ir por él, adelante. Pero el vehículo estaba siempre custodiado por militares. Información extraoficial señala que la PGR envió personal a realizar sus propias pesquisas, pero no sólo no averiguaron nada. De acuerdo con una publicación del 4 de septiembre de 1996, uno de los fiscales federales, José Manuel Everardo Gordillo, encargado de investigar el paradero de los desaparecidos, se reunió en privado con Andrade Mendoza, en la habitación 114 de un hotel ubicado en la zona conocida como Tres Ríos, alrededor de las dos horas del jueves 22 de agosto. Durante la entrevista, arribó el guardaespaldas del empresario Salvador Ponce Rivera con un maletín. Después se marcharon. La mañana siguiente, Everardo Gordillo abordó un avión a la Ciudad de México, sin informar sobre los avances del caso, y ya no regresó. El padre de Jorge Cabada Hernández, Jorge Cabada Orduño, cuestionó la actuación del investigador. Información extraoficial señala que Andrade habría repartido entre funcionarios federales cerca de tres millones de dólares.

De acuerdo con el documento enviado el 16 de noviembre de 1997, con sellos y siglas de la PGR, Rolando Andrade fue detenido por militares en el hotel Intercontinental Plaza, en Guadalajara, Jalisco. La milicia avisó de esta aprehensión a la Unidad Especializada en Delincuencia Organizada (Uedo, que fue sustituida por la actual Siedo).

Al empresario sinaloense se le encontró una pistola Smith & Wesson calibre 45, siete cartuchos, una pequeña porción de cocaína, y varias tarjetas bancarias y de identidad, entre ellas una expedida por la Procuraduría General de Justicia del Estado que lo acreditaba como "asesor jurídico" del procurador, "con fecha de vigencia del año mil novecientos noventa y cinco".

El documento fue dirigido a Samuel González Ruiz, titular de la Uedo, para que la dependencia acudiera por el detenido y lo pusiera a disposición de las autoridades correspondientes, en Guadalajara. En la parte inferior se aprecian las firmas de los agentes federales Arturo Negrete, Juan de Dios Almaraz García, el primer subcomandante Víctor Hugo Estrada, y el primer subcomandante de la PJF en Jalisco, Juan Carlos Ventura Moussong.

En otro expediente, también en manos de la PGR, con sellos de esta institución y que forman parte del expediente abierto por la desaparición de los tres jóvenes culichis, un miembro de la familia Andrade relata cómo apoyaron con quinientos mil dólares —en una primera entrega—, y diez vehículos tipo Suburban, Ram Charger y pick-up Nissan la campaña de Renato Vega Alvarado, entonces candidato a gobernador por el Partido Revolucionario Institucional (PRI).

"El declarante contribuyó tanto económicamente como materialmente para la campaña electoral para el cargo de gobernador, siendo esto en efectivo con una cantidad aproximada al principio de la campaña de quinientos mil dólares norteamericanos en diversas partidas y sin que le dieran recibo alguno y el tesorero Marco Antonio Fox quedó en devolverle dicha suma", reza el documento.

Fox fue operador financiero de la campaña de Vega y fungió luego como tesorero de la administración de éste. Actualmente es titular de la Auditoría Superior del Estado (ASE) en Sinaloa.

En el documento también se menciona la cesión de cuatrocientas hectáreas urbanas a Mariano Calderón, a petición del propio Renato Vega, quien le ofreció pagarle con obras que se realizarían durante su administración estatal.

"Cabe aclarar que en la última ocasión que se entabló comunicación personal con Renato Vega Alvarado fue a finales de noviembre de 1996 en su propia oficina de palacio de gobierno, y al hacerle el cobro de la ayuda mencionada, le contestó Renato Vega que eso lo arreglarían hasta que se arreglara el problema de los jóvenes desaparecidos."

Semanas después hubo una reunión en la Novena Zona Militar. Zavala se acercó al general Martínez Nolasco para advertirle que lo iban a remover. El militar había respaldado en todo al abogado y le había asignado una escolta militar compuesta por seis soldados.

"General, se me hace que lo quieren cambiar de zona", le dijo de cerca al militar. Él lo descartó y mostró un gesto de confianza. Esa noche le anunció, por teléfono, que se iba a Tenosique, Tabasco.

Diabólico

"Acata Paniagua era de todas las confianzas del gobernador y seguía, por supuesto, su juego. Pero también era militar. Ahora es general... un general diabólico", recuerda Zavala. "En una ocasión, dice, el militar le pidió la minuta sobre el caso, con el argumento de que el general comandante de la Novena Zona Militar la había pedido." Le extrañó que no lo hiciera personalmente. Le dio el papel y lo siguió. No fue al cuartel, sino a la Casa de Gobierno, ubicada en la colonia Guadalupe. Zavala, que ya le traía ganas pues sabía quién era, lo acusó con el general Martínez Nolasco y éste ordenó al del Estado Mayor que fueran por Acata.

Duraron alrededor de veinte minutos encerrados en la oficina del general. Cuando salió le musitó un reclamó "¿qué le dijiste?", preguntó a Zavala. "La verdad", le respondió. Áquel insistió: "¿Y cuál es esa verdad?", y el ex fiscal no se detuvo: "Que eres un traidor porque le sirves a un gobernador corrupto y traicionas al ejército." Acata se quedó a medias con la amenaza cuando salió el general Martínez de su oficina y lo encaró. "Este cabrón me está amenazando", dijo Zavala. El mando castrense volvió a meter a Acata a su despacho. Después supo que el general le prohibió al teniente coronel regresar a la Zona Militar.

"Yo te apoyo, Zavala. Soy de causas nobles. Me vale madre que me cambien." Así se despidió.

Sin detenidos

José Luis Zavala Beltrán solicitó once órdenes de aprehensión poco después de haber asumido la titularidad de las indagatorias del caso de desaparición de los primos Jorge Cabada Hernández, Juan Emerio Hernández y Abraham Hernández Picos. Y de esas, sólo fueron autorizadas cinco.

Pero a dieciséis años, nadie está preso por este caso. Y el principal sospechoso, Rolando Andrade, quien huyó a Estados Unidos con todo y familia, y permaneció bajo arraigo en la Ciudad de México por sus presuntos nexos con el narcotráfico y su posible implicación en estas desapariciones, muerto por causas naturales. Su hijo Rommel, quien de acuerdo con versiones extraoficiales vive en Estados Unidos y regresa cuando quiere a Culiacán, sin ser molestado, también está libre.

"Inicialmente se solicitaron once órdenes de aprehensión al Juez tercero del ramo penal, pero su titular Alejandro Zazueta Castaños las negó por falta de pruebas. La PGJE interpuso el recurso de apelación y el 18 de septiembre de 1998 la tercera Sala de Circuito del Supremo Tribunal de Justicia del Estado, autorizó sólo cinco de ellas mediante el acta TSFA/001/1998."

"Los mandamientos judiciales que se emitieron fueron contra Rommel Andrade Almada y sus elementos de seguridad Arcadio Solís Pacheco, Rosario Gutiérrez Orfila y los hermanos David y Jaziel Villarreal Toca, éstos últimos capturados el 28 de enero de 1999 en Roma, Texas."

"El 25 de agosto de 1999, Francisco Martínez Hernández, Juez primero de distrito, otorgó un amparo contra las órdenes de aprehensión para que la autoridad judicial fundara y motivara las acusaciones. Nuevamente se giraron los mandamientos."

Gutiérrez Orfila fue arrestado el 6 de diciembre de 2000 en Hermosillo. Los tres apresados negaron haber trabajado para la familia Andrade y su relación con los hechos. "El 31 de enero de 2001, los hermanos Villarreal Toca lograron un amparo que dejó sin efecto el auto de formal prisión e inmediatamente fueron liberados. Ese mismo día el resto de los oficios judiciales fueron cancelados. A diez años de la desaparición, la indagatoria fue radicada en la agencia del Ministerio Público especializada en desapariciones forzadas, con más de cuarenta expedientes", reza la nota publicada en junio de 2006, del periodista Daniel Gaxiola, publicada en el diario *Noroeste*, a diez años de la desaparición de los jóvenes,

Perseguir al perseguidor

A Zavala le siguen ajustando las cuentas. "Te vas a quedar en la calle", le dijo el entonces gobernador, quien falleció debido a problemas pulmonares en marzo de 2009. Pero a él no le importa. No le volvieron a dar trabajo en el gobierno y "no pasa nada." Él sigue dando dos clases de derecho en esa escuela, ubicada en el primer cuadro de la ciudad, justo frente a donde antes despachó, cuando en lo que hoy es el Archivo Histórico funcionaba la procuraduría local, por la calle Rosales, entre Rubí y Morelos. Ahí se le ve en las tardes o en los juzgados o en la plazuela Obregón, cuando acude a que le den "bola" a sus negros zapatos.

Zavala estuvo preso. Tampoco eso olvida. Cuando se encontró al entonces procurador Zambada Sentíes, en las oficinas del Juzgado Segundo de Distrito, éste lo quiso saludar: "Yo soy tu amigo, me dijo el viejo. Y yo le contesté 'chingue usted a su madre', y lo dejé con la mano extendida. Después andaba diciendo que yo lo quería matar. Nada más falso."

En 1998 chocó contra un motociclista y lo apresaron y salió bajo fianza. Se comprobó su inocencia y el Ministerio Público decidió el no ejercicio de la acción penal, pero cuando el procurador supo ordenaron borrar todo y que saliera una orden de aprehensión en su contra. Pero el Ministerio Público les explica que ya le había notificado a Zavala de su resolución y que no podían dar reversa. Por eso lo dan de baja.

También le habían integrado un expediente en el que lo acusaban de incurrir en tortura. Se les vino abajo cuando los testigos los desacreditaron. Ese mismo año fue aprehendido de nuevo, esta vez porque hombres armados los perseguían a él y a un sargento del ejército que tenía todavía como escolta. Él sorprendió a los supuestos gatilleros y les apuntó con un fusil AR-15. Logra que bajen sus armas, pero en eso llegan varios agentes y lo acusan de intento de homicidio. Un año preso en el penal de Culiacán y logra salir por falta de pruebas.

Las esperanzas

José Luis Zavala Beltrán saca cuentas. Quedan veinticuatro años para hacer justicia. Los familiares de los jóvenes están cansados, desesperanzados. No quieren hablar. Temen lo peor: que las investigaciones ubiquen a sus hijos como muertos. Él no. Él los busca, insiste. Invita a que vayan a México, que reanuden las pesquisas. Sigue hablando con ellos, mantiene contacto, a pesar de la muerte de Jorge Cabada, considerado "el alma del movimiento contra la impunidad", de acuerdo con el texto publicado por Arturo Cano, en el suplemento *Masiosare*, del diario nacional *La Jornada*, en mayo de 1998.

Se acomoda el pelo. La corbata no. Parece no tener remedio, además trae flojo el nudo: síntoma de que quiere descansar. Se hace para atrás para agarrar aire. Busca el respaldo. Mira para afuera, por ese ventanal que da a la Paliza. No busca nada. Y suelta su conclusión del caso:

"La conclusión es que la corrupción, la complicidad e impunidad del gobierno de Renato Vega hizo que no hubiera justicia. Y si no hubiera habido corrupción, el asunto sale sin lastimar a nadie, sin inventos. Se habría hecho justicia a favor de los muchachos, la familia."

Saca cuentas, antes de que se le desborden los nombres y números y tantos datos con tanta pasión y obsesivo espíritu justiciero. Toma otra servilleta. La otra quedó muerta y echa bola. Fue en 1996 y estamos en el 2012. Suman dieciséis años del caso pero prescribe en veinticuatro años más. Todavía se puede hacer algo. Justicia, tal vez. Quizá.

"Hace falta que llegue un gobernador que así lo quiera, que le entre. Con güevos. Que le entre. Yo sí tengo esperanzas, cómo no."

Cuando los primos se reunían para salir de festejo, se comunicaban con sus padres a las 2:00 horas para informar sobre su paradero y su próximo destino, pero en esta ocasión, relata el señor Juan Emerio Hernández, ellos acudieron a encontrarse con su hijo y sobrinos.

"Quisimos (él y su esposa) ir a dónde estaban ellos, allí los encontramos en el lugar donde ellos nos habían dicho que iban a estar, platicamos con ellos… a unas cuadras de la casa, y desde entonces no hemos vuelto a saber de ellos", se lee en una publicación de *Noroeste* del viernes 19 de julio de 1996.

De acuerdo con archivos periodísticos basados en los testimonios de las familias de los desaparecidos, los tres Hernández conducían por el paseo Malecón cuando fueron interceptados por siete elementos de la policía municipal, desde ese momento se perdió su rastro. Más tarde, esta acusación sería confirmada por Gilberto Morán Cortes, fiscal especial asignado por el gobierno.

El investigador reveló que los policías fueron instruidos por mandos mayores, que a su vez atendieron la consigna girada por el empresario Rolando Andrade Mendoza, quien apoyó durante su campaña electoral al ex gobernador Renato Vega Alvarado. El ex ejecutivo estatal fue repudiado socialmente por brindar protección a su colaborador.

El jueves 4 de julio de 1996, aproximadamente a las 8:40 horas, elementos de la Dirección de Seguridad de la Policía Municipal encontraron el automóvil en el que viajaron los jóvenes.

El hallazgo fue en la cochera de una vivienda en la colonia Infonavit Diamantes, al norte de la ciudad. Durante la revisión, los peritos de la Procuraduría de Justicia del Estado localizaron la camisa que vestía Juan Emerio, la cual tenía una rasgadura a la altura del hombro izquierdo.

Tras la desaparición, los padres iniciaron una búsqueda exhaustiva en dos aeronaves particulares ofrecidas por amigos. Los recorridos se realizaron por las comunidades de Sanalona, Altata, El Tambor, Costa Rica, dique Los Cascabeles, Villa Juárez, la ciudad de Navolato y Mazatlán, sin éxito. En el desespero, la familia convocó a una rueda de prensa en su domicilio, en la que suplicaron a los secuestradores respetar la vida de los suyos y permitirles regresar a su hogar. Incluso, ofrecieron recompensa económica a sus captores.

"Suplicamos desesperadamente que no les hagan daño, lo único que queremos es que nos devuelvan a nuestros hijos, estamos dispuestos a llegar a un acuerdo bajo las condiciones que quieran."

La indignación, exigencia y presión de la sociedad se acrecentó. Por medio de diversos desplegados publicados en periódicos locales y nacionales, organizaciones civiles y familias demandaron la aparición de los estudiantes, el esclarecimiento del suceso y la impartición de justicia, además expusieron la ineptitud del gobierno de Renato Vega Alvarado. La difusión de notificaciones fue constante durante un año. Por ejemplo, una de ellas publicada en *El Debate* el 16 de agosto de 1996, fue firmada por 115 familias y 38 empresas de procedencia nacional.

Las manifestaciones con marchas y pancartas convocadas y dirigidas por familiares y amigos unieron cada vez mayor fuerza civil, quienes recorrían las calles principales de Culiacán.

Los familiares se trasladaron a Mazatlán a la gira de trabajo que realizó el entonces presidente Ernesto Zedillo, a quien entregaron una carta sobre el caso y la nula investigación de las autoridades. El mandatario fue abordado en una ocasión más: el 11 de febrero de 1997, la mamá de Abraham Hernández Picos,

Norma, con el llanto desbordado, le suplicó a Zedillo que se investigara el paradero de los jóvenes, pero éste se limitó a contestar: "No hay nada que hacer que no lo haga el procurador."

En búsqueda de alternativas, la familia Hernández giró una carta al entonces dirigente del Partido de la Revolución Democrática (PRD) Cuauhtémoc Cárdenas Solórzano. En el documento fechado el 11 de septiembre de 1996, pidieron su apoyo y que el caso fuera tratado en la Cámara de Diputados. De igual forma, la petición se realizó personalmente cuando el izquierdista visitó en dos ocasiones la capital sinaloense en aquel año.

Carlos Gilberto Morán Cortez, primer fiscal del caso, afirmó que "solamente falta el eslabón que encubre a los policías municipales con las personas a quienes entregaron a los jóvenes, ya se sabe que policías municipales participaron se tiene la sospecha fundada de quienes se los entregaron."

"Dentro de las personas altamente sospechosas en la investigación se encuentran agentes y comandantes de la policía municipal, la familia Andrade, iniciando por Rommel y su guardia personal de seguridad, la seguridad que estuvo en la fiesta, así también a los de seguridad de Gustavo Andrade, hermano del empresario Rolando Andrade."

Durante la investigación se revisaron los edificios, las bodegas y los fraccionamientos de la familia Andrade y se sometió al examen polígrafo a treinta personas. Después, los investigadores realizaron búsqueda intensa con perros entrenados en la sierra de Culiacán sin obtener algún resultado favorecedor. Además, se realizaron excavaciones en algunas zonas de los alrededores de la ciudad y tampoco encontraron rastro. Incluso se rumoró que los cuerpos fueron quemados o desintegrados.

JULIO de 2012

CAPÍTULO V
AQUÍ ESTOY, HERMANA

Te voy a encontrar

Rosario tiene voz de una joven de veinticinco años, aunque tiene más de cincuenta años de edad. Y unas energías ejemplares y envidiables: de muchas mujeres y hombres, familiares de desaparecidos que juntan sus miedos para que éste las empuje y sigan luchando.

Algunas se rinden. Otras se prostituyen o se drogan. Unas más no quieren saber nada y buscan un olvido que por dentro les oxida las arterias y enloda la sangre: el torrente se detiene, se hace pausado y lento. Pero Rosario Villanueva, originaria de Culiacán, con residencia en Tijuana y con una vida que la ha llevado a recorrer buena parte del país, ha elegido luchar, derretir sus suelas, peregrinar, encarar a ex policías presos y llenar de mocos los escritorios de toda clase de funcionarios gubernamentales, para buscar y encontrar a su hijo.

"Es divino", dice ella, apurada y segura. Se le pregunta cómo es su hijo. No tarda en disparar sus respuestas. Son las de una madre enhiesta, que arrea sus banderas de esperanza en el monte calvario y mira con sus ojos de linterna, queriendo traspasar los muros oscuros de la impunidad que están en todo el país, para que se haga justicia.

Su hijo Óscar Germán Herrera Rocha tiene treinta y siete años y fue desaparecido por agentes de la Policía Municipal de Francisco I. Madero, en el estado de Coahuila, el 15 de junio de 2009. Muy cerca de Torreón, capital de esa entidad. Como a unos veinte minutos si se viaja en automóvil. Muy cerca del miedo: como a dos cuadras del infierno.

Robo de auto

Óscar Germán iba con su jefe, un empresario que es dueño de una cadena de casas de empeño en Culiacán y otras regiones de Sinaloa. Al parecer, el empresario es una buena persona y no tenía problemas más que los habituales, pero nada que ver con el crimen organizado o los ajustes de cuentas. Iban cuatro en total, en un automóvil.

Se dirigían a Piedras Negras, a comprar aparatos electrónicos y electrodomésticos que luego querían vender. Óscar Germán era técnico electrónico e iba a reparar los aparatos para que estuvieran listos y los expendieran. No era la primera vez que hacían este viaje y parecía que todo iría bien, como las veces anteriores.

Pero los agentes los detuvieron cuando transitaban por la carretera federal, frente al negocio Establos Las Tres Nenas y una central de la Policía Municipal de Torreón, en el entronque con el camino conocido como Caballo Blanco. En el automóvil iban, además de Óscar Germán, Ezequiel Castro Torrecillas, Sergio Arredondo Sicairos y Octavio Villar Piña. El pretexto de los policías era que traían un carro robado, de acuerdo con las investigaciones hechas por la misma policía, en las que a punta de empujones, protestas, gritos y jaloneos, han participado otras corporaciones de las autoridades coahuilenses.

Ahora, nueve policías están detenidos por estas desapariciones, aunque podrían ser más y están implicados, asegura Rosario, en otros casos más. Cinco de los aprehendidos están en el penal estatal de San Pedro de las Colonias, en aquella entidad, y cuatro más, que son oficiales, en el penal federal ubicado en Tepic, capital del estado de Nayarit.

Entre los detenidos están los agentes Sergio Ríos Solís, Edgar Iván Hernández Astorga, Ascensión Salinas de los Santos, Abel Gaytán Calderón y Óscar Gerardo López Guerrero. Una de las versiones extraoficiales, de acuerdo con las indagatorias realizadas, es que los uniformados entregaron a los cuatro sinaloenses, originarios de Culiacán, a integrantes del crimen organizado. Ésa es una de las más fuertes líneas de investigación que mantienen las autoridades y que hasta ahora no las ha llevado a ninguna parte. Pero sí a Rosario y a otros familiares.

Caminos cruzados

Contando y contando, se dieron las sumas. Familiares de Rosario Villanueva y uno que otro conocido platicó de la lucha dolorosa emprendida por ella para encontrar a su hijo. La semilla fue tan generosamente dispersada que encontró oídos, corazones, coincidencias y afluencias. Magia y brujería de una búsqueda sangrante y dramática que en estas encrucijadas encuentran tersos pétalos en medio de la espinosa vera del camino.

En ese andar dio con casos tan tristes o más: impactantes, terribles y sangrantes. Entre ellos el de los nueve trabajadores de una empresa que se dedica a instalar antenas para telefonía celular y que fueron enviados a realizar estas labores para la firma Nextel, al estado de Tamaulipas. Todos ellos eran originarios de Sinaloa y habían partido del municipio de Guasave, a cerca de 150 kilómetros de Culiacán, la capital del estado, a realizar esa tarea. Quizá por eso, por ser de ahí, los confundieron con sicarios del crimen organizado, con integrantes del Cartel de Sinaloa, y los desaparecieron. De ellos, lamentablemente, no hay rastros.

Publicaciones de diarios de aquella entidad, como *Vanguardia*, relatan que los mismos agentes les recomendaban a los familiares que no acudieran a buscarlos, porque podría pasarles lo mismo: "No vengan, a ustedes también los pueden levantar", les dijo un agente de la Policía Ministerial.

El caso, uno de los primeros que provocó un escándalo en el país, fue el 20 de junio de 2009 en Nuevo Laredo, Tamaulipas. Las víctimas fueron identificadas como Marcelino Moreno Leal, Ricardo y Carlos Peña Mejía, José Hugo Camacho Fierro, Víctor Romero, Julio César Ochoa Romo, Constantino García Jiménez, Roberto Gutiérrez Medina y Eduardo Toyota Espinoza, cuyas edades van de los veinte a los cuarenta y seis años. Y nadie sabe nada.

Joaquín Camacho Fierro, hermano de José Hugo, afirmó que algunos indicios señalan que pudieron haber sido privados de la libertad por un comando de fuerzas del Gobierno Federal: "Creemos que la Policía Federal los secuestró. Los narcotraficantes tienen todo, pero no técnicos ni profesionales que se les unan fácilmente para crear sus redes de comunicaciones; por eso estamos convencidos de que están vivos y los tienen trabajando en algún lado."

Otras versiones indican que fueron integrantes del crimen organizado, de los carteles de los Zetas o del Golfo, que tienen una importante presencia en la región.

También coincidió con parientes de los mineros, entre ellos un general retirado del Ejército Mexicano, quienes fueron desaparecidos cuando transportaban oro y plata del municipio de Concordia a Durango, por carreteras de la Sierra Madre Occidental. El hecho fue a mediados de junio de 2009.

La carga de alrededor de doce toneladas era propiedad de la minera Real de Cosalá. Diez días después de la desaparición, la empresa interpuso una denuncia ante la Procuraduría General de Justicia del Estado, en Durango, por la pérdida del mineral. Las autoridades sinaloenses informaron que los desaparecidos son Alejandro Camacho Patiño, Ramón Antonio Quiñónez Silva, Salvador Plascencia Santiago y el general del Ejército Mexicano José Lamberto Ponce Lara. El destino era Torreón, Coahuila, pero aparentemente fueron interceptados por un grupo armado por carreteras de Durango.

Directivos de la empresa señalaron que se trata de tierra y piedras que contienen oro y plata, pero que deben pasar por un proceso de separación. El material fue valuado en cien mil dólares.

La Procuraduría General de Justicia de Sinaloa indicó que familiares de Quiñónez Silva presentaron una denuncia por la desaparición de su pariente. Angélica, hermana de Ramón Quiñónez Silva, recordó que su consanguíneo tenía veinte años de trabajar en la empresa y que con sus compañeros transportaba el cargamento en dos vehículos, un camión tipo torton, marca Keenworth, y una camioneta Nissan, placas TW-71795, de Sinaloa, propiedad de Real de Cosalá.

"Las unidades estaban siendo monitoreadas vía satélite por la empresa y de repente en el municipio de Concordia se desvió de la ruta, en los límites de Sinaloa con Durango, y desde entonces no sabemos nada, es como si se los hubiera tragado la tierra", dijo en su denuncia.

Otro caso fue el de la desaparición de tres personas, el 11 de mayo de 2009. Las víctimas tenían su domicilio en Tijuana, ciudad fronteriza del estado de Baja California. Algunas de ellas al parecer tienen familiares en Coahuila. Parientes de las víctimas recibieron casualmente información del trajinar de Rosario Villanueva por encontrar a su hijo. Insólito: un sobrino de ella y sobrinos de uno de los tres desaparecidos trabajan juntos en una empresa, en Mexicali, capital de Baja California, y ahí se contaron sus penas. Y ataron cabos. Y los cabos, al menos los de la lucha de tanto adolorido que reclama por sus familiares y exige justicia, también rinden frutos.

"Andaba yo arrastrándome como gusano. Nunca había estado en Coahuila y tenía miedo, mucho miedo. Y supe de estas personas y me renacieron esperanzas porque resultó que en la plática y los encuentros que hemos tenido, encontramos que a ellos

los desaparecieron exactamente en el mismo lugar que interceptaron a mi hijo y a los otros tres que iban con él", manifestó Villanueva.

Al parecer, uno de ellos se dedicaba a la exportación de vehículos. Los compraba baratos y los exportaba, y consiguió uno en oferta, una camioneta. La idea era llevarlo a Durango y visitar a los familiares que tienen en la comunidad Santo Niño, estado de Coahuila, ubicada muy cerca del municipio de Francisco I. Madero. Y ahí, al pasar por el Establo Las Tres Nenas, la central de la Policía Municipal y ese camino que llaman Caballo Blanco, los interceptaron y detuvieron, como al hijo de Rosario.

"Fue de la misma esquina. Y fueron los mismos policías", señaló. Ahora, están reuniendo pruebas para castigar a por lo menos dos de los policías detenidos por el caso de Óscar Germán, por su participación en esta otra desaparición de tres personas.

"En este caso, el del 11 de mayo, los malandrines, que además de ser malandrines son pendejos, porque usaron el equipo de comunicación de las víctimas, los teléfonos celulares. Uno de ellos estúpidamente hizo llamadas a su esposa y hemos abordado esto con las autoridades de la procuraduría de justicia para que jale a la mujer, no sabemos si está o no involucrada, y consigne a uno de los policías presos en el penal federal de Tepic por este otro caso de los tres desaparecidos."

El fango de la desesperanza

Debido a su lucha y las siempre crecientes desesperanzas, los ánimos se derrumban. Muchas mujeres, asegura Rosario, se quedan en la calle buscando a sus maridos. Otras terminan solas y desoladas. Buscando, hurgando en los rincones oscuros de la vida criminal, haciendo antesalas en las oficinas de gobierno cuyas puertas nunca se abren a la hora de demandar justicia, y preguntando aquí y más allá. Y en eso, en ese andar y desgaste económico y emocional, voltean a todos lados, delante y atrás. Y no hay nada. Ni nadie. Sino la calle. El fango.

Una de las jóvenes que participa en este sinuoso andar ahora se prostituye. Se queda sola. Su esposo está desaparecido. Y cuando se dio cuenta ya no tenía dinero, y entonces decidió rentar su cuerpo, sus manos y caricias, para conseguir monedas y billetes. Ninguno de estos billetes llenan sus flácidos ánimos. Pero sí las panzas de sus hijos.

Otra muchacha es madre muy joven. Para tener dinero y alimentar a su hijo, para seguir luchando y gestionando y desgastándose, vende droga.

Para Rosario, los malandrines andan como ratas a las que se les echó gas o veneno para que mueran. Se sienten atrapados y actúan criminal y desesperadamente. Aunque la autoridad no los detenga, a veces sienten el cerco, la lumbre, y responden. En perjuicio de una familia de migrantes que presuntamente viven en Chiapas, los delincuentes buscaron la manera de presionar a los padres para que dejaran de exigir justicia y que las autoridades dieran con el paradero de su hijo desaparecido: les cortaron la lengua a dos niñas, de trece y catorce años, parientes de la víctima.

"Esta realidad, estos casos, multiplícalos por mil: eso es lo que está pasando en este país", lamentó Rosario.

Una carta al presidente

He buscado desesperadamente a mi hijo Óscar Germán. Hablé con Margarita Zavala, esposa del presidente Felipe Calderón Hinojosa, y le envié una carta explicando con detalle la situación en la que se encuentra el caso de mi hijo.

> Cómo se deben haber reído de mí, que soñaba que el presidente Felipe Calderón iba a leer mi carta. Y no sólo eso; me hicieron creer que me iban ayudar. ¡Váyanse al carajo!

A ver si les hace gracia que a nivel nacional nos unamos todas las familias para buscar justicia por la desaparición de nuestros amados familiares. Si pensaban que nos iban a cansar, qué equivocados están, bola de ineptos que sólo le complican a las familias las posibilidades de una escueta esperanza de hacer lo debido.

No cabe duda que la ineptitud de nuestras autoridades no tiene límites y para cuando terminen de entender que a nosotros no nos asaltaron ni nos atropellaron, ¡nos arrancaron un pedazo del alma!

Seguimos adelante sólo porque nos damos cuenta de que nadie se va a encargar de buscar a nuestros amados familiares desaparecidos, mucho menos hacer justicia, si es que alguna vez fue el real propósito al solicitar este puesto y hacerse llamar autoridades.

Les van a llegar noticias de la unión que hemos hecho las familias en el país, y sobre todo cada día estoy más convencida del error (horror) que cometí al confiar en ustedes y haber votado por Acción Nacional.

Y sepan que la guerra no se las declaró la delincuencia organizada (ellos sí están organizados); se las está declarando el dolor de miles de familias desesperadas que se sienten burladas por haber confiado en que iba a ser posible el cambio.

No estoy dirigiendo esta carta al señor Llera Blanco (Juan Manuel Llera Blanco, titular de la Red Federal de Servicio a la Ciudadanía, de la Presidencia de la República) ni a su achichincle señor Montaño (Israel José Montaño Camarena, jefe de Departamento de Evaluación de la misma dependencia), porque la voy hacer llegar a los medios que me sea posible y esto es sólo el principio.

La carta se publicó el 17 de diciembre de 2010 en el periódico *El Mexicano*, de Tijuana.

Hola, buena tarde, mi hijo Marco Antonio desapareció el 19 de junio del 2007 y deseo escribirle esta carta:

> Hijo mío, mi orgullo siempre fuiste y seguirás siendo, no entiendo por qué sucedió esta tragedia, tú eras el pilar de la familia, sin ti estamos desprotegidos y desamparados, las interrogantes, el porqué y el para qué, están latentes como un látigo en mi mente y corazón, tu ausencia ¡duele, duele! Sobre todo en tus hijos, les haces mucha falta, como has de saber, creciendo sin tus consejos, sin tus cuidados, sin tu presencia. Todo ha cambiado, no somos las mismas, mi vida destrozada sin ti, las autoridades no apoyan sobre tu paradero, no te buscan, me imagino que saben de ti, pero no dicen nada, pues eras importante y algo me dice que alguien te traicionó, que te entregaron a los criminales siendo inocente, pero cómo demostrarlo hijo mío, mi corazón llora cada segundo, en cada latido se me va el alma, se me va la vida y seguiré sufriendo tu ausencia mientras Dios lo permita, ojalá y hubiera alguna forma que te enteres de la gran angustia y desesperación de no saber de ti y a esos criminales Dios me dé la oportunidad de ver cómo Dios los castiga. Dios te haya perdonado para que estés en su gloria. Tienes mi vida en tus manos.
>
> Agradezco este espacio y Dios los bendiga por su comprensión.

Publicada en el blog de *Nuestra aparente rendición*, 20 de junio de 2012.

Suelas derretidas

Rosario Villanueva caminó y caminó "de manera hermosa" ese camino que llaman Caballo Blanco. Buscó en las aceras, las raíces, las plantas que nacen y se multiplican sin su congoja, la humedad enterrada y las grietas que ese sol disciplinante deja en la tierra.

Buscó indicios, restos, rastros. Un periódico de Coahuila publicó que los policías detenidos por la desaparición de su hijo declararon ante el Ministerio Público que los habían asesinado y luego enterrado. Ella lo sabe, pero prefiere ignorarlo. Busca a su hijo y no descansará ni se detendrá: sin tregua.

Formó la Fundación Unidas por Desaparecidos de Coahuila (Fundec), que ahora se llama Fundem porque no quieren limitarse a los casos que hay en aquella entidad y que no son pocos, sino a todos los que se tienen en otras regiones y a nivel nacional. Tienen ochenta y tres casos, pero suman alrededor de cuatrocientas personas desaparecidas, porque en un solo evento se incluyen tres, ocho o más víctimas. Tan sólo en uno de ellos, se habla de que fueron unas veintidós personas las que sufrieron privación ilegal de la libertad.

Hasta 2011, la Federación Latinoamericana de Asociaciones de Familiares de Detenidos-Desaparecidos calcula que durante el gobierno de Calderón han desaparecido más de tres mil personas; cuatrocientas por razones políticas, quinientas mujeres y niños relacionadas con la trata de personas, y dos mil cien por razones de narcotráfico.

Ella pasó de la causa personalísima que la tiene tocando y derribando puertas, repartiendo lágrimas y reclamos en los escritorios, frente a servidores públicos indolentes y corruptos, a abrazar la causa de otras mujeres y hombres, otros hijos y hermanos y primos, que nadie ha vuelto a ver y que ellos quieren de regreso en sus hogares.

Por eso abre sus brazos generosos: dentro, en esa cavidad humana y cálida, como un útero, como ese líquido amniótico, está ella y todos los desaparecidos y sus familias y sus querencias y nostalgia y recuerdos, y esa pelea por ellos. Ahí, en ella y esos ojos como luciérnagas que siembran esperanzas aunque flaquee o parezca perderlas, está la vida, la justicia, las dosis de dignidad que muchos perdieron. Aunque otros opten por la resignación y el silencio, la voz de ella retumba y retiembla.

"A recorrer ese camino de Caballo Blanco le he dedicado un tiempo hermoso. Lo he barrido una y otra vez como no tienes una idea… y me acuerdo que una de las veces hacía tanto calor que se me derritieron las suelas de los zapatos. Pero eso no es nada: he dejado muchas lágrimas y mocos en las oficinas y escritorios de funcionarios corruptos, he dejado el corazón. Ahora me estoy fortaleciendo y he conseguido dejar de victimizarme y dar lástima después de haber estado en tratamiento psiquiátrico. Creo que estuve a punto de morirme. Y mientras ellos, las autoridades corruptas, parecen más preocupadas por obstaculizar las investigaciones y andan por ahí buscando muertos y fosas clandestinas, nosotros tenemos pruebas de que hay campos de concentración y 'conejeras', como llaman a los laboratorios subterráneos donde se procesa droga."

"En las investigaciones que las mismas familias hemos hecho hemos descubierto que existen los campos de concentración, donde las autoridades no quieren entrarle para nada. Estamos de acuerdo con las autoridades porque ahí matarían parejo. Se ha llegado a comprobar que a algunos los utilizan como sicarios, tenemos un caso de Coahuila donde al muchacho lo han estado utilizando como sicario."

Rosario tiene miedo y lo dice. Muchos de los que andan con ella y también sus familiares, andan psicóticos. Al principio, confiesa, no sabía manejar los sentimientos, las pruebas, el caso en sí. Corrían mucho peligro en esos recorridos, incluso en las oficinas de gobierno y centrales de la policía.

"Teníamos mucho miedo y lo sigo teniendo. Pero ahora he dejado que el miedo me empuje para salir adelante", manifestó.

El 9 de mayo, la recibió a ella y a otros familiares de desaparecidos Marisela Morales, titular de la Procuraduría General de la República (PGR). El 10 de mayo, Día de las Madres, participó en la marcha "Un día más. Madres buscando a sus hijos y exigiendo justicia", en la Ciudad de México. Tuvieron mucha aceptación, respuesta y la gente de la capital fue sensible con la causa de los familiares de las víctimas, recordó Villanueva.

El 23 de febrero de 2012, cinco sordomudos que se dedicaban a vender artículos religiosos en las calles fueron privados de la libertad en el municipio de Piedras Negras, Coahuila. Sus familiares interpusieron inmediatamente una denuncia ante la Procuraduría General de la República (PGR), pero hasta el momento no han recibido informes sobre el avance de las investigaciones.

La nota informativa publicada en el diario *La Jornada* señaló que Rosario Morales, hermana de una de las víctimas, forma parte de la Caravana de Madres en Busca de sus Hijos Desaparecidos, que partió de la capital de Chihuahua y llegó al Distrito Federal, con la demanda de que el Gobierno asuma el compromiso de buscarlos.

El grupo de sordomudos, integrado por José Martín Morales Galván, José Antonio Ángeles Flores, José Luis Vallejo Rodríguez y Jorge Espinoza Salgado —todos originarios de la Ciudad de México— llegó el pasado 17 de febrero a Piedras Negras con la intención de vender diversos artículos en la calle, aparentemente por invitación de Manuel Adrián González Mancera, originario de esa comunidad.

Aunque no obtuvieron permiso de las autoridades locales para trabajar, comenzaron a hacerlo con la finalidad de reunir dinero para volver a la capital del país, pero el 23 de febrero, alrededor de las dieciocho horas, fueron levantados por un grupo de hombres encapuchados y armados, quienes iban a bordo de una camioneta negra sin placas, de acuerdo con versiones de un testigo.

Dos días después de lo ocurrido, ante la imposibilidad de viajar en ese momento a Coahuila, sus familiares interpusieron una denuncia telefónica ante la delegación de la PGR en dicha entidad, que levantó un acta circunstanciada con clave AC/PGR/ COAH TN-2/022012.

Aunque les aseguraron que con sólo ese trámite podía empezar la búsqueda, desde entonces no han recibido ninguna llamada para comentarles el estado de las pesquisas ni han tenido apoyo de ninguna otra dependencia de gobierno.

"En la PGR nos comentaron que ya los están buscando, pero no hemos recibido ninguna notificación. Si están haciendo algo, no nos lo comunican, y ellos ya tienen toda la información que nosotros podemos darles. También hemos estado en contacto con Províctima, pero nos dicen que ellos igual están esperando a que les informen algo", lamentó Morales en entrevista con *La Jornada*.

De acuerdo con versiones extraoficiales, en Coahuila suman alrededor de mil ochocientas personas desaparecidas. "Nuestros familiares no son los únicos, y creo que eso está pasando ahí por tanta corrupción, que empieza desde arriba, con las autoridades. El Gobernador (Rubén Moreira) se comprometió a analizar el caso, pero sabemos de gente que tiene ocho años desaparecida, y nunca la encontraron", indicó.

Divino

"Su hijo, ¿cómo es?", se le pregunta. "Divino, divino", contesta. No tarda nada. Parece tener las tres sílabas en la punta de la lengua, tocando por dentro sus labios para salir disparadas y que el viento las lleve y que se plasmen y que alguien las anote y las cuente.

Óscar Germán es divino. Tiempo presente. Y eso no abandona en su discurso: la presencia de un recuerdo vivo, latente, vigente entre nosotros. Tiene tres años desaparecido, nació en 1975 y suma treinta y siete años. Adora a sus mujeres: su esposa, una culichi que vive con sus padres en la capital sinaloense, y una niña de nueve años.

"Es divino. Divino mi hijo. Un ser humano maravilloso. Muy trabajador y responsable. No te digo que es un genio, un científico en eso de la electrónica, pero sí que lo buscaban mucho para que hiciera trabajos. A cada rato lo llamaban los de restaurantes Panamá para que reparara los hornos industriales de microondas. Es un trabajador honesto, una buena persona. Vivía tranquilo y estaba viendo la posibilidad de tomar una carrera, porque se casó antes de empezarla, en 1998."

Es inimaginable ver a esta mujer frente a los policías acusados de desaparecer a su hijo. Los ha encarado y estuvo a punto de caer. Vomitó en uno de los baños del penal federal de Tepic, donde casi la desnudan de tantas revisiones a las que debe ser sometida para ingresar y ver a los reos, Manuel Castañeda es uno de esos presos. Le preguntó: "¿Sabes por qué estás preso?" Él contestó "no sé, pero lo que sea soy inocente". Y se puso a llorar.

"Tas pero bien pendejo si piensas que te voy a creer… le dije eso, porque estuve a punto de creerle a sus lágrimas. Fue muy impactante estar frente a frente, estar ahí, en el penal, donde casi te encueran de tantas revisiones. Yo tuve que ir al baño a vomitar. Me iba a desmayar. Pero es horrible estar frente a las personas que se atrevieron a desaparecer a mi muchacho", sostuvo.

Más de dos años, recordó, le costó superar muchos de estos asuntos, tomar fuerza, respirar profundo y seguir luchando, mantener el ritmo, ponerse de pie, mirar el firmamento, apuntar al futuro. Avanzar: adelante.

Manifestó que acudió a una reunión de la recientemente creada Províctima, una institución del Gobierno Federal para atender a las víctimas del delito. Pero aclara, apurada, que no quieren psicólogos ni papeles ni comida, sino a sus hijos, sus hombres, esposas, hermanos, desaparecidos.

"Queremos a nuestros hijos. Queremos justicia. No me importa que metan a la cárcel a la esposa de uno de los policías que están involucrados en el caso de mi hijo. Lo que yo quiero es encontrarlo y voy a entregar mi vida para ello, para que esto no se quede así."

23 DE JUNIO DE 2012

Dos veces viuda

Desaparecer en México es morir. Morir muchas veces. Morir siempre. Los familiares que han padecido la desaparición o levantón de un pariente lo dicen claramente: es un infierno que no se acaba, el peor. Para ella así fue. Laura y sus cuatro hijas han cambiado la Navidad y los domingos familiares de paseo y diversión, por las idas al panteón. Y en eso el llanto, las flores marchitas y una flaca y flácida cabalgata cardiovascular.

Su esposo fue llevado en contra de su voluntad por un comando. Unos conocidos lo sacaron con engaños de su casa, le dijeron que habían detenido a otro, que los ayudara. Pero fueron interceptados por otros, aunque existen versiones que indican que "los pusieron" a él y a un joven que los acompañaba. De acuerdo con información proporcionada por testigos, los hombres iban fuertemente armados y lo obligaron a subirse a un automóvil, cuyas características se desconocen. Era 27 de agosto de 2011.

La vida de Laura y la de sus hijas, sobre todo las más pequeñas, tuvieron muchas muertes en esos cuarenta y cinco días de ignominia, de espera ansiosa y búsqueda y páramos. Ella pensó en salir corriendo y preguntar si habían visto a su esposo. Quería hacerlo casa por casa, con la gente que se topara en la banqueta, en el camino, en todo el pueblo, irse a la ciudad. Confió en el gobierno estatal, por eso desistió de esa búsqueda personal. Pero no enflaqueció sus esperanzas.

"Ellos tienen tecnología, van a revisar los videos, las llamadas a su teléfono celular, el GPS. Lo van a encontrar. Eso pensé, que iban a investigar, a revisar todo y que iban a dar con él. Con tantos investigadores y los aparatos que tienen y todos los recursos. Pero me equivoqué, no se movieron, no hicieron nada", señaló.

Impunidad y complicidad: ONU

El Grupo de Trabajo sobre Desapariciones Forzadas e Involuntarias (GTDFI), de la Organización de las Naciones Unidas, informó el 31 de marzo de 2011 que supo de 412 casos de este tipo en México, de los cuales 239 siguen sin resolverse. Además, autoridades federales advirtieron que muchas de las responsabilidades en cuanto a prevención, investigación y sanción de estos delitos recaen en gobiernos estatales, pero éstos acusaron a la Federación de no asumir esa responsabilidad, ante la presencia de elementos del Ejército y la Policía Federal.

"(En México) la desaparición forzada es un delito autónomo en el Código Penal Federal, así como en la legislación penal de siete Estados —Aguascalientes, Chiapas, Chihuahua, Durango, Distrito Federal, Nayarit y Oaxaca—, mientras que en los veinticinco restantes no se encuentra tipificada. Asimismo, la legislación penal de la Federación y los Estados que han tipificado la desaparición forzada no utilizan la misma definición", señala el informe rendido por este organismo de la ONU.

"Además, señala, la mayoría de los Estados no incluyen la posibilidad de que las desapariciones forzadas sean perpetradas por grupos organizados o particulares que actúen en nombre del gobierno o con su apoyo directo o indirecto, autorización o aquiescencia."

"Las inconsistencias de la definición del delito de desaparición forzada en relación a la Declaración y otros instrumentos internacionales relevantes, así como el hecho de que la gran mayoría de los Estados no hayan tipificado la desaparición forzada como un delito autónomo, contribuyen a la impunidad."

El GTDFI recibió múltiples testimonios de casos en que la privación de la libertad, a pesar de contar con elementos para ubicarla como desaparición forzada, fueron clasificados como delitos de secuestro o abuso de autoridad. En muchos otros, son ubicados eufemísticamente como "levantones."

"Adicionalmente, en múltiples casos, las personas son simplemente consideradas 'extraviadas' o 'perdidas', sin considerar que pudieron haber sido víctimas de una desaparición forzada, particularmente en grupos como mujeres, menores y migrantes."

En el informe, el grupo advierte que organizaciones ciudadanas y de derechos humanos informaron sobre más de tres mil personas desaparecidas de 2006 a 2010. La Comisión Nacional de Derechos Humanos (CNDH) registró un incremento en las quejas en esta materia: pasó de cuatro quejas en 2006 a setenta y siete en 2010.

"Sólo mediante una investigación independiente, imparcial, completa y efectiva, se puede descartar una potencial desaparición forzada. Por ende, el número de casos de desaparición forzada no puede ser establecido a cabalidad sin una adecuada investigación de todos estos delitos (...) el GTDFI condena todos los actos de desapariciones independientemente de la calidad del perpetrador", señaló.

El organismo advierte que ante la decisión del Gobierno Federal de desplegar fuerzas militares en todo el país, para combatir el narco, las quejas contra las fuerzas castrenses se incrementaron considerablemente a partir de 2006. Él número de quejas recibidas por la CNDH contra la Secretaría de la Defensa Nacional aumentó de 182 en 2006 a mil 230 en 2008. En ese lapso, la Comisión Nacional emitió cuarenta recomendaciones contra el Ejército.

Lamentablemente, agrega el grupo en el informe sobre México, este país carece de una política integral para enfrentar el fenómeno de las desapariciones forzadas, y además de que no cuenta con programas para prevenir y sancionar esta incidencia, "desea resaltar los problemas respecto a la búsqueda de personas desaparecidas forzosamente, la identificación de restos, la exhumación de cadáveres, la falta de una base de datos centralizada sobre personas desaparecidas y la falta de acceso a la información relacionada con casos de desapariciones forzadas". También advierte que la población migrante resulta especialmente vulnerable a la desaparición forzada. Datos de la CNDH confirman que en 2009 hubo 9 578 migrantes secuestrados principalmente por organizaciones criminales, y en algunas ocasiones estos delincuentes son ayudados por policías federales, estatales y municipales, personal del Instituto Nacional de Migración y otras autoridades.

Durante los primeros seis meses de 2010, en alrededor de 8.9 por ciento de los secuestros documentados hubo participación de autoridades gubernamentales, de acuerdo con reportes de la CNDH.

Otro grupo específico son los periodistas, en cuanto a ataques y desapariciones. Doce periodistas han sido desaparecidos desde 2000, tan sólo en el 2010 hubo cuatro casos.

Seis estados

Datos de la recientemente creada Procuraduría Social de Atención a Víctimas del Delito (Províctima) señalan que en cuatro meses suman 646 casos de este tipo en el país. Seis estados encabezan la lista de desapariciones: Coahuila 113, Tamaulipas 99, Nuevo León, 69, Veracruz 61, Chihuahua 33, y el Distrito Federal 28. En total, son 646 personas desaparecidas, de las que sólo han sido localizadas 19, tres de ellas con vida, de acuerdo con datos proporcionados por Províctima.

El organismo, creado por decreto del Gobierno Federal, tiene como obligación atender de manera gratuita a familiares y víctimas de delitos de alto impacto, como homicidio, secuestro, extorsión y otros. Del total de desapariciones, 479 corresponden a hombres y 167 a mujeres, 64 de estos desaparecidos son menores de edad. La dependencia informó que en 310 de los casos no se especifica la ocupación, profesión u oficio de la víctima, y del resto 48 son estudiantes, 43 empleados, 30 comerciantes, 25 choferes y las 8 restantes eran de profesiones u ocupaciones diversas. En cuanto a las edades, precisa que 180 de las personas reportadas tiene entre 18 y 29 años, 104 entre 30 y 39, 56 entre 40 y 49, 27 entre 50 y 69 años, dos más son reportados como adultos mayores, y en el resto, 213 casos, no hay datos de edades.

En Sinaloa, si se incluyen las desapariciones forzadas por motivos políticos, son cerca de 350 víctimas, de acuerdo con datos de la Comisión de Defensa de los Derechos Humanos (CDDHS). De éstos, 52 casos corresponden al periodo de 1994 a 2003, y 11 de 2004 a la fecha.

"Cuestionamos las omisiones y acciones de la autoridad que son efecto multiplicador de la violencia: el abandono de sus obligaciones constitucionales en más del ochenta por ciento de los casos denunciados, su enfermiza práctica de violentar los derechos humanos en casi todas las investigaciones y el imperdonable olvido y discriminación de las víctimas del delito", reza una carta de este organismo.

El documento fue enviado al gobernador Mario López Valdez y a Marco Antonio Higuera Gómez, titular de la Procuraduría General de Justicia del Estado (PGJE), el 12 de febrero de 2012, cuando este organismo y el Movimiento por la Paz con Justicia y Dignidad iniciaron la campaña "Ponte en los zapatos del otro". El texto incluye los nombres de los desaparecidos de 1975 a 2012 "para hacer presentes a las víctimas del delito, para que el tiempo no sea un velo que las cubra y para que la autoridad no vea en el tiempo la razón de su incumplimiento en procurarles justicia".

Un delito que no existe

Leonel Aguirre Meza, presidente de la Comisión de Defensa de los Derechos Humanos (CDDHS), advirtió que lo peor es que se está hablando de un delito que no existe en la ley, porque no está tipificado como tal y cuando se da es manejado como privación ilegal de la libertad o secuestro.

"A nivel federal sí existe pero con deficiencias. Por ejemplo, no contempla que lo cometan particulares, en este caso el crimen organizado, con la complacencia de las autoridades de gobierno", dijo.

La Organización de las Naciones Unidas (ONU) y la Comisión Interamericana de Derechos Humanos (CIDH) han señalado insistentemente al Estado mexicano la necesidad de realizar reformas legales para tipificar este delito, pero también de llevar a cabo políticas públicas integrales en esta materia, no sólo de persecución, sino también de investigación, prevención y castigo.

Otras fuentes, cuyas identidades no pueden ser reveladas pues temen represalias del Gobierno o de los delincuentes, señalaron que poderosos grupos criminales aliados con servidores públicos de alto rango entorpecen estas reformas legales, porque esto obligaría al Gobierno a actuar.

"Es que cuando se da un levantón, una desaparición, desaparece el ejército, la policía, hay total impunidad y encubrimiento. Es desastroso esto que está pasando, sobre todo porque es un delito que se mantiene y crece, se multiplica, y sin castigo", señaló uno de los consultados.

Otro de ellos, con un familiar privado de la libertad por grupos armados, señaló que luego de la desaparición no hubo operativos para dar con los responsables ni investigaciones al respecto. La víctima de uno de estos casos apareció muerta a balazos muy cerca del lugar en que fue levantada. "El gobierno, dijo, busca muertos, pero nunca a los desaparecidos: eso no es justicia."

"¿Qué operativo se instrumentó cuando se reportó este caso? ¡Ninguno!" "En muchas ocasiones, agregó, los parientes acuden a los narcotraficantes para que les informen sobre el paradero de sus familiares." Sobre esto, Aguirre manifestó que el gobierno, la policía y los militares, actúan esperando que la víctima aparezca sin vida. "De esa manera, lamentó, investigan el caso como homicidio y no como desaparición forzada vinculada con el crimen organizado, aunque de todos modos no pasa nada: nadie investiga y no hay castigo."

El sobreviviente

Ahí, justo en el barrio de Laura. Un nuevo vecino la aborda y le dice que ahí, en ese sector, todo está tranquilo. Donde vivía antes, le cuenta, le pasó lo peor. Y ahora puede decir que está vivo. Y lo platica.

Fueron por él hasta su casa. Lo sacaron a patadas y lo subieron a una camioneta. Uno lo tomó del cabello y le puso una capucha. Otro le agarró las piernas y las ató, y después hizo lo mismo con las manos. Siete palabras: "Más vale que te calles el hocico."

Empezó a llorar y a balbucear. Uno de ellos le pegó en la espalda una patada. "¿Qué te dije?, pendejo." "Yo no hice nada, jefe. No sé de qué se trata. Por favor, no me hagan daño." Le pusieron el tenis en la cabeza y se la aplastaron. Dejó de hablar, pero no de llorar.

A los diez minutos el automóvil detuvo la marcha. Oyó el motor del portón de una cochera. Escuchó el chillar de las llantas al calzar el vitropiso. Los sonidos se encerraron en ese cuarto de ocho por seis. Lo sacaron como si fuera un costal de cemento y lo dejaron en el frío suelo.

Alguien más se unió al grupo. Ubicó una cuarta voz. "Pónganlo ahí y empiecen a calentarlo. Quiero que hable, que diga todo. Ya saben qué hacer con él. Me avisan."

El hombre se retiró. Sus pasos de tacón duro inundaron los espacios. Ningún otro ruido, ni siquiera ese balbuceo que no cesaba ni esos cardiolatidos de granizo en la teja lograron competir.

"Órale, cabrón", le dijo uno de ellos. Otros dos se unieron y lo movieron como el bulto que era. Acercaron una silla que alguien arrastró hasta donde estaba. Ahí lo sentaron: ataron su cuello al respaldo, mantuvieron su rostro cubierto y le esposaron las manos.

"A ver, cuéntanos cabrón." Le dieron un sopapo. Eso fue lo más suave: una caricia de mujer frente a lo que venía. Siguieron puñetazos en la cara y el estómago. Oyó el sonido como de la fresa que usan los odontólogos para hacer limpiezas dentales y endodoncias. Luego sintió un relámpago en los genitales.

"Dale otro en los güevos", dijo uno. Él brincaba y en medio de los brincos temblaba y temblaba. Tomaron una tabla y le daban en la planta de los pies. Se les inclinó cuando perdió el conocimiento. Era apenas el primer round. Tomaron una jícara de agua y le bañaron la cabeza. Brincó de nuevo al despertar. Emitió un "ya no" desgarrador.

Y de nuevo los chingazos en la cabeza, el rostro y el abdomen. La picana en los genitales. Le preguntaban por el dinero, por un hombre al que apodaban El Chilo, por la coca que habían extraviado. "Te la robaste, güey. ¿Quién la tiene?, cabrón. Habla hijo de la chingada."

Decía "jefe, patroncito, por su madrecita. Yo no soy. No sé de qué hablan. Yo trabajo en la plomería. Pregunten ahí, a los vecinos. Llámenle al ingeniero, ahorita estoy haciendo un jale con él, en una construcción. Me confunden, amigo. Por favor, créanme. Me están confundiendo."

Uno sacó un arma. El frío del cañón en la frente lo recorrió impunemente, hasta estremecerlo. Cayó de nuevo y lo volvieron a levantar. Así estuvieron tres días. "Nada, jefe." "Suéltenlo", ordenó.

"Y fue así que sobreviví. Oiga. Yo pensé que estaba muerto. Por eso me vine a vivir aquí, a esta ciudad." Laura sonrió, triste e irónica. Y le dijo que había escogido mal: "Mire, aquí atrás viven unos narcos, a la otra cuadra cada rato hay balaceras y enfrente venden cristal."

No le contó su historia. Dos veces viuda. Uno de ellos era suyo. Suyo de verdad, amado, entregado, padre de sus hijas que no lo eran. Cariñoso, trabajador e inteligente. Era suyo, después de un primer intento fallido y repleto de pesadillas. Y se lo arrebataron.

Yo lo veía tan lejos

Aquel 27 de agosto de 2011 su familia lo vio por última vez. Dos señoras y dos conocidos de él fueron a buscarlo, con el pretexto de que el hijo de una de ellas había tenido un problema vial y que estaba detenido, y por eso necesitaban de su ayuda. Era sábado. Un día después, el domingo, una de las mujeres fue a avisarles a los parientes que se lo habían llevado unos desconocidos. Curiosamente, entre los levantados iba el hijo de una de ellas.

La privación ilegal de la libertad fue alrededor de las siete horas del sábado, pero la familia recibió el reporte a las 14:00 horas del día siguiente. Cuando Laura fue a la Procuraduría General de Justicia del Estado (PGJE) a interponer una denuncia, un sentimiento de alivio le aligeró la carga: el personal del Ministerio Público que la recibió le dijo que iban a revisar videos y llamadas telefónicas realizadas al teléfono celular y desde éste, y las cámaras de video instaladas en la gasolinería donde lo levantaron.

Unos conocidos de él, que aparentemente están involucrados en el crimen organizado, le señalaron a la esposa que no se preocupara, que seguramente él iba a encontrar un "buen jale", dando a entender que iba a trabajar con el narcotráfico. Otros que tenían este tipo de contactos le anunciaron que pronto lo liberarían y unos más sabían que su cadáver estaba cerca de la comunidad El Batallón, en el municipio de Navolato, por la carretera a Culiacán. Cuando fue a reportar esto al Ministerio Público, le dijeron que no se preocupara, que un helicóptero estaba "peinando" la zona y que si había algo le iban a avisar.

"La verdad es que la gente de la Procuraduría nunca lo buscó ni hicieron nada. Es como si él fuera un delincuente. Ni siquiera enviaron oficios de investigación. Yo siempre pensé si esto me pasa a mí voy a buscar casa por casa, en todos lados, hasta encontrarlo. Él tenía GPS en su teléfono celular, había hecho llamadas y recibido ese día. Pensé que la Procuraduría lo iba a encontrar, con los investigadores, la tecnología, los videos. Estaba equivocada."

El 12 de octubre de 2011 lo encontraron. Su cadáver estaba limpio, sin lesiones provocadas por tortura. Tampoco estaba deshidratado o malcomido. Eso sí, desaseado y barbón. Estaba con otros dos, un ex policía y el joven hijo de la señora aquella que había ido a buscarlo a su casa. Habían pasado cuarenta y cinco días. La vida de la familia era un páramo. Uno sin mañana ni sol. Un tiro de gracia. Una bala que entró por la nuca y salió junto a la boca. Orificio limpio.

En la nota publicada en la sección "Seguridad y Justicia", del diario *Noroeste*, el 13 de octubre de 2011, se lee:

> Asesinados a balazos y envueltos en bolsas de plástico fueron encontrados tres individuos, entre ellos un ex agente de la Policía Municipal, en el municipio de Navolato. Información de las corporaciones policiales indica que una de las víctimas fue identificada como Edilberto Pérez Mendoza, de 45 años, con domicilio en la colonia 5 de Febrero. Esta persona perteneció hasta hace dos años a la Dirección de Seguridad Pública Municipal de Navolato.
>
> Los otros dos cuerpos no han sido identificados. Los cadáveres fueron localizados alrededor de las 1:30 horas de ayer en el entronque de la carretera Culiacán-Navolato, con el camino que conduce al poblado La Laguna de San Pedro. De acuerdo con los datos proporcionados, mediante una llamada anónima reportaron tres bultos tirados a un costado de la carretera, en el poblado El Batallón. Elementos de las corporaciones policiales acudieron al sitio y confirmaron que se trataba de tres cuerpos.
>
> Los cadáveres estaban envueltos en bolsas y atados con cinta canela en varias partes. Como evidencia peritos de la Procuraduría General de Justicia del Estado localizaron 10 casquillos calibre 7.62x39 milímetros de fusil AK-47.

Duró dos días en una funeraria de la localidad, porque la falta de investigación alcanza para eso. Alguien les avisó a los familiares, su padre y algunos de sus hermanos fueron a identificarlo. Por su cuenta, consiguieron que les entregaran el cadáver.

Donde ellos viven el narco los rodea. Atrás hay balaceras. Igual al frente, a los lados. Todos los días. Ella, su esposa, tiene cuatro hijos. Y lo veía tan lejos, lejana la posibilidad de que esto les sucediera. Él, del trabajo, en una cadena de tiendas de supermercado, a la casa, y ahí, en ese rinconcito tibio, se echaba sus cervezas. Ahí también lo visitaban parientes y amigos.

"Esto es algo que no tiene solución, que no tiene vuelta atrás. Ahora es puro dolor. En lugar de Navidad, Año Nuevo o días de paseo familiar, ahora yo y mis hijas acudimos al panteón. Lo mismo pasa cada día doce. Cada mes."

La niña de cuatro años le llora mucho. Todos lo extrañan. No eran sus hijos, pero se llevaba bien con ellos. El padre de ellas, con quien sí había estado casado la joven y que evidentemente estaba involucrado en el narcotráfico, fue asesinado en diciembre de ese año. Parientes de él le informaron a ella que estaba pasando por una fuerte crisis de adicción a las drogas. Eso fue lo último que supo. Su cadáver tenía huellas de tortura y estaba en las cercanías de El Limón de los Ramos, a 20 kilómetros de Culiacán, al norte.

A sus 30, ella pensó que no iba a encontrar a nadie para pasar el resto de su vida. Estaba equivocada y no: lo encontró pero se lo arrebataron. Ahora está sola de nuevo, viviendo de lo que le dan amigos y familiares, y del programa Oportunidades.

"Él era buen muchacho, serio. Recuerdo que se llevaba bien con las niñas, que les leía. Ellas le tenían confianza y hasta cuidaba a una que tiene problemas de salud, la limpiaba y todo. No hicieron nada los del Gobierno porque no somos gente importante ni políticos ni tenemos mucho dinero."

Sus ojos, detrás de esos lentes bifocales, están escoltados por nubes que parecen agrandarse con las micas. Su cabeza dice no. Porque no lo cree. Sabe que no se lo merecen. Que él no. Ni ellos. Por eso tiene coraje. Contra todo y todos. Por lo que se pudo hacer y no se hizo. Contra ésos, los que lo mataron. Su vida es esa muerte, la de su esposo. Y se cuatriplican, se hacen muchas muertes en una sola, una que no termina, una dolorosa, rabiosa y eterna.

24 DE FEBRERO DE 2012

Fosa común

Ese abrazo fue también una despedida. Se querían mucho y cuando se vieron lo hicieron con tanto gusto que lloraron de alegría. No sabían que era la última vez que se entrelazaban, que compartían el vertedero lacrimoso, las cavidades superiores húmedas, moquientas, y se verían en los ojos del otro. Encuentro y partida. Tierna, arrebatadamente.

Ella, la hermana, de nombre Alma Rosa, quisiera hablar en presente. Darle vida con el verbo, con el uso de sus palabras, para que él respire. Al menos en su recuerdo. Su nombre es Miguel Ángel Rojo Medina. Tiene cuarenta y siete años. Aquel 4 de julio de 2009 lo vieron por última vez.

La zafra había terminado. Y él, que se dedicaba al transporte de trabajadores agrícolas y era dueño de camiones, organizó una reunión. Un convivio con carne asada de por medio, para festejar el fin del ciclo de siembra, en Estación Obispo, una comunidad ubicada al sur del municipio de Culiacán. Ahí se vieron los hermanos. Y se fundieron cariñosamente. Y él se desvaneció en el tiempo y el recuerdo. En la lucha de ella por encontrarlo.

Como al día siguiente iba a haber elecciones y no habría venta de cerveza —por la llamada "ley seca", que prohíbe la venta de bebidas embriagantes durante los comicios—, se apuró al expendio por unas caguamas. Se lo anunció a la hermana. Le dijo que iría luego a ver a una mujer, en la comunidad de Obispo, muy cerca de Estación Obispo, donde estaba. Y que también quería comprar camarones para prepararlos y comerlos durante el domingo de la jornada comicial.

Lo que supieron de él después fue por una llamada. Marcó a una sobrina de nombre Loreto. Le preguntó dónde estaba. Ella se extrañó porque su tío Miguel Ángel rara vez llamaba por teléfono. Por eso le soltó un tembloroso "¿qué pasa?, ¿cómo estás?" Él contestó que bien y ella insistió que qué tenía. "Nada, nada." Y continuó, "es que te hablé para decirte que voy a Culiacán". Ella reviró: "¿A estas horas? ¿Con quién?" Y colgó.

Una mujer, muchos caminos

Se supo de él pero a los días. La mujer con la que había estado nunca avisó, pero su hermana, siguiendo rastros, preguntando aquí y allá, lo supo. "No sé qué pasó", contesta la dama, cuando la cuestionan sobre lo sucedido aquella noche. La camioneta estaba afuera, en el patio. Dijo que el hoy desaparecido dejó indicios de su presencia en el lugar: alcanzó a sacar un garrafón de agua para consumo humano, dejó las llaves en el encendido del automóvil y el vidrio de la ventana de la puerta del conductor a medio camino, y una caguama a la que apenas bebieron un trago.

"Desde entonces, las noches y los días son eternos", afirmó Alma Rosa, quien ha protagonizado este calvario, sin fecha ni horario, de buscar a su hermano.

Cuando fue a la agencia del Ministerio Público a interponer la denuncia, el personal le contestó que debía esperar al menos setenta y dos horas para considerarlo un caso de desaparición y empezar las indagatorias. Ella se preguntó ¿qué no pasa en setenta y dos horas?

Recordó que el comandante que inicialmente estaba asignado al caso, una vez que se aceptó la denuncia, sí estaba investigando, pero fue cambiado al puerto de Mazatlán, ubicado a unos doscientos kilómetros de Culiacán, la capital sinaloense. Ese comandante, de apellido Valderrama, fue asesinado cuando regresaba a Culiacán, en septiembre de 2009, después de haber sido designado jefe de la base de la Policía Ministerial del Estado en Concordia.

La información señala que Valderrama fue interceptado por hombres armados cuando estaba en la caseta de peaje de la carretera Maxipista Culiacán-Mazatlán, a unos 20 kilómetros de la capital del Estado. Una semana antes había sido nombrado jefe de la comandancia de la PME en ese municipio.

El hallazgo fue el miércoles 30 de septiembre. El occiso estaba atado de pies y manos con cables que se usan en instalaciones eléctricas y envuelto en un cobertor. Menos de un mes antes, su antecesor, el comandante Sabino Hernández García y el agente Gregorio Camacho Avilez fueron acribillados sobre la misma carretera, cuando regresaban de una reunión de comandantes celebrada en la ciudad de Culiacán. La información de la Procuraduría General de Justicia del Estado señala que sus dos antecesores también fueron asesinados en condiciones similares.

Otro oficial tomó el caso, pero no hizo nada. Por eso decidió buscar por su cuenta, en Obispo, Estación Obispo, Quilá y comunidades cercanas. En una, dos, tres, cuatro ocasiones, caminó por el monte alrededor de siete horas. Alguien le decía que habían visto el cadáver de su hermano allá, más allá, por esos rumbos. Buscó en canales, veredas y plantíos de maíz y frijol. Un día le informaron que estaba en una funeraria de El Salado, pero fueron mentiras.

Una persona involucrada en el narcotráfico le dijo que le iba a ayudar. Ella sola, acompañada por unos doce pistoleros, buscó y buscó. Llegaron a Quilá y varios pueblos de los alrededores. Está en una noria, le avisaron. No encontró nada.

Te van a matar

Sus hermanos tenían miedo. "Te van a matar", le repetían. "Pero yo no, yo no tenía ni tengo miedo. Sé el riesgo que corro, pero puedo decir que mi hermano no era narco. Tenía un defecto, eso sí, le gustaban mucho las mujeres, pero nada más."

Ella sabe qué terreno pisa. Y sabe quién manda en la ciudad. No se necesita ser criminal o tener familiares en eso o ser periodista o policía. Nada de eso. Sólo vive aquí, en una comunidad cercana a la ciudad capital y todos, absolutamente todos, saben quién es el jefe y por lo tanto con quién no se deben meter. Como muchos en este tipo de delitos, recurrió a los narcotraficantes para buscar a su hermano. Lo hizo sin saber que quizá ellos habían estado involucrados en esa desaparición. No lo supo con certeza ni quiso saberlo. Ella lo que quería era encontrar a su pedazo de corazón, ese abrazo arrebatado e incompleto, su sangre y latidos, su destino, su mejor amigo: su hermano.

El mejor investigador

Le informaron que Florentino López Beltrán, de la Policía Ministerial del Estado, era el mejor investigador, el que necesitaba para estos casos. Es además pariente. Ella lo buscó y accedió, pero "jamás me ayudó, lo que sí hizo fue pedirme que me alejara de los actos públicos, de protestar, porque de lo contrario ya no me iba a ayudar".

El famoso investigador usó puras mentiras. Dijo que un "oaxaquita", como llaman en Sinaloa despectivamente a las personas originarias del sureste del país que generalmente se emplean como jornaleros en los campos agrícolas, tenía el teléfono celular de su hermano y que lo iban a encontrar. Pirotecnia.

El 5 de agosto de 2009, agentes ministeriales encontraron un cadáver en un cerro ubicado cerca de Higueras de Abuya. El cadáver estaba seco, comido por aves de rapiña, tirado en el suelo. "Para mí sí es", confiesa Alma Rosa. Pasaron siete meses, esperó con amorosa paciencia. Hasta que se enteró que ni siquiera habían enviado las muestras para determinar el ADN del occiso y compararlo con el de ella.

Después de realizar algunas protestas en la Procuraduría General de Justicia y frente al gobernador, que en ese entonces era Jesús Aguilar Padilla, respaldada por Leonel Aguirre Meza y Óscar

Loza Ochoa, de la Comisión de Defensa de los Derechos Humanos (CDDHS), logró que por fin se hiciera la prueba de ADN, cuyo resultado fue negativo, pero "a mí no me dejaron satisfecha. No confié, la verdad. Y luego me enteré de que las muestras se habían contaminado".

Fosa común

Al tiempo supo que habían enviado el cadáver a la fosa común, en abril de 2011. Cuando preguntó, en la procuraduría no le supieron decir dónde. Se puso a investigar y se enteró de que lo habían dejado en el panteón de la 21 de Marzo. Solicitó que lo exhumaran y realizaran otra prueba de ADN. Y cuando le contestaron, los funcionarios informaron que los de la Unidad Modelo de Investigación Policial (UMIP), de acuerdo con sus indagatorias, habían decidido realizar la exhumación. Ella contestó que era mentira, que ellos no habían hecho nada. Sabía que si ella no se hubiera movido, todo seguiría igual.

La exhumación fue el 4 de noviembre de 2011. Cuando lo sacan, el cadáver luce destrozado y ella dice "éste no es". Sacan otro cadáver que estaba abajo del primero, en la misma fosa. Ellos insistían que ése era. Ella que no. Ellos, los empleados de la Procuraduría General de Justicia del Estado, le dicen de nuevo que ése es el que viene en el oficio de exhumación. Ella se aferra y le informan que van a abrir otra fosa. Alma Rosa está destrozada, como ese cadáver, e inundada de zozobra y desesperanza. Toma aire. No puede. Se sienta en una tumba a llorar.

José Luis Leyva Rochín, entonces director de Averiguaciones Previas de la PGJE, quien había llevado el expediente del desaparecido, llega con unos papeles y les dice a los empleados que efectivamente ése no es el cadáver que buscan. El encargado del panteón se acerca y les informa que ese 8 de abril llegaron con varios cadáveres, dos de ellos fueron dejados en una tumba y tres más en otra. Le preguntaron a ella si aguantaba realizar una exhumación más. Eran las diez de la mañana y habían empezado a las seis. "Sí aguanto", respondió.

Entre diciembre de 2006 y septiembre de 2011, los restos de más de veinticinco mil personas asesinadas fueron enviados a fosas comunes en el país, por no haber sido identificados por las autoridades ni reclamados por familiares, revelaron fuentes de la Procuraduría General de la República (PGR).

La nota publicada en el diario *La Jornada* el 10 de junio de 2012 y firmada por Gustavo Castillo, señala que "en el periodo mencionado, oficialmente se contabilizaron 47 mil 515 homicidios dolosos; de ellos, alrededor de cinco mil se desempeñaban como militares (marinos y soldados), policías federales, estatales o municipales; el resto, eran civiles".

Además, de los cerca de cuarenta mil ciudadanos que fueron asesinados "en realidad no se investiga ni 30 por ciento de los casos en las procuradurías locales, y la mayoría se queda en el ámbito de las autoridades estatales, debido a que la Federación requiere que se acredite que el crimen fue cometido o esté relacionado con la delincuencia organizada".

"El nivel de identificación en las procuradurías locales oscila entre tres y cuatro de cada diez restos, y los otros seis o siete son enviados a la fosa común al cumplirse el periodo que marcan las legislaciones de cada entidad, que puede ser hasta de un año. Pero existen casos en los que en apenas dos meses se declaran no identificados y se envían a la fosa común."

"De diciembre de 2006 a septiembre de 2011, de los más de 40 mil homicidios presuntamente relacionados con el crimen organizado, la PGR solamente tomó en sus manos mil 500 casos (entre ellos los restos localizados en las narcofosas de Tamaulipas, Durango y Chihuahua, entre 2011 y 2012) y se obtuvo una eficacia de 70 por ciento en cuanto a identificación y entrega de los restos a sus familiares."

Alrededor de 450 restos fueron enviados a fosas comunes, señalaron los funcionarios entrevistados, los cuales participan en la elaboración del protocolo con el cual se pretende crear una base de datos de personas asesinadas y desaparecidas.

Entre los grandes problemas que enfrentan las procuradurías estatales para la identificación de las víctimas fatales están la falta de infraestructura y de recursos, ya que "cada examen genético que se realice de manera completa tiene un costo que va de 15 mil a 20 mil pesos".

En estados como Durango, la PGJE informó que han sido enviados a la fosa común más de dos mil restos entre 2006 y 2011, y de ellos trescientos fueron localizados en fosas clandestinas e inhumados con trascabos y sin ninguna medida de preservación. En esa entidad, la procuraduría local pidió a las personas que acudieron a tratar de identificar a sus familiares entre los restos localizados, que ellos costearan sus estudios genéticos para que las autoridades tuvieran con qué comparar los perfiles que se obtuvieran de los restos localizados.

La nota de Castillo señala que a nivel nacional solamente existe el banco de datos genéticos que inició la PGR, que contiene los registros de ADN de los 72 migrantes ejecutados y las 193 personas inhumadas clandestinamente por la organización criminal Los Zetas, algunos asesinados en Michoacán, Sinaloa, Durango, Coahuila, Guerrero, Chihuahua y Nuevo León.

Las entidades donde se registró, oficialmente, el mayor número de homicidios entre diciembre de 2006 y septiembre de 2011 son: Chihuahua, con 12 mil 439 casos; Sinaloa, 5 mil 487; Guerrero, 4 mil 293; México, con 2 mil 118; Tamaulipas, 2 mil 583; Michoacán, 2 mil 295; Nuevo León, 2 mil 104; Coahuila, mil 211; Durango, 2 mil 601, y Baja California con 2 mil 275.

En mayo de 2012, el primer visitador de la Comisión Nacional de Derechos Humanos, Luis García López-Guerrero, señaló que en ochenta o noventa por ciento del país no existen condiciones para conservar los cadáveres por tiempos prolongados para su estudio e identificación, a tal punto que en varias entidades ni siquiera hay servicio médico forense, por lo que las autopsias son realizadas en agencias funerarias privadas. Además, dio a conocer que las estadísticas de esa institución habían cuantificado que entre diciembre de 2006 y diciembre de 2008 la cifra de personas fallecidas no identificadas ascendía a 10 mil 783.

Alma Rosa ve cómo sacan un tercero y un cuarto cadáver. Metían manos y se hundían. Un funcionario del Servicio Médico Forense que llegó poco después les dijo que ninguno de ésos era, sino el primero que habían sacado. Recordó que tenía un corte en el fémur. El corte era para la muestra de ADN. Y también mencionó la dentadura. Ambos coincidieron.

Lo sacaron. Habían dicho que el hombre había sido calcinado, luego que lo habían colgado de un árbol. Argumentaron que había quedado así, enjuto, por el tiempo que había permanecido expuesto al sol.

En uno de sus arranques provocados por el desespero, le pidió a un alto funcionario de la procuraduría que le permitiera llevar ella misma las muestras de ADN a México o Mexicali o donde fuera. Le contestaron que no era posible. Una perito del Servicio Médico Forense le preguntó si le habían explicado lo de las otras muestras y ella contestó que no. "Ella me dijo, 'mire, casi puedo estar segura de que el cuerpo ése es el de su hermano. Hay un mínimo de error'. Y yo la verdad le creí. Todo el tiempo me he dicho que ése es mi hermano."

En esta ocasión tomaron pruebas de ella y de hermanos varones. Leyva Rochín le informó que las muestras las habían enviado el 15 de diciembre. Le pidió el documento. Le dijo que ahorita, después que mañana. Nada le mostró. Le avisaron que los resultados llegarían el 13, luego que el 15 de enero. En marzo de 2012 todavía no había resultados ni novedades. Y siguen sin mostrar el oficio que pruebe que las muestras fueron por fin enviadas.

"Esto es como otro infierno. Vive y ya no vive uno. ¿Dejo de buscar a mi hermano ya? No, no puedo. El año pasado dije 'este año ya, es el último'. Pero no pude. No puedo. Quiero tener un lugar para enviarle flores, encenderle una veladora, visitarlo", manifestó ella.

Personas cercanas a Miguel Ángel hablan con la condición de que no se les mencione. Viven ahí, temen por sus vidas. Dicen que en esa región de Culiacán no pasa nada sin que el narco lo sepa. O lo haga. Afirman que tuvieron que recurrir a integrantes del narcotráfico para ubicarlo, porque los investigadores no trabajan y ellos mismos son los que estorban cuando hay posibilidades de avanzar.

Así han pasado alrededor de treinta meses. Un cadáver deambulando, como la fe de ella, extraviada y al mismo tiempo encendida apenas. Unas muestras de ADN que parecen nunca llegar al laboratorio y una hermana que no puede descansar. Ni vivir en paz.

"Es todo muy cruel. Mucho. He sufrido con tantas mentiras y esperas. He ido a México, a actos del gobierno estatal, aquí, en Culiacán, a protestar. Y no pasa nada. Hay mucha, mucha crueldad en esta gente. Y lo único que yo quiero es saber que es él, encontrarlo. Y descansar."

8 DE MARZO DE 2012

Archipiélago del desierto

"Antes, la gente de Juárez decía: 'Que te vaya bien', cuando se despedía. Ya no. Hasta el lenguaje nos cambiaron."

Es Rubén Villalpando, corresponsal del diario *La Jornada* en Ciudad Juárez, en el estado de Chihuahua, considerada la ciudad más violenta del país y del mundo. Ha vivido y trabajado en esa ciudad fronteriza, en el norte de México, que ahora suma alrededor de 10 mil 500 homicidios de 2007 a la fecha, en una entidad que alcanza cerca de quince mil.

Pero fue el 2010 el año más violento, luego de la fractura en el Cartel de Sinaloa protagonizada por Joaquín Guzmán Loera, El Chapo, e Ismael Zambada García, El Mayo, de un lado, y del otro los hermanos Beltrán Leyva, en el 2008. Ese año, el 2010, tuvieron en Ciudad Juárez unos 3 mil 500 asesinatos relacionados con el crimen organizado. En los lapsos más críticos, el número diario de homicidios llegó a un promedio de treinta.

La ciudad es un cascarón. Debido a la guerra y ante las extorsiones, también llamadas "cobro de piso" por parte de criminales, alrededor de tres mil negocios cerraron sus puertas, en su mayoría pequeños establecimientos comerciales de giros diversos.

"A los grandes empresarios los extorsiona el crimen organizado, pero a las tiendas pequeñas, como éstas que cerraron, los que les cobran las cuotas a cambio de respetarles la vida y permitir que sigan operando son los delincuentes que dejaron de vender droga porque tienen miedo y le entraron a este giro de la extorsión y el secuestro", manifestó el reportero, quien además cuenta con un noticiero de radio en la región.

Ese cascarón hueco y oxidado, nauseabundo, en medio del desierto —que en este caso es sinónimo de desolación—, avanza inexorable e impune, como los homicidios y las desapariciones de mujeres. Hay fraccionamientos deshabitados por completo, carcomidos por el vandalismo que se ha llevado puertas, ventanas y protecciones, tuberías de cobre, muebles para baño, cableado eléctrico y demás. Estimaciones de medios informativos locales indican que el fenómeno de abandonar la ciudad cobra fuerza y tiene eco.

Un estudio de la Universidad Autónoma de Ciudad Juárez reveló que son cerca de 100 mil las viviendas abandonadas en ese centro poblacional: ciudad sin ciudad ni ciudadanos, casas fantasmales, hogares que no lo son. Cáscara del abandono apocalíptico empujado por la delincuencia, el tráfico de drogas, la corrupción e impunidad, en cuyo escenario, al fondo y en lo alto, aparecen como trofeo los negocios gubernamentales y la complicidad con la mafia que parece concentrarlo todo en un solo poder.

Un ejemplo, acaso un atisbo de este cascarón que se extiende cual enfermedad del concreto y los ladrillos, es el fraccionamiento tipo Infonavit, de interés social, Riveras del Bravo. Cientos de casas huecas y saqueadas.

Las desapariciones

De 1993 a la fecha, suman alrededor de 132 mujeres desaparecidas, de acuerdo con datos del gobierno del Estado. Pero cifras extraoficiales indican que el número de mujeres víctimas de desapariciones podría llegar a más del doble, a unas trescientas, en Ciudad Juárez.

Aquí la cobija de la impunidad alcanza para todo y para todos. Igual pueden guarecerse en ellas dueños de antros y prostíbulos, que operadores de bandas dedicadas a la trata de blancas, traficantes de drogas y homicidas, y orates del submundo sedientos de cercenar miembros y del abuso sexual. Por eso hay mujeres muertas o que no han sido encontradas. Y lo único que crece es esa violencia y la drogadicción, y lo que llega al fondo es la pobreza, el hambre.

En un reportaje publicado en julio de 2012, en el *Diario de Juárez*, firmado por la reportera Sandra Rodríguez Nieto, quien además es autora del libro *La fábrica del crimen*, se señalan rutas específicas por las que han pasado mujeres que no han sido vistas de nuevo; como fantasmas quedan sus recuerdos, ese palpitar, las difusas siluetas en las aceras, buscando trabajo, pegadas a los escaparates, frotándose con nerviosismo las sudorosas manos, tímidas y temerosas. Y todos parecen preguntarse, pero sobre todo las autoridades, si esas mujeres hoy desaparecidas, de verdad existieron.

"El último recorrido que se conoce de María Guadalupe Pérez Montes, de 17 años, fue pasar frente a la tienda Modatelas, en la calle Francisco Javier Mina, a unos metros de donde para la ruta 3B que va del Centro a su casa en la Guadalajara Izquierda."

"Eran alrededor de las seis de la tarde del 31 de enero de 2009, empezaba a oscurecer, los negocios bajaban las cortinas metálicas y, por esa calle en la que caminaba María Guadalupe, abiertas quedaban ya casi sólo las puertas de los bares y prostíbulos."

"Le dije 'Lupita, espérate', pero no se paró. Me dijo 'ya me voy, porque es muy tarde", dijo el último conocido de la familia que vio a la joven con vida.

"Lupita, sin embargo, nunca volvió a su casa y, de acuerdo con un análisis de *El Diario* sobre once casos de mujeres con reporte de desaparición, al menos otras siete víctimas pasaron por esa parte de la calle Mina en los últimos recorridos que hicieron o debieron hacer antes de que se les perdiera de vista." El análisis también muestra que al menos cinco de ellas, como Lupita, usaron incluso la misma ruta de transporte público, la 3B, que conecta el centro de Juárez con las colonias del poniente en las que todas vivían.

"Otro caso cuya última pista está en la calle Mina es el de Cinthia Jocabeth Castañeda, de 13 años y quien fue vista por última vez el 24 de octubre de 2008 al bajar de un camión de la Ruta 3B en la esquina de Mina y Rafael Velarde, de donde caminaría para comprar cuadernos y zapatos a dos negocios del Centro en los que, sin embargo, al siguiente día le dijeron a su madre que nunca había llegado."

"En la Mina también paró el camión de la ruta 3B que el 31 de marzo de 2011 tomó Perla Marisol Moreno, de 16 años y quien salió de su casa en la colonia Plutarco Elías Calles para buscar trabajo en los mercados Cuauhtémoc y Reforma, ubicados en la calle La Paz, una cuadra al norte de la Mina y donde hay bares y prostíbulos."

"Un mes después que ella, el 26 de abril de 2011, por esa misma calle caminó María de la Luz Hernández, de 18, al bajar del camión de la misma ruta —la 3B— que, como Perla, tomó para ir al mercado Reforma y a una joyería contigua, en donde también preveía buscar trabajo."

"Y, después que ellas cuatro, el 7 de julio de 2011, por la Mina pasó también Jessica Ivonne Padilla, entonces de 16 y quien, como las anteriores, también tomó una ruta 3B para llegar de su casa en el poniente al Centro de Juárez, a donde también fue a buscar empleo."

"Apenas cinco días después, también en la Mina bajó de una ruta 2B Nancy Iveth Navarro Muñoz, entonces de 18 años y quien se dirigía a buscar trabajo a la tienda Modatelas."

"Todas pasaron por esta parte de la Mina —entre Francisco Villa e Ignacio Mariscal, dos cuadras al sur de la Plaza de Armas— porque ahí, entre los bares y los prostíbulos que operan a plena luz del día, se detienen las unidades de transporte público que usan en los trayectos entre sus casas y el Centro de Ciudad Juárez.""A ninguna de las mencionadas la ha vuelto a ver con vida su familia, y sólo de Lupita Pérez se conoce el paradero. El pasado 22 de abril, su madre Susana Montes recibió la noticia de que una de las 12 osamentas encontradas en descampado del Valle de Juárez —conocido como el Arroyo del Navajo, al sur del municipio de Praxedis G. Guerrero— correspondía con el perfil genético de su hija."

"La mujer, de 42 años, dice no tener idea de qué fue lo que le pasó a su hija —estudiante de la preparatoria Guerreros y quien fue al Centro a comprar un par de tenis— después de que fue vista en la calle Mina, ni cómo o por qué terminó asesinada y sus restos abandonados en el Valle de Juárez."

Miedo, cuidado, terror

En Ciudad Juárez han bajado los crímenes en la primera mitad de 2012. El Gobierno se apura y apunta: nosotros fuimos, logramos con los operativos bajar la criminalidad, es la efectividad de nuestras acciones, le estamos ganando la batalla a los delincuentes, rescatamos la ciudad, se la regresamos a los ciudadanos, es el imperio de la ley. Discursos. Pero abajo, en la calle, las casas, mientras come y prepara a los niños para ir a la escuela, los padres, los ciudadanos, en sus centros de trabajo y escuelas, dicen lo contrario. Lo saben: los narcos, los carteles de la droga, se pusieron de acuerdo y pactaron y se dividieron la ciudad, por eso hay menos hechos delictivos, sobre todo homicidios.

"Como un pastel, los narcotraficantes se dividieron la ciudad. La gente de El Chapo, de Joaquín Guzmán Loera, del Cartel de Sinaloa, se quedó con la región de El Valle, y la otra zona, la del centro, la ciudad vieja, la tiene ahora La Línea, que es la versión local del Cartel de Juárez", manifestó un ciudadano juarense, quien se ha especializado como un observador de esta avasallante realidad cotidiana, antesala del infierno.

Aunque otras versiones indican que Guzmán es quien controla toda la ciudad y que logró, después de muchas balas y muertos, con la complicidad del gobierno, someter a sus enemigos y ahora lo tienen todo.

En su libro *La fábrica del crimen*, Sandra Rodríguez habla de esas islas, ese complejo de desarrollos inmobiliarios y maquiladoras distribuido por manchas, como archipiélago en medio del desierto. Geografía, distribución de espacios, crecimiento urbano, grandes extensiones baldías, densos tramos oscuros: todo propicio para el crimen, el abuso, el homicidio y rapto, la desaparición.

> (Las zonas habitacionales) se construyeron en torno a maquiladoras y con los años se fueron mezclando con plazas comerciales, otras colonias viejas y escasamente urbanizadas —como Solidaridad, Los Alcaldes, Zaragoza o Salvácar— y cientos de espacios vacíos de diversos tamaños se fueron quedando en medio del crecimiento urbano. El resultado fueron decenas de barrios fragmentados como islas dividas por un mar de dunas y basura que, por la inseguridad, hicieron letales los trayectos a pie y eliminaron del espacio público cualquier elemento que pudiera generar cohesión o fortalecer la identidad. La belleza del desierto se redujo a un escenario cada vez más disperso y sucio, incapaz de provocar algún sentimiento de afecto.

Por esa razón y porque no hay gobierno, sino narcos y ellos mandan, los ciudadanos dejaron de acudir a los centros comerciales, los bares o las cantinas, los antros, centros de baile y espectáculos, los restaurantes. "Nos cuidamos del que va a un lado y al otro porque se incrementó mucho el robo violento de vehículos, cuidamos que no esté cerca la policía. Estamos estresados, es la verdad. Así vivimos. Todos nosotros conocemos gente que ha sido asesinada, que ha sufrido secuestros, extorsiones. Y claro, no confiamos en el gobierno. Ahora, en el 2012, la gente comienza a salir. Apenas."

Por eso, agrega ese viejo lobo del desierto juarense, de apellido Villalpando, la gente pasó de decir: "Que te vaya bien", a decir: "Cuídate. Cuídate mucho. Y ésa es la despedida. ¿Te das cuenta? Hasta el lenguaje nos cambiaron."

JULIO DE 2012

Él nos encontró

Fue el primero en todo. Desde niño: el primer hombre después de que su madre parió a cuatro mujeres, el primero en la escuela y en el basquetbol y el primero en trabajar, a sus seis años, vendiendo chicles. También lo fue cuando desapareció. Decía "aquí estoy, vengan por mí". Pero nadie lo escuchó.

Todavía no entraba a la primaria cuando vendía chicles en las gasolinerías y en los bailes. A pesar de que era flaco y pequeño, y de que lo pisaban y empujaban en las fiestas, él se metía a vender y tratar de juntar algo de dinero para su familia, que había bajado de una comunidad serrana del municipio de Sinaloa, muy cerca de los límites con el estado de Chihuahua, para instalarse, en medio de condiciones de pobreza, en un pueblo cercano a la ciudad, en el municipio de Guasave, en esta entidad.

Y se ponía triste, con sus cachetes hinchados por las lágrimas acumuladas de impotencia y las ganas de llorar, porque cuando cambió los chicles por paletas heladas, los que operaban las bombas de gasolina le quitaban el producto, se lo comían, burlones y prepotentes, frente a él. Pero no le pagaban. Así que a veces, a pesar de sus esfuerzos y esas piernas flacas que ya empezaban a estirarlo, no obtenía nada de su trabajo. Y hasta llegaba a poner para pagarle al dueño del negocio.

"Estudiaba y trabajaba, hasta que consiguió un trabajo en el campo, de esos trabajos duros. Se ponía un depósito en la espalda y traía una manguera con un tubo que llegaba hasta su mano, con un aplicador, para echar agroquímicos a las plantas, los cultivos. Agarró esa chamba porque le daban oportunidad de trabajar y sólo iba los fines de semana", contó un familiar cercano.

Emilio no es su nombre. Pero sus familiares y personas allegadas a él pidieron que se usara un seudónimo a cambio de contar detalles sobre su vida. Emilio fue bueno en la escuela: escribía poemas y los leía en clase, participó en certámenes académicos y obtuvo premios; encima de ello trabajaba y era un excelente jugador de basquetbol. Ya era un muchacho alto y fuerte.

Todavía estos días, en 2012, su maestra Cristina, quien le dio clases en la primaria, lo recuerda y visita a su familia, en Guasave, ciudad ubicada a cerca de 150 kilómetros de Culiacán, la capital de Sinaloa. Habla de él y las lágrimas se le secan antes de salir. Senecta y lúcida, retén del olvido, lo describe: "Era un alumno total. Inteligente, estudioso, creativo, lector y escritor porque escribía poemas. Era bueno en todo, en los deportes y en las materias de la escuela."

Apenas terminó la preparatoria, en el plantel Emiliano Zapata, en la capital sinaloense, y empezó a estudiar en la Facultad de Derecho, de la Universidad Autónoma de Sinaloa. Ya para entonces era un lector empedernido, tenía su propia colección de libros, los que ya había leído y seguían siendo sus preferidos, y los que lo esperaban en el estante donde los acomodaba con religiosidad.

Decidió seguir trabajando. El dinero escaseaba y más porque él vivía a una hora y media de su casa y los gastos se habían incrementado y él insistía en enviar algunos billetes a casa de su madre. Se enroló como parte del equipo de vigilantes en una tienda de ropa de la cadena *Milano*, ubicada por la calle Miguel Hidalgo, en el primer cuadro de la ciudad, junto al mercado Garmendia. Ahí le tocó sorprender a clientes escondiendo prendas entre sus ropas. Le dio pena cuando eran señoras, ancianas. Tenía que interceptarlas, recuperar el producto y, en ocasiones, reportarlas ante la gerencia. Él prefería no hacerlo. Prefería aplicar las revisiones y decomisar la mercancía cuando se trataba de hombres. Pero no eran sus reglas. Y de por medio estaba su trabajo.

Emilio tenía alrededor de veinte años cuando recibió la oferta de unos vecinos de él, con quienes había crecido y con una experiencia impresionante en el narcotráfico. Lo invitaron a ir a Estados Unidos, hacer un "trabajito" y ganarse un buen dinero. Y ahí perdió su primer *round*: esa lucha diaria suya durante años, hundidos él y su familia en la pobreza, frente a esos poderosos capitos que ya eran dueños del pueblo y varias comunidades en los alrededores, y de la misma ciudad de Guasave, lo ubicaron en una situación desesperante y sin horizontes, en la que el sol saliera para él y los suyos. Por eso aceptó.

La operación era muy burda. Trasladar en una camioneta de redilas, casi al descubierto, mariguana, de una ciudad a otra. De haber sido un gran estudiante, un poeta y lector, un alumno de calificaciones excelentes y un bueno hijo, ejemplo para los de dentro de su casa y los de fuera, para sus sobrinos y su novia, brincó a eso. Y cayó en el fango.

Versiones extraoficiales cercanas al caso señalan que Emilio recibió la instrucción de parte de otro joven que conocía muy bien, pues habían crecido en el mismo pueblo, en Guasave. "Si llega la policía, la orden es que tú te eches la culpa, o sea que yo no sé nada." Y así fue. Parecía una delación, una trampa. Los agentes los vieron y los detuvieron. No tardaron nada en encontrar la droga. Su caída en ese piso lodoso lo llevó a permanecer preso tres años en una cárcel de aquel país. Tres años perdidos, en el encierro, acumulando rencores y sabiéndose usado por aquellos que lo habían enganchado, pues quizá esa operación de traslado de droga había sido un distractor para permitir el trasiego de mercancía ilícita en otro camión. Tres años de espera y frustración. De su novia, paciente y fiel, tejiendo tibios sueños y esperanzas, en algún rincón.

Cuando regresó se casaron por el civil. Pero eso no pudo con la amargura que ya acumulaba ese joven de veintitantos años. Tanto trabajo y estudio para poco. Para tres años encarcelado. Para nada.

Miradas como cuchillos

Durante el 2009 Emilio se topó con algunos de los que lo habían llevado a Estados Unidos, a realizar aquel jale. Ya tenía hijos. Uno de ellos lo vio y le dijo "¿son tus crías?" Él asintió con la cabeza. Se saludaron con miradas bajo sospecha, se midieron con las palabras de rigor, se estudiaron con ademanes, afilaron sus cuchillos con esos parpadeos de coraje y resentimiento guardado. "Nos vemos luego."

Había entre ellos palabras no dichas. Aparentemente había versiones diferentes sobre aquel decomiso y detención y encarcelamiento. Emilio platicó después a uno de sus familiares que ésos eran gente mala, peligrosa, que "está cabrón, porque esos en cualquier momento te pueden chingar".

Eran deudas que no se querían cobrar. Pero que una de las partes esperaba, ansiaba hacerlo. La otra, la de Emilio, sólo quería superar eso, salir adelante. Sobrevivir en una especie de tregua en la que parecen siempre apuntarle con un arma de fuego, esperando que pase la raya, que diga, que cometa una imprudencia, para jalarle el gatillo. Se sintió así, en manos de ellos: en la mirilla del fusil automático.

Guasave es un infierno. Muchos infiernos. Bastión de una de las células más aguerridas y violentas de la organización de los hermanos Beltrán Leyva. El grupo, no de decenas, sino de cientos, quizá miles, es liderado por un joven que no pasa de treinta años, cuyo nombre es Isidro Meza Flores, conocido como El Chapo Isidro. Tan querido e idolatrado, como temido.

Al viejo estilo de los capos viejos —de cincuenta años y más, como Ismael Zambada García, El Mayo, y Joaquín Guzmán Loera, El Chapo, líderes del Cartel de Sinaloa, sus enemigos—, gusta de hacerse acompañar de mujeres bellas. Y no son una ni dos. Se mueve en Guasave y los municipios de Sinaloa, Mocorito y más al norte. También disputan el municipio de Salvador Alvarado y tienen fuerte presencia en Angostura y más al sur, como Mazatlán y San Ignacio.

Ahí, en Guasave, la veneración llega a tal nivel que en los juegos de beisbol, con el equipo local Algodoneros, en la Liga Mexicana del Pacífico, se escucha su corrido en el sonido ambiental del estadio Francisco Carranza Limón: el corrido de El Chapo Isidro. Versiones extraoficiales señalan que él llega ahí y la gente le abre camino. Lo hace acompañado de al menos treinta pistoleros. "Puros morros, pero bien matones los batos."

Este grupo ha incursionado en Culiacán, considerado como un santuario por los capos de Guzmán y Zambada, para realizar ejecuciones y arrojar decapitados, como aquel 28 de marzo, en un paraje deshabitado, en la colonia 10 de Abril, ubicada al norte de la ciudad.

En esa ocasión fueron cinco las víctimas, todas ellas decapitadas: Yahir Ernesto Noriega Loaiza, José Cruz Castillo González, Eduardo Flores Zazueta, Marco Josué Larrañaga y Jaime Alejandro Higuera Cruz, quienes fueron privados de la libertad por un comando armado la noche del domingo anterior, cuando se encontraban en una cancha deportiva ubicada en la colonia Infonavit Humaya, de acuerdo con el reporte de la Policía Ministerial del Estado. Los asesinos dejaron colgada una manta en la barda perimetral de la escuela primaria Roberto Hernández Rodríguez, con un mensaje escrito a mano con la leyenda: "Mira pinche Chapo jediondo no controlas ni tu estado de donde eres menos vas a controlar otro estado pendejo he informante del DEA traidor que as entregado a cientos de tus gentes jediondo me la pelas atentamente el Z 40."

Soberbia

Esta zona es un Macondo, como aquel pueblo legendario del que cuenta Gabriel García Márquez, en su libro *Cien años de soledad:* los sueños, las mariposas amarillas multiplicadas, la magia del bienestar sin progreso, la felicidad por la pertenencia en medio de la fiesta y la miseria, la opulencia en los campos agrícolas —uno de los valles más productivos de Sinaloa y del país— y los enjutos sueldos para los jornaleros. Esta zona es también como Sasalpa. Lo es ahora. La muerte apurada en los vehículos y las casas incendiadas durante un asalto perpetrado por un comando de, al menos, cuarenta hombres, quienes buscaban vengar la muerte de Rosario Angulo Soto, muerto en un ataque al poblado Comanitos. Ambas comunidades se ubican en el municipio de Mocorito. Los ataques que dejaron asolado Sasalpa, cuyos habitantes tuvieron que huir al monte y luego a otros pueblos, terminaron en la quema de una veintena de vehículos y viviendas. Ahora nadie vive ahí.

Esa soberbia de decidir, a sobresaltos, a punta del oscuro cañón de un fusil automático AK-47, la vida, el domicilio, el destino y la muerte de quienes viven en esta región de Guasave y sus alrededores. De miradas como cuchillos y amenazas cuya fecha de caducidad depende de la voluntad caprichosa de un grupo armado que opera como gavilla, asola, se ubica por encima de toda clase de autoridad; pues ellos son el gobierno que secuestra, extorsiona, asalta, viola y mata.

"Todos esos asesinos, todos, están vivos. Y así actúan, con soberbia. Basta una mirada para que maten 'a cualquier pendejo' como dicen ellos, cuando alguien los molesta sólo porque voltearon a verlos de determinada forma. Y no es porque se les deba dinero, por una afrenta, robo de droga o mercancía cuyas cifras sean de millones de pesos, o por vengar la muerte de un familiar. No. Ellos matan a muchos por simples miradas", expresó una persona que vivió en Ruiz Cortínez y que se fue a vivir a Culiacán, donde otro infierno la esperaba: el del Cartel de Sinaloa.

"Ese corredor, contó un periodista que pidió mantener su nombre en el anonimato, es de muerte." Incluso la gente que pasa por ahí, por la carretera México-Nogales 15, es asaltada y vejada. Ahí están, en sus manos, Batamote, Gabriel Leyva Solano y Ruiz Cortínez, toda esa zona de los municipios de Sinaloa y Mocorito. Todo eso es de ellos. "Ahí se concentra cerca del 60 ó 70 por ciento de los homicidios de la región, es un tiradero de gente muerta. Nada más hay que ver dónde mataron a aquellos policías… fueron como veinte polis muertos en dos ataques", expresó.

El reportero se refirió a los atentados del 8 de marzo y el 16 de julio de 2011 en esa carretera y la misma región. El primero tuvo como saldo siete policías muertos y un civil que, al parecer, llevaban detenido los agentes. Otro aprehendido fue liberado por los sicarios durante la refriega. El ataque del 16 de julio fue más cruento: parece que los gatilleros pensaban que en el convoy de agentes de la Policía Estatal Preventiva iba Francisco Córdova, secretario estatal de Seguridad Pública, quien había acudido a una reunión a la ciudad de Los Mochis, cabecera municipal de Ahome, ubicada a unos cincuenta kilómetros de esta zona. Los agresores usaron fusiles AK-47 y también tipo Barret, con capacidad para atravesar blindaje de automóviles. Pero el titular de la SSP regresaba a Culiacán en helicóptero y había enviado a los agentes y su escolta por tierra, en ese convoy atacado ferozmente. Aquí quedaron esparcidos en el asfalto de la vía federal diez policías y tres más fueron hospitalizados con heridas de consideración.

La gente de El Chapo Isidro estuvo bajo el mando de los Beltrán Leyva. Guasave y Los Mochis eran tierra de ellos, cuando éstos operaban para el Cartel de Sinaloa. Una vez que se quebró esta unidad Beltrán Leyva-Chapo-Mayo, luego de la detención —supuesta entrega— de Alfredo Beltrán Leyva por parte del Ejército Mexicano, en un operativo realizado en Culiacán, Sinaloa, en febrero de 2008, ellos se quedaron con la zona y todo el mercado de trasiego, cultivo y cosecha de droga. Y lo que resulte. Cuando hicieron dinero, antes de 2008, compraron automóviles de lujo y viviendas. Esas viviendas fueron después casas de seguridad. Medio pueblo era de ellos. El resto lo tomaron por la fuerza.

Y niños y jóvenes que crecieron con ellos, con esos pistoleros, capos y caciques del narcotráfico local, les siguieron los pasos. Seducidos, anonadados, claudicantes y míseros, pensaron en los billetes del negocio sucio para salir de pobres y ser los nuevos ricos, amos e intocables. Pero esos billetes estaban manchados, incluso desde antes de que fueran impresos y llegaran a los bancos. Como esas almas perdidas. Como la de Emilio, que cayó y cuando quiso recuperarse del material fangoso y emerger de las arenas movedizas y salvarse y limpiar su vida, cayó de nuevo, esa vez vencido por aquellos que una vez lo reclutaron prometiéndole el paraíso: ése del cuerno de chivo.

Desaparecido

No hay quien entre a esta región sin ser visto y custodiado. Sobre todo si tiene cuentas o es un desconocido o "sospechoso." Él entró. Sin cuentas qué pagar, así lo sintió. Fue a ver a unos familiares. Lo siguieron. Los vio por el retrovisor. Se mantuvieron a distancia y no pasó de ahí. En la tercera lo abordaron. Traía un carro que no era nuevo, pero estaba en buenas condiciones. Uno de los gatilleros, de esos con los que él había crecido y que formaba parte del grupo que lo había enganchado para aquel traslado de droga que le costó tres años preso en una cárcel gringa, lo espetó: "No tienes nada qué hacer aquí." Emilio contestó desconcertado que seguía siendo su barrio, el lugar en el que creció. Que era un ciudadano libre y que no tenía nada qué temer, pues no debía. Áquel le repitió un "no regreses" y él no pudo responder más.

Había sido cerrajero y los del Ejército Mexicano fueron por él varias veces, cuando iban a ejecutar una orden de cateo en alguna propiedad. Lo contrataban, decía, pues no podía negarse. De eso vivía, de su negocio, uno pequeño, dentro de un centro comercial, al sur de la ciudad de Culiacán.

De ahí, de allá. De la capital sinaloense o de aquel corredor de la muerte. Nadie sabe. Lo buscaron en trenes, en el monte, en las funerarias y entre los atropellados y heridos y hospitalizados. Así fue desde aquel 10 de septiembre de 2009. Una de las versiones más fuertes sostiene que un grupo armado lo privó de la libertad, que lo "levantó". Por esto, la familia interpuso la denuncia CLN/DAP/022/2009 ante la Procuraduría General de Justicia del Estado, que luego la asignó a la agencia segunda el Ministerio Público, con sede en el municipio de Mocorito.

Infiltrados

El entonces director de la Policía Ministerial del Estado, la corporación responsable de investigar éste y otro tipo de delitos del fuero común, atendió siempre a los familiares de Emilio. Entraban siempre a su despacho, les abrió la sala y les ofreció los cómodos sillones y la mesa con finos acabados para que recargaran sus codos y antebrazos, de esos cuerpos dolidos, esperanzados, secos, cansados. Les dio café y agua, y café y más agua. Les dijo "estoy con ustedes, los apoyo. Vamos a trabajar, ya verán. Lo encontraremos". Entre café y café y más atenciones, les llamó varias veces por teléfono para avisarles que habían encontrado un cadáver. Que ese podía ser. La familia se movía y enviaba a alguno de sus miembros a ver fotografías y revisar pertenencias. Pocas veces miraban los cadáveres sobre las planchas, en los cajones de la morgue o en las escenas del crimen. Una y otra vez, llamaba para notificar sobre nuevos hallazgos. Y los hermanos y primos y tíos desistían cuando el mismo director, de nombre Silvio Isidro de Jesús Hernández Soto, con grado de teniente coronel del Ejército Mexicano, les hablaba de nuevo para informarles que así lo dejaran, que el cadáver había sido identificado por familiares y que no era él.

Tres o cuatro días después de su desaparición, los agentes ministeriales encontraron el cadáver de un hombre joven, de veintitantos, cerca de la comunidad de Pericos, municipio de Mocorito. El pueblo se ubica a poco menos de cien kilómetros de Culiacán, al norte. La víctima tenía lesiones de bala, incontables. Y huellas de haber sido torturado. De nuevo les llamó el teniente coronel. Y rápido desistió: "No, no es, lo reconocieron sus parientes."

Ese oficial del ejército fue apresado por personal de la Policía Judicial Militar y agentes de la Procuraduría General de la República a mediados de mayo de 2012. Pocos días después, un juez federal otorgó a la PGR la orden de arraigo por cuarenta días por la presunta complicidad de él y otros militares de alto rango con el crimen organizado, específicamente con los hermanos Beltrán Leyva, en el 2010. Así lo dice la nota de Gustavo Castillo, publicada por el diario *La Jornada*, el 20 de mayo de 2012.

La Procuraduría General de la República (PGR) obtuvo autorización judicial para mantener bajo arraigo durante 40 días al general Ricardo Escorcia Vargas y al teniente coronel Silvio Isidro de Jesús Hernández Soto, quienes estarán sujetos a investigación por presuntos nexos con el cártel de los hermanos Beltrán Leyva.

La Subprocuraduría de Investigación Especializada en delincuencia Organizada (Siedo) obtuvo de un juzgado especializado en arraigos y cateos la orden para que los militares permanezcan bajo custodia de la PGR en el llamado Centro Federal de Investigaciones, ubicado en la colonia Doctores, en la ciudad de México.

Escorcia Vargas y Silvio Isidro de Jesús Hernández se suman al arraigo que ya había obtenido la Siedo contra los generales Tomás Ángeles Dauahare y Roberto Dawe González, quienes, según el Ministerio Público Federal, presuntamente protegían las operaciones del cartel Beltrán Leyva, dirigido por Héctor Beltrán desde diciembre de 2010, cuando su hermano Arturo, El Barbas, fue abatido a tiros en Cuernavaca, Morelos, por efectivos de la Secretaría de Marina.

La PGR tiene bajo arraigo a los cuatro militares para presuntamente obtener pruebas de su responsabilidad en actos ilícitos, luego de que dos testigos protegidos, uno identificado como Jennifer, cuyo nombre es Roberto López Nájera, y el otro es Sergio Barragán Villarreal, conocido en el cartel Beltrán Leyva como El Grande, que ahora tiene el seudónimo de Mateo.

Según la Siedo, la averiguación previa PGR/SIEDO/UE IFDCS/112/2012 fue abierta en marzo de este año por delitos contra la salud y delincuencia organizada, pero el general Ángeles Dauahare fue aprehendido una semana después de que participó en una mesa de análisis sobre temas de seguridad nacional, convocada por la Fundación Colosio, a la que asistió el candidato del PRI a la Presidencia, Enrique Peña Nieto, la cual se realizó en San Luis Potosí.

Supuestamente para evitar un ataque, la PGR reforzó la seguridad perimetral del centro de arraigo y desde el pasado viernes decenas de militares resguardan el inmueble en coordinación con efectivos de la Secretaría de Marina y elementos de la Policía Federal Ministerial.

Las súplicas

En una carta enviada a los medios de comunicación en septiembre de 2009, la familia del desaparecido pide a sus captores, suplica, ruega: "Entréguenlo, vivo o muerto." La misiva fue firmada por parientes. En una declaración de algunos de los miembros de la familia de Emilio a los medios informativos, imploran, van más allá: "Si lo tienen o saben de él, nos digan, nos lo entreguen, vivo o muerto, para no seguir padeciendo este calvario de no saber de él y no tenerlo." La esposa de Emilio exigió al gobierno estatal que agilicen las investigaciones y pidió a la ciudadanía que si sabe algo se los informen.

"Como familia, que tenemos hermanos, hijos, padres, pedimos, suplicamos, que nos apoyen, que nos lo entreguen esas personas que lo tienen, que somos gente de bien y sabemos perdonar, no hay odio ni rencor… que lo entreguen de la manera que sea, vivo o bien su cuerpo… para sepultarlo."

Los gritos de un cadáver

Muertos como él hay muchos. Muchísimos, miles en el país. Pero ninguno que te grite, que te hable, que te espera. Ningún muerto como éste. Ninguno como Emilio.

Un perito de la Coordinación de Investigación Criminalística y Servicios Periciales, llamado también Servicio Médico Forense (Semefo), de la Procuraduría General de Justicia del Estado, vio un cadáver. Era de rutina. Antes de depositarlo en la fosa común de algún panteón de la ciudad de Culiacán, había que hacerle las últimas pruebas. De aquella persona poco quedaba. Pero igual valía la pena el ritual científico final, la despedida en la morgue.

Vio. Y vio. Y volvió a ver. Revisó las pertenencias, los reportes oficiales del personal de la agencia segunda del Ministerio Público del municipio de Mocorito, la bolsa con los pocos objetos que los homicidas habían dejado en lo que quedaba del cadáver: era él, el hermano de su amiga, el que estaba desaparecido. Era el primer día de diciembre.

"Tengo a tu hermano." Se escuchó en la bocina del teléfono celular. A la joven se le subieron los colores. Rojo, morado, azul. Le temblaron cachetes, barbilla, párpados. Todo. Escala Richter a la alza. Miembros de la familia de Emilio se subieron a un automóvil con destino a Culiacán. Casi hora y media de viaje. Mucho tiempo para la ocasión. La muerte y la vida siempre tienen prisa. Ambas se esperaban, impacientes. Y esperaban, confluían, en esa cita, en la morgue. Una de las hermanas estaba más cerca y le avisaron. Fue ella la que acudió y llegó primero en media hora y les avisó por teléfono celular al resto: "Sí, es mi hermano, es Emilio."

El amigo aquel les mostró pocos huesos del occiso. Poco quedaba, poco, nada qué mostrar. Apenas para identificarlo: el tabique fracturado, los dientes del lado izquierdo chuecos. Polvo y más polvo. Un pantalón de mezclilla cuya marca debió ser "Para morir iguales", pero que murió, como la camisa esa deshilachada y transparente: viento sus prendas y todo él. Ventisca polvosa que se levanta y se sienta en una bolsa, un recipiente fúnebre, un ritual mortecino que para ellos fue vida y descanso y paz y dolor. Pero sin lágrimas, todas ellas se habían consumido en un año y tres meses de espera, en esos 440 días que en realidad todos fueron noches.

"Todo ese tiempo estuvo arrumbado, apilado, extraviado, como en un viejo archivero, una gaveta, a la intemperie, a la vista del sol y del polvo y el viento, en un rinconcito, en el patio de la funeraria de la comunidad de Pericos, con otros ataúdes y cajas de otros cadáveres dejados ahí por órdenes de Rubén García Galván, agente del Ministerio Público, en calidad de desconocido", afirmó uno de los familiares de Emilio.

Un documento de la Comisión Estatal de Derechos Humanos, expedido por el caso (CEDH/III/327/10), señala que el fiscal García Galván debió turnar el cadáver y los indicios hallados a Servicios Periciales y Criminalística, de la PGJE, para que éste fuera identificado luego de someterlo a exámenes y pruebas científicas. Pero no lo hizo. Lo mantuvo ahí arrumbado. Abrazado por el polvo. A merced del fiel olvido.

Por este caso, García Galván fue suspendido. La Comisión (CEDH) ordenó que el caso fuera revisado y sirviera para futuros expedientes similares, y recomendó a las autoridades judiciales una disculpa pública hacia la familia de Emilio. Lo que se hizo en corto, íntimamente, ante los integrantes de la familia, a quien Luis Cárdenas Fonseca, titular de la procuraduría de justicia, visitó en su casa para expresar la pena por el papel asumido por los fiscales en el caso de la desaparición y el asesinato de Emilio.

Encuéntrame, aquí estoy

Fue terrible. Lo cuenta uno de los familiares más cercanos a Emilio. Hicieron el recorrido y cuando el personal de la agencia del Ministerio Público de Pericos y los de la funeraria supieron quiénes eran, agacharon la cabeza y hablaron en voz baja. Un dolor sin medida ni reparación. Unas lágrimas que no salen porque se quedan flacas, secas, antes de alcanzar las cavidades óticas. Porque Emilio siempre estuvo ahí. Fue aquel cadáver que el teniente coronel y comandante de la Policía Ministerial, Silvio Isidro de Jesús

Hernández, avisó que habían encontrado y que luego se apuró en decir que no era, que no fueran, que lo habían identificado sus familiares. No fue cierto. No saben por qué. No sabían. Ahora se explican muchas cosas, atan cabos.

Cómo referirse a la irresponsabilidad de investigar una desaparición y homicidio, si no se investiga. Cómo describir el dolor, la burla, la incompetencia e ineptitud e irresponsabilidad, de quienes buscan un cadáver que tienen en sus patios y archivos, esfumándose, consumiéndose, con el paso de 440 días, junto a otros "desconocidos". Ignorancia y vileza de un gobierno que no sólo no castiga, sino que prolonga el calvario de las víctimas. "Imagínate qué no vivimos, pensamos, en todo ese tiempo. Desconcertados, sin saber el paradero de un ser humano, mi hermano. Y estaba en manos de la Procuraduría, de los que buscan la justicia, de los que deben buscar justicia. Ellos lo tenían."

En la bolsita de polvo y huesos ya por irse, extinguidos y frágiles. No hubo llanto. Todo se había gastado en ese ir y venir. En los rostros, las palabras, los cuerpos pardos y encorvados, en ese cansancio atroz, había una mezcla de reencuentro y respiro, de saber de él sin poder abrazarlo y de dolor seco, de paz y armonía.

Los victimarios siguen, eso sí, bajo el manto de las sombras. "No hay rencor", dicen. Pero tampoco olvido. Ahí andan, siguen vivos. Los abate el ejército, matan a policías, secuestran, extorsionan, se agavillan, escapan, se van en cuclillas y pum, vuelven a atacar. Son los dueños, disponen de los destinos, de las vidas. Por eso se extinguieron en esos pueblos las miradas. Te pueden matar.

"¿Lo encontraron? ¿Es él, mi hermano?", preguntó una de las hermanas mayores. Voz seca, voz pastosa, de alambre y rendida. Venga lo que venga. Lo malo ya llegó y se fue, pero también se quedó. Le respondió el esposo de una de ellas, amigo de Emilio: "No, no lo encontramos, él nos encontró a nosotros." Siempre estuvo ahí, esperando, sentado, acostado, en el viento y el polvo, gritándoles, hablándoles, a ratos, en esos quince meses sin días.

20 DE MAYO DE 2012

Este libro se termino de imprimir en el mes de
septiembre de 2012, en Edamsa Impresiones, S.A. de C.V.
Av. Hidalgo No. 111, Col. Fracc. San Nicolás Tolentino C.P. 09850,
Del. Iztapalapa, México, D.F.